文物管理现代化研究

彭 蕾 著

文物出版社

图书在版编目（CIP）数据

文物管理现代化研究/ 彭蕾著 . —北京：文物出版社，2017.12

ISBN 978 - 7 - 5010 - 5543 - 2

Ⅰ . ①文…　 Ⅱ . ①彭…　 Ⅲ . ①文物 - 现代化管理 - 研究　 Ⅳ . ①G264

中国版本图书馆 CIP 数据核字（2017）第 319041 号

文物管理现代化研究

著　　者：彭　蕾

责任编辑：许海意
封面设计：闫龙娇
责任印制：张道奇

出版发行：文物出版社
社　　址：北京市东直门内北小街 2 号楼
邮　　编：100007
网　　址：http：//www.wenwu.com
邮　　箱：web@ wenwu.com
经　　销：新华书店
印　　刷：北京京都六环印刷厂
开　　本：710mm×1000mm　1/16
印　　张：17.25
版　　次：2017 年 12 月第 1 版
印　　次：2017 年 12 月第 1 次印刷
书　　号：ISBN 978 - 7 - 5010 - 5543 - 2
定　　价：60.00 元

文物管理现代化在传统文化中孕育应当是国家治理现代化的组成部分，文物管理现代化研究也是文物管理现代化理论与实践的系统研究，完成成果将对中国特色文物管理工作的健康发展起到促进作用

丁酉初冬

谢辰生
时年九十六

文物界泰斗、国家文物局原顾问谢辰生题写寄语，以资勉励

序

李晓东

《文物管理现代化研究》系彭蕾在其博士后出站报告的基础上丰富拓展而成，从研究选题、章节设计到具体内容的取舍，以及下编专论题目的确定，作者都与我进行了深入交流与探讨。

文物管理是文物事业的基础，文物管理现代化研究对文物部门来讲基本是空白。实践证明，文物管理现代化是在传统管理中孕育而生的，新中国文物工作与国家现代化相伴而行。从现代化的视角对文物管理进行研究，把握住与国家现代化的关联，有利于提高现代化意识，加强现代化管理措施。作者通过对文物管理历史和实践进行总结，深入探讨和论述了文物管理现代化的一些重要问题，取得了开创性成果，对文物管理进一步发展有积极作用。

文物管理中确立了一系列体系，比如文物法律体系、标准体系、规划和计划体系等，作者从体系及其构建的体制机制角度，以评估标准作切入点，联系文物保护实际，对依法管理能力、水平、效果等作深入分析，从而把文物管理现代化与国家现代化紧密联系在一起，使二者同步、协调，为文物管理现代化理论、现代化实践开辟了一条新路径。本书是第一部文物管理现代化研究著作，具有理论和方法论价值与重大现实意义。

纵观全书，有这样几点在我看来是难能可贵的：

第一，作者在写作过程中将管理学与文物学两个学科有机结合，用管理学思维，结合文物专业理论，于复杂的文物管理实践中抽丝剥茧，提炼指标并设计评价体系，以期建立一个文物管理现代化评价机制，借以考量文物管理的现代化水平。另外，作者将法治元素贯穿全书，比如上编选取我国文物行政执法为试评价对象，并对文物行政执法现状做出深刻解析；下编中诸如中国特色文物法律体系的形成与发展、中国博物馆事业发展现状研究、文物进出境管理与中国流失文物追索之路等专论，无不体现出作者良好的法学素养。本书是一种跨学科研究的尝试，也是一种有益的尝试，对文物事业的深入发展将大有裨益。

第二，作者详细梳理了现代化理论本土化的发展历程，重现了中国政府和中国社会对现代化的思考轨迹，从近代中国关于现代化的讨论，到"四个现代化"，再到"国家治理体系和治理能力现代化"，直到"全面建设社会主义现代化强国"。同时，作者将现代化理论与文物管理实践进行对比，从文物工作方针、文物保护单位制度、相关中央文件、文物制造工艺和保护技术以及用现代化治理理念指导文物工作等多个角度对现代化理论与文物管理实践的关系做出论述。夹叙夹议，有理有力，文物管理的历史和现实交相呼应，带有现代化性质的文物管理工作一下子在读者脑海里变得鲜活而立体。

第三，作者利用这个评价体系对文物行政执法的现代化水平进行了评价，并验证评价体系的有效性。通过评价，作者旗帜鲜明地得出结论：对文物管理现代化来说，现代化管理意识是最为根本的。正如书中所述"事情终归是由人来做，决定也好、执行也罢，事事成败，其中人的素养应是根本性原因，是起主要作用的。"并且，作者还根据评价结果和过程中发现的问题，实事求是地提出强化信息管理，建设全国文物信息化平台，以及加强队伍建设，推动机构专业化水平等中肯建议。这种经过合理论证得出结论，并提出建议的做法，表明作者严谨的治学态度和可贵的科学精神。

第四，从本书的结构设计来看，全书分为上下两编，上编是文物管理现代化评价体系研究，将现代化理论发展、文物管理现代化进程、文物管理现代化评价体系一一呈现。下编是关于文物管理现代化的专题论述，选取与文物管理现代化评价体系相关的一些方面，诸如法律体系、博物馆管理、文物市场管理、流失文物追索、文物数据平台建设、人才培养等，围绕这些主题做进一步拓展分析，既是对上编的呼应，又做了内容上的拓展，有助于掰开揉碎地介绍文物管理，评价文物管理。全书整体布局显得完整而合理。

最后，尤为值得一提的是，本书贯彻了十九大精神和习近平新时代中国特色社会主义思想，主要体现在"现代化理论在中国的发展""中国特色文物法律体系的形成与发展"等章节中。作者认为"加强文物保护利用和文化遗产保护传承"是对新时代文物工作提出的新要求、新使命。同时也为文物管理现代化在新时代的发展提供了思路，指明了方向。这些认识是深刻的，应当重视。

1987年，文物出版社出版拙著《文物保护管理概要》，谢辰生先生在该书序言中殷切希望"广大文物工作者通过自己的实践，能够不断地总结经验，开展理论研究，为建立具有中国特色的文物保护管理学而努力探索。我们相信，随着人们对文物保护管理工作规律性认识的不断深化，经过大家的共同努力，这个目的是一定能够达到的。"三十年来，文物界专家学者发表了一些文物管理方面的论文，或在著作中设文物管理专章论述，但未见新出版的文物管理专著，彭蕾的《文物管理现代化研究》是目前见到的文物管理现代化研究专著，其重要价值和意义是多方面的，应当给予重视和支持鼓励。

文物管理是一项庞大的系统工程，希望彭蕾博士和文物界同志，继续总结文物管理历史经验，深入研究文物保护管理实践，借鉴国外有益的东西，争取多出重要成果，为建立中国特色文物管理学科，促进中国特色文物事业健康发展做出贡献。

目　录

上编　文物管理现代化评价体系研究

下编　文物管理专论

上编　文物管理现代化评价体系研究

第一章　绪论

第一节　文物管理现代化研究缘起

中国共产党十八届三中全会通过了《中共中央关于全面深化改革若干重大问题的决定》，创造性地提出"推进国家治理体系和治理能力的现代化"。这是全新的政治理念，是在新的历史形势下对政治发展规律的新认识，是对政治现代化的全新解读。文物管理现代化是国家治理现代化的重要组成部分，是符合国情的文物保护利用之路的有机组成部分。

国家治理的主体一般包括政府、市场和组织，但是鉴于政府管理在国家治理中的政治、经济、文化、社会等各方面均处于主导地位，往往具有重要作用，可以说实现国家治理现代化的关键就是提升政府管理现代化水平。因此，本书讨论"文物管理"即指"文物工作的政府治理"。"文物管理"中的"文物"不仅是指文物本体，还包括文物所处环境、文物本体与环境间的互动关系，以及文物保护与发挥文物作用，亦可简称为文物的保护利用工作；"管理"也不是传统的"统治型"或"管制型"的政府管理，而是政府"治理"，或称"善治"。

深化行政体制改革是实现国家治理现代化的重要途径。在现代社会的行政管理过程中，社会公众日渐觉醒和理性，对社会公益更为关注，对政府管理水平的期望值更高。转变政府职能，强调理性主义方法和实用主义的价值追求，最终提高政府管理质量和改进行政绩效，逐步建立精简、廉洁、高效的行政管理体系成为必然。文物管理是政府管理体系中的有机组成部分，如何在这场正在加速开展的国家治理现代化进程中实现文物管理的现代化是一个值得深入探讨的理论问题，也是实践问题。

回顾我国四十年改革历程，文物事业一直伴随着改革开放的步伐前进，文物管理水平和手段也不断得到提高和改进，不断趋于更加符合文物事业发展的实际需求。然而，应该承认的是，随着改革开放的深入，文物领域管理体系和管理能力也面临着严峻挑战。文物管理中存在职能转变不到位，对微观项目运行干预过多，社会管理和公共服务相对薄弱等不足。这些现象导致了管理成本高、行政效率低，文物市场管理欠规范，公众对文物工作了解不够、甚至误解，文物安全形势依然严峻等问题。为此，国家文物局顺应国家治理现代化的大势，积极推进行政体制改革，推动文物行政部门由保文物向管文物、由微观管理向宏观管理、由管理文物系统向全面管理文物工作的转变。2013年底，国家文物局提出建立"体现文物事业科学发展导向的、可考量的评价体系"。同时要求各级文物行政部门加强效能建设，形成政令畅通、运转高效、协调有力的行政运转机制，确保各项工作落到基层、落到实处，进而实现文物管理现代化的大目标。评价，是反馈系统中提供反馈信息的重要行为，是区分系统有无反馈的唯一标志，其结论将直接影响系统的运行效率和质量。自然界和人类社会都是由无数个系统构成，以带有反馈机制为优质，优质的反馈系统是人类社会发展进程中所追求的目标之一，文物管理也是如此。文物事业发展有赖于不断地评价、反思，并依据评价结果进行调整、优化。所以说建立评价体系，其行为本身，就是现代化管理方式的体现，是现代化进程中文物管理变迁的科学化表达。

本书以习近平同志关于文物保护系列讲话和国家治理现代化思想为指导，拟构建文物管理现代化评价体系，并以文物行政执法为例进行试评价。通过评价，最终达到转变政府职能，规范政府行为，推动文物管理工作尽快融入现代化改革的总进程，提高管理的现代化水平之目的。具体说来，一是为了真实了解文物管理现状；二是找出文物管理中存在的主要问题，明确改革的重点领域和方向；三是发现、总结文物管理中的创新经验，并及时推广，以提高文物管理整体水平；四是促使文物行政部门工作人员及时更新行政观念，改进工作作风；五是提供学术交流的平台，推动文物管理评价机制和评价理论研究。

第二节　文物管理现代化相关评价

中国政府、社会组织和学术界对政府管理、绩效、治理的评价研究日益重视，与文物管理现代化相关的评价研究与实践已经陆续开展，并取得一定成果。但相关评价研究基本处于起步阶段，尤其是专门针对文物管理现代化评价的相关研究成果或者实践甚少，且都是局限于某个具体领域。

一、现代化评价

2000 年前后，国内关于管理现代化评价研究初具规模。2000 年，国家社会科学基金设立了"国家行政管理现代化评价与促进系统应用研究"项目（99BZZ016），该项目由深圳大学管理学院谭功荣教授承担。谭在 2000 年到 2001 年先后发表了《行政管理现代化及其评价系统分析》《关于行政管理现代化评价系统的若干理论问题》《行政管理现代化评价与促进系统初探》《行政管理现代化评价系统初探》等系列文章，研究分析了行政管理现代化评价体系、评价对象和评价方法，并围绕行政环境、行政职能、行政体制、行政执行、行政人员和行政效率六个方面设计建立了一套评价指标体系。谭的研究成果现在看来固然有不少有待深化完善的地方，但是鉴于当时国内对于行政管理评价研究还刚刚起步，相关研究成果非常少，几无借鉴，所以从建立一种新理论、新方法乃至新思维来说，其研究成果无疑具有一定的开拓性意义。这个研究成果可以说是关于行政管理现代化的专项评价，其他还有涉及教育、农业、水利、法制、环境、生态、城市管理等方面的现代化评价，以及对某一地区现代化进程的评价。近年来，政府和学者对这方面的关注度越来越高，研究成果越来越丰富。

关于现代化的综合性评价也出现一些研究成果，比如《现代化理论及现代化指标评价体系之管见》（徐兴起、郭志芹，1997），《关于现代化理念及指标的探讨》（傅定法、徐燕椿，2001），《现代化评价指标体系及评价方法研究》（卢丹，硕士论文，2002），《我国现代化进程测度指标体系的构建》（马崇明，2002），《现代化指标体系及综合评价方法综述》（牛树海、李少斌，2003）等，大部分是综合介绍**现代化理论**、现代化研究现状、现代化评价方法等。也有的文章，比如《现代化评价**指标**体系及综合评价方法》（姜玉山、朱孔来，2002），在吸收现有研**究**成果的**基础**上尝试提出一种评价标准，构建一种现代化评价指标体系，**相比之下**，**研究**更为深入。

二、政府管理评价

目前我国在依法行政评价、政府**绩效**管理评估、法治政府评价方面的研究和实践比较丰富，因为这些评价都是围绕**政府**管理的各方面工作开展的，所以本书将这类评价统称为政府管理**评价**。**根据**评价目的可以将此类评价分为研究性和实用性两类。研究性评价的目的是通过设计一种评价体系，为实际工作提供理论上的指导。比如《关于构建我国法治政府指标体系的设想》（袁曙宏，2006）一文，将法治概念引入政府建设评价中，介绍了构建法治政府指标体系的重要意义、可行性、基本内容、基本步骤和评价可能存在的问题；《法治政府的价值取向及指标体系探析》（田应斌、贵义华，2006）一文，主要从法治政府的内涵、基本特征与价值取向等几个方面研究法治政府的绩效评价。

与之相对，实用性评价多为政府主导，目的明确且实用，就是为了实际测评政府管理水平和指导政府工作，以加强政府自身建设，通过行政过程优化控制，实现绩效提升和工作持续改进。目前已经开展的政府管理的实用性评价有：国土资源部绩效管理评价、财政部财政支出绩效评价、北京市市级国家行政机关绩效管理、北京市依法行政考核评价等中央到地方不同方面的绩效管理评价。这些评价存在一些共通点：评价对象为行政机关；评价依据是政府法定职能；评价内容主要包括职责履行、依法行政和能力建设；评价实施具有强制性且自上而下进行，领导挂帅并成立专门实施机构，制定专门评价办法，评价结果的效力较强，直接关系到工作考核、工资分配等。

西方国家绩效评估与绩效管理真正运用到政府管理中，始于 20 世纪 50 年代美国的绩效预算制度改革，之后又经历了一系列的发展演变。从 20 世纪 60 年代的"效率至上"，发展到 20 世纪 60 年代末的"公平至上"，公共行政的核心价值从注重效率发展为关注社会公平。到了 20 世纪 70 年代，产生了新公共管理理论，提出将私营部门的管理理论、方法及技术移植到政府公共部门中，于是在20世纪80年代出现了"回应性国家"的概念，提出公共责任为先，将满足公共需要和实现公共利益视为第一位，而效率只有在用来满足公众需要、实现公共利益时才有意义。

西方政府绩效评估方法中最具代表性的主要有三种："3E"评价法、标杆管理法和平衡记分卡法。这三种评估方法分别代表了政府绩效评估的三个不同发展阶段：

（1）"3E"评价法。这种方法是从经济（Economy）、效率（Efficiency）、效能（Effectiveness）三个方面进行评价。20世纪60年代，为了严格控制政府财政支出，美国会计总署率先采用多重指标对政府工作进行审计，也开启了政府绩效评估方法的探索之路。这种评价法因节约成本而生，所以经济性是其根本价值准则。

（2）标杆管理法。这种方法最初产生于商业领域，后被引入政府绩效评估领域。标杆管理法强调过程管控与评估，突出政府在社会管理中全方位的责任，通过比较的方法对政府绩效进行评估，即确定标杆，设立政府奋斗目标，将完成情况与标杆对比，以评估绩效水平，再设立更高标杆，以此不断推动政府进步。

（3）平衡记分卡法。这种方法同样最初适用于企业绩效评估，是由哈佛商学院两位教授在1992年开发出来的，具体是从财务、顾客、内部业务和内部学习与创新四个维度平衡考核企业绩效。平衡记分卡法被引入行政管理，要求政府思考其在社会发展中应承担的使命，以长远的眼光对社会发展做出远景规划，勇担引导社会良性发展重任。这是一种当前发展与远期目标并重的评估方法，是政府绩效评估方法的一大进步。

从西方国家政府绩效评估的过程看，评估理论和实践发展呈现以下特点：（1）建立完备的评估组织体系。很多西方国家都设置了专门的评估主管部门，如美国的"国家绩效评议委员会"，法国的"全国评价委员会"，评估活动不断趋于专业化、职业化，绩效评估逐渐发展成为一个独立而成熟的职业活动，从业人员必须经过专门培训，接受资格认定。（2）强调政府的社会服务功能。现代政府的角色定位不再是一味强调社会管理的管制型政府，而是变管制为治理，变管制为服务。政府与公民的关系，某种程度上已经由管制与被管制关系，转变为提供服务与享受服务关系。如果用商业的眼光来看待这种关系，政府作为公共服务的提供者，应更加注重效率和质量。（3）评估主体多元化，保障公民表达权，倾听公众声音。评估主体除了政府部门，还有社会组织以及公民个人。在发达国家，依靠独立于政府之外的中介机构进行评估（即第三方评估）的做法渐成气候。第三方评估机构聘请某一领域专家，其专业知识丰富，熟知本领域发展状况，又与被评估者没有利益关联，更能客观公正地做出评估。公众满意度调查是评估中常用到的方法，该方法最能体现公众的表达权，可以了解公众对政府施政的基本评价，及时发现薄弱环节，督促政府改进不合理的行政行为和公共政策，并及时反馈给相关公众，使公众了解政府行为、对政府行为更加满意，取得良好社会效果。调查结果可作为政府年度评估的重要组成部分。（4）政府绩效评估程序化、制度化、法制化。西方国家通过立法加强政府绩效评估的力度。如美国的《政府绩效与结果法》（美国推行政府绩效评估措施的纲领性报告），英国的《政策评估绿皮书》等，都规定了绩效评估工作开展的周期，并要求设立专门的机构、聘用专门人员，遵循既定程序。有时为了保证评估的便宜性、有效性，有的法律也会赋予评估机构一些特殊权力。比如法国法律规定，除涉及国家安全外，评估机构能接触所有被评估单位的资料，对任何地方进行检查。

从西方国家的政府绩效评估中，我们可以得到一些有益的启示：在推进服务型政府绩效评估中应更加关照公共利益，提供公共服务。注重评估结果的运用，充分发挥评估的导向性和约束性，形成评估分析内部通报制度，并将不涉及国家机密和商业秘密的评估结果向公众公开，接受监督和意见。制定相关法律法规，为评估体系、评估标准及评估办法的执行提供有效保障。

三、治理评估

20世纪90年代，治理评估的概念首先在国际社会和西方发达国家流行起来，其中影响较大的是世界银行提出的"世界治理指标"，包括发言权与责任性、政治稳定与无暴力、政府效益、管制质量、法治和遏制腐败。大约从20世纪90年代中后期，治理评估开始应用到实践层面，比如联合国人类发展中心提出了"人文治理指标",包括经济管理、政治治理和公民治理三方面;"大赦国际"和美国国务院的评价体系重点关注各国的人权状况,并发布了世界各国人权状况报告;"透明国际"主要评价世界各国的腐败情况,并发布《全球清廉指数》,等等。国内的治理评价开始于21世纪初,中国学术界的关注点逐渐转移到治理评估领域后,相关研究成果无论在数量上、深度上还是广度上,都迅速提升。这些研究成果有的属于综合性评估,比如"和谐社会评估指标体系"和"小康社会评价指标体系",但更多的是聚焦国家治理的某一方面,比如"社会稳定指标体系""城市法治环境评估指标体系""科学发展观指标体系"等。

四、文物领域评价

目前我国文物管理在各个工作领域均已不同程度建立评价体系或举办评选活动,比如在不可移动文物保护领域,有全国优秀文物维修工程推介、中国历史文化名镇(名村)保护评价指标体系、传统村落评价认定指标体系;在考古领域,有考古项目实施状况评估、国家考古遗址公园评估、田野考古奖、全国十大考古新发现评选;在博物馆领域,有博物馆定级评估和运行评估体系、全国博物馆十大陈列展览精品推介、中国故事——全国博物馆优秀讲解案例展示推介活动;在文物行政执法领域,有全国文物行政处罚案卷评查活动、全国文物行政执法十大指导性案例遴选推介活动;在文物保护研究成果和设备领域,有文化遗产十佳图书评选推介、全国十佳文博技术产品及服务推介。

以近几年启动的国家考古遗址公园评估为例,可以管窥目前我国文物领域的评价水平。国家考古遗址公园是指以重要考古遗址及其背景环境为主体,具有科研、教育、游憩等功能,在考古遗址保护和展示方面具有全国性示范意义的特定公共空间。国家考古遗址公园评估是依据《国家考古遗址公园管理办法(试行)》和《国家考古遗址公园评估导则(试行)》等有关法规、文件,对公园管理机构在公园日常运营和管理中相关职责履行情况,以及公园建设成效等方面的综合评估。2014年4月,国家文物局委托第三方机构,对首批12家国家考古遗址公园的运行状况进行评估,到2015年初评估工作全面完成。

此次国家考古遗址公园评估在保证文物安全，严守客观性、导向性的基础上，秉承政府组织、部门合作、公众参与的原则展开，旨在规范和监督公园依法履行文物保护职责，落实文物保护规划和国家考古遗址公园规划，建立健全相关管理规章制度，改善公园日常运营和管理，提高服务质量，引导公园发挥社会职能和综合效益，促进公园可持续发展。

国家考古遗址公园评估由专项评估、开放状况评估和满意度调查三部分构成。其中，专项评估由专家现场完成，对国家考古遗址公园的资源维护、管理与服务情况进行综合判断和评分；开放状况评估是根据国家考古遗址公园填报的《国家考古遗址公园年度运营报告》中反映的数据，对可以量化的指标进行核查和统计；满意度调查是对游客和周边社区成员进行问卷调查，并对问卷结果进行综合评定。三者相互补充，从定性、定量和效果评价多个层次评估国家考古遗址公园的实际运行情况。最终评估成绩满分为 100 分，分为"合格""基本合格"和"不合格"三个等级。《导则》设计的评分总规则明确规定了评估成绩直接做"不合格"处理和最终评估成绩不得评为"合格"的几种情况，是为评分规则的一大特色。

此次评估工作进一步完善并规范了国家考古遗址公园的管理工作，也对已进入公园大名单的单位起到了鼓励和鞭策作用，为将来国家考古遗址公园的各项评价指标树立了标杆，促使国家考古遗址公园迈向更成熟的发展阶段。

20 世纪 90 年代开始，文物行业内的机构与相关行业组织、学术团体合作主办了一系列专业成果评选、推介活动。各项评选活动基本都制定了推介或评选章程、办法或者原则，有的还提出了详细的评分标准，并不断完善评选机制，这对文物管理现代化评价具有重要的借鉴作用。为提升文物保护管理、展示利用、学术研究水平做出了贡献，并促进有关方面管理水平的提高，客观上推动了文物管理的现代化进程，使文物管理不断走向现代化。

比如，"全国十大考古新发现"评选启动于 1990 年，作为全国重要考古新发现宣传推介活动的成果，目前已经得到行业内的高度认可，堪称中国考古界的最高奖项。根据推介标准，一方面，程序上要符合国家文物局的报批手续；另一方面，发掘内容要具有历史、艺术、科学价值，能够为中国考古学科提供新的内容信息及新的认识。入选"十大"的考古发现，除了具有一定观赏性和故事性，学术性无疑是评判发现价值的首要和根本的标准，具有填补学术空白意义的考古发现被公认为最具价值项目。此外，发掘技术、研究方法和文物保护措施也是评判发现价值的重要标准。通过评选活动，树立了优秀考古案例，提升了行业内整体考古水平。参评单位积极走向公众，走进校园、走进博物馆，也使得该项评选活动的社会认可度不断提高，影响力不断扩大，成为公众了解考古、认识中国考古学的最重要的窗口。传统纸媒、电视台、网站平台，以及微博、微信等自媒体集中深度报道，把考古发现的真正价值正确传播给公众，同时也对行业宣传和媒体应对提出了更高要求。

　　"全国文化遗产十佳图书"评选推介活动发端于 2001 年，最初名称是全国文博考古十佳图书评选活动。创办以来，这项文博行业年度图书评选活动几经更名，现在确定为年度全国文化遗产十佳图书评选推介活动。活动与时俱进，参评图书范围不断扩大，参与单位分布更加广泛，关注热度逐年升温。活动秉承公开、公平、公正原则，更加突出规范性、专业性、权威性。评选推介活动办公室先后制定《年度全国文化遗产十佳图书评选活动办法》《全国文化遗产十佳图书评选章程（试行）》，确保评选推介活动更加规范有序。章程中初步明确入选十佳图书的条件，即对文化遗产事业、对文化遗产图书出版有重要贡献，有重要思想价值、科学价值、艺术价值或在思想界、学术界及社会上产生重大影响，同时也对图书装帧、编校、印刷装订提出了要求。将来还要进一步制定更为具体的评选标准，以便评委遴选推荐时更有据可循。此外，评审委员会专家库得到不断完善，以保证评审的专业性、客观性和公正性。该项活动一方面能够促进文化遗产类图书编撰和出版质量的提高，引导思考文化遗产图书出版如何满足公众的读书需求，更好地为公众服务；也为图书作者、出版机构、文博单位、广大读者搭建起沟通平台，吸引公众参与文物事业，从而为文物事业发展和精神文明建设服务。

　　再比如，国家文物局自 2006 年开始举办两年一度的"全国文物行政处罚十佳案卷"评查。具体评查方式是：评审专家分组对参评案卷进行审阅并按照《文物行政处罚案卷评查标准》进行初评打分，初评结束后，评查活动进入复评、实地复核和终评阶段。案卷评查主要考察内容是执法主体资格、执法行为、执法依据和执法程序的合法性问题，以及相应的行政执法决定、行政复议、行政诉讼和申请法院强制执行等有关情况。案卷评查活动旨在提升地方文物行政部门执法能力，规范文物行政处罚行为，提高文物行政处罚案卷的质量，提高文物行政执法水平，进一步推动文物行政执法工作的规范化和标准化建设。2015 年 8 月，国家文物局组织开展了首届"文物行政执法十大指导性案例"遴选推介活动。经地方推荐、案例初评、专家复审、实地复核、媒体评议，最终从各地报送的 24 个典型案例中，确定了在法律适用、整改落实、责任追究、促进保护等方面具有指导意义的 10 个案件作为指导性案例，并于 2016 年 3 月正式对外公布。这一文物执法领域的创新活动，受到地方政府的高度重视，媒体也进行了全方位报道，这必将对提高文物行政执法能力和办案水平，促进各级文物行政部门和执法机构主动作为、依法履职尽责，产生积极的推动作用。

但是值得注意的是，这些评价或评选活动所面向的往往是某一专项文物领域，且相互之间独立，目前文物行业尚没有建立一个统一的评价体系。

第三节　文物管理的研究成果

20 世纪七八十年代，在《文物通讯》《文物工作》等刊物上陆续刊登了文物管理方面的文章。具有代表性的是李晓东发表的文物管理系列文章，比如：《谈谈文物保管所的任务（上、下）》（《文物通讯》1981 年第 1 期），《做好文物工作，促进精神文明建设》（《文物通讯》1982 年第 3 期），《谈谈群众性文物保护组织与保护责任制》（《文物通讯》1982 年第 5 期），《认真执行〈文物保护法〉　开创我省文物工作新局面》（《河北学刊》1983 年第 2

图 1-1　《文物保护管理概要》，1987 年初版

期),《"联保例会"——保护长城的有效组织形式》(《文物通讯》1983 年第 4 期),《认真执行文物保管条例》(《河北日报》1984 年 6 月 20 日第 1 版),《谈谈文物保护单位的几个问题》(《文物通讯》1984 年第 4 期至 1985 年第 3 期连载),《关于起草〈河北省文物保护管理条例〉的体会》(《文物工作》1985 年第 4 期)等。文物管理方面的著作数量不多,李晓东总结其二十多年实践经验所著《文物保护管理概要》[①] 是比较早的一本,这本书出版于 1987 年,当时的文物事业经过新中国成立以来近 40 年的发展,在广大文物工作者的共同努力下,取得了宝贵的成绩。随着国家建设事业的发展,又有不少新情况新问题亟待研究和探索。但是由于忙于各项具体任务,缺乏对经验的科学总结,已由实践证明的经验和教训,也未及时上升到理论的高度来说明。从事文物工作的同志迫切需要深入了解和认识文物工作的基本规律,了解党和国家关于文物工作的法规和方针、政策,以及制定这些法规和方针、政策的依据。《文物保护管理概要》正是适应这种需要而撰写的普及性读物,全书比较系统地阐释了《文物保护法》和受国家保护的文物、文物保护单位、地上文物的管理、地下文物的管理,以及文物保管机构的任务和奖惩工作等方面的管理工作内容。谢辰生在序言中写道:"这部著作,还是建国以来第一部系统论述有关文物管理工作的书。我们希望广大文物工作者通过自己的实践,能够不断地总结经验,开展理论研究,为建立具有中国特色的文物保护管理学而努力探索。"

1992 年,《文物法规与文物管理》[②] 问世,成为文博系统培训教材。这本书从依法行政的角度,介绍了当时主要的文物法规,概述了文物法规与文物管理的关系,同时对文物管理经验进行总结,论述了文物保护管理工作的特点和规律。对文物工作者依法从

图 1-2　《文物法规与文物管理》,
1992 年初版

---

① 李晓东:《文物保护管理概要》,文物出版社,1987 年。
② 李晓东:《文物法规与文物管理》,北京燕山出版社,1992 年。

事文物管理工作具有重要的参考价值，对提高文物工作者的文物管理水平起到了重要的推动作用。该书内容涉及的文物所有权、文物保护单位利用、中外合作考古、文物藏品保管与利用、文物行政执法、对文物违法行为人的行政处罚与刑事处罚等内容，仍然是今天文物管理的重要内容。只是随着文物保护法律法规和政策的新发展，对文物的认识不断加深，管理理念、行政审批、民间文物管理、责任追究等方面也相应调整，但是文物保护、利用和管理的基本原则和方针没有变。可见，文物管理既有传承又有创新，不断向现代化发展。

1995 年，李宝才完成《中国文物行政管理学概论》①一书。文物行政管理学是一门应用性很强的科学，它把国家文物行政管理经验升华到了一个理论高度，为探索文物行政管理工作的规律性提供了理论依据。如果各级文物行政部门中从事行政管理工作的同志们能够熟练地掌握文物行政管理的基本规律，了解文物行政管理的基本方法，对于文物行政管理科学化、法制化、规范化将具有十分重要的推动作用。这样才能发展文物事

图 1–3 《中国文物行政管理学概论》，1995 年初版

业，保护祖国文物，为国家现代化服务。该书阐述了当时我国文物行政管理的发展规律，并全面介绍了文物行政管理的规划、决策、执行、控制活动的意义和方法，实用性较强。这本书的问世标志着文物行政管理理论又向前迈出了可喜的一步。

2005 年首版的《文物学》②一书，从学科建设的角度全面介绍并阐述文物以及文物管理。作为一本学术著作，同时又是各地授课或培训的教材，多次重印，可以看出这部书的被需要程度。该书专设文物保护管理一章，在综合了一代代文物界专家学者研究成果的基础上，以 2002 年《文物保护法》为

---

① 李宝才：《中国文物行政管理学概论》，金城出版社，1995 年。
② 李晓东：《文物学》，学苑出版社，2005 年。

依据，结合工作实际，对文物管理的各个方面，包括文物法律法规、文物调查与普查、文物保护单位管理、古建筑和纪念建筑物保护管理、历史文化名城管理、考古发掘管理、馆藏文物管理、民间收藏文物管理、文物进境出境管理等，进行系统阐述。

2008年起，国家文物局委托国务院发展研究中心文化遗产课题组编写《中国文化遗产事业发展报告》蓝皮书（以下简称"报告蓝皮书"）。报告蓝皮书由主题报告、技术报告和评估报告组成，其中主题报告给出政策建议，技术报告解释主题报告，技术报告和评估报告共同为主题报告提供支持。课题组发挥国务院发展研究中心以战略性、综合性、前瞻性研究见长的特点，每年围绕一个主题连续展现中国文化遗产事业领域新的发展情况，至今已经出版了七本年度报告蓝皮书（2011年度阙如），从2008年度到2016年度报告蓝皮书的主题分别是："文化遗产事业促进科学发展社会和谐"（2008）、"文化遗产事

图1-4 《文物学》，2005年初版

图1-5 文化遗产蓝皮书系列，2008年起出版

业关系民生大计"（2009）、"文化遗产事业这五年"（2010）、"展望'十二五'"（2012）、"建设文化遗产强国，使文化遗产事业更好地服务于全面建成小康社会"（2013）、"在新型城镇化中让文物说话、助国家强大"（2014）、"让文物活起来"（2015～2016）。报告蓝皮书旨在促进各级文物行政部门改善管理，促进各级政府、相关部门重视文化遗产事业发展并在工作中予以配合，告知公众文化遗产事业的发展状况。系列报告蓝皮书以经济学、管理学和统计学的多重视角为读者呈现出文物管理全景图，2013、2014、2015～2016年度连续在"评估报告"板块围绕"供需

相称角度的管理水平评估——基于 GAP 分析"和"投入产出角度的管理水平评估——基于 DEA 分析"形成专章对文物系统管理水平进行评估。

上述文物管理方面的研究成果都是在前人研究的基础上发展而来的，也是中华人民共和国成立以来文物管理实践经验的历史总结。这些研究成果反过来也促进了文物管理不断走向现代化。

第四节　研究的主要范围

本书分为上、下两编。其中上编是文物管理现代化评价体系研究。在当前我国推进国家治理现代化、全面建设社会主义现代化强国的大背景下，本书尝试以构建评价体系的方式聚焦并全面衡量文物管理现代化水平，搞清楚哪些因素有助于文物管理趋于现代化，哪些因素又阻碍着文物管理的现代化进程，以评带建，以评促改。并通过实证研究的方法，对评价体系进行检验和修正。具体说来，包括以下几个方面：

第一，介绍文物管理现代化评价这项研究提出的社会、政治、经济、文化背景，并介绍国内外文物管理现代化评价相关成果。

第二，梳理经典现代化理论、后现代化理论、第二次现代化理论等现代化理论的发展进程，以及现代化理论在中国的发展历程，继而分析国家现代化与文物管理实践之间的紧密关系。梳理管理理论的发展进程，对比分析政府管理、治理与善治三个既相互区别又密切联系的词汇。回顾历史上和新中国成立以来中国文物管理的历史变迁，随之阐述文物管理在法规管理、规划管理、人才培养、技术管理和公众参与等方面的现代化进程。

第三，概述文物管理现代化评价的目的、原则、主体和对象，根据现代化理论的内涵和现代化政府管理的要求，结合文物行政部门职能和实际工作状态，同时征求有关专家意见，最终遴选出若干评价指标要素，提炼形成现代化管理过程、现代化组织建设、现代化管理手段、现代化管理意识等 4 个一级指标，10 个二级指标和 32 个三级指标，构建评价体系，并对指标内容进行详细释义。采用层次分析法，并发放专家调查问卷，最终计算出各级评价指标权重。运用文物管理现代化评价体系对文物行政执法进行试评价，查找评价结果与实际工作之间的差距，判断评价体系的可操作性、科学性和客观性，发现评价体系中存在的问题，以期对此修正完善。

第四，对文物管理现代化整体水平做出客观评价，并提出中肯建议。同时从评价过程中得到了启示：现代化管理意识，也就是人的现代化，是文物事业现代化的根本保障。

下编是文物管理专论，即关于文物管理现代化的专题论述，从法律体系、博物馆管理、文物市场管理、文物进出境管理、文物信息化建设、队伍建设等与文物管理现代化评价体系相关的视角，在更深层面和更广范围内进行拓展分析，以与上编相呼应。专论具体包括：中国特色文物法律体系的形成与发展、中国博物馆事业发展现状研究——以《博物馆条例》为视角、中国文物市场业态对策研究、文物进出境管理与中国流失文物追索之路、中国被盗（丢失）文物信息发布平台建设、中国文博人才队伍的建设体系。上、下编既相互照应，又可各自独立，形成有机整体，以期本书内容更为丰富、结构更显完整。

第二章　现代化理论与文物管理实践

第一节　什么是现代化

　　"现代化"的英文单词 Modernization 是由 Modern（现代）衍生出来的。按字面的理解，"现代"显然是一个时间的概念，其内涵可以包括"近代"和"当代"，或指特定的历史时代、特定的历史阶段。我国学者与西方学者关于历史时代的划分是不同的。中国学者倾向于把历史分为古代（1840 年以前）、近代（1840～1919 年）和现代（1919 年以来），这也是以重大事件为标准的时代划分；西方学者则把历史分为古代（公元 600 年之前）、中世纪（600～1500 年）和现代（1500 年以来）。

　　我国现代化理论研究专家、北京大学罗荣渠教授经过详细考证，指出"Modern"一词是在文艺复兴时期人文主义者的著作中最先使用的；这个词在当时用于表达一个新的观念体系，即把文艺复兴看成是一个与中世纪对应的新时代。由于文艺复兴否定中世纪的神学权威，尊崇古典文化，故而文艺复兴以后的时代被视为欧洲历史的一个新时代；"现代"不是一个绝对的词语，而是相对于传统而言："现代化"一词是用来概括人类社会发展进程中急剧转变的过程。

　　韦氏辞典对"现代化"一词及其相关词汇 modernize 和 modern 均有详细的解释，具体见下表：

表 2 - 1　　"现代化"及相关词汇的中英文对照

英语单词	英文含义	中文翻译
Modern	Adj. Date：1585 1. relating to, or characteristic of the present or the immediate past 2. of or relating to the period from about 1500 to the present	形容词。1585 年发明的单词 1：现代的，新近的，时髦的 2：现代的（从大约公元 1500 年到当前这段历史时间）
Modernize	Verb. Date：1748 1. to make or become modern, esp：to alter to modern tastes and provide with modern equipment 2. make suitable for present - day needs	动词。1748 年发明的单词 1：使现代化（成为具有现代特点的，成为现代的） 2：使适合现代需要
Modernization	Noun. Date：1770 1. the act of modernizing：the state of being modernized 2. something modernized：a modernized version	名词。1770 年发明的单词 1：现代化（过程） 2：现代化（状态）

（资料来源：《韦氏第三版新国际英语大辞典》，1986 年）

根据韦氏辞典，英语单词 modern 是形容词，产生于 16 世纪，具有两层含义：

（1）表示性质、价值：现代的，新近的，时髦的，只有时间限制，没有领域限制，所以，它可以指人类活动各个方面的特点。指的文艺复兴以后的全新时代；

（2）表示时间：现代的，指从大约公元 1500 年到当前这段历史时间，只有时间上限（大约公元 1500 年），没有时间下限，所以，'现代'是可以无限延长的。

"现代化"的内涵很丰富，不仅包括大约公元 1500 年以来出现的新特点，还包括将来发生的新变化；新变化是多种多样的，可以是进步的，也可以是退步的；一般而言，现代化指进步的变化；现代化既可以表达一个历史过程（发展过程），又可以表达一种最新特点（发展状态）。[①]

---

① 《什么是现代化》，载于同响智库：http：//www. modernization. com. cn/lilun11. htm，2016 年 3 月 12 日最后访问。

国内外有不少专家学者从不同立场、不同角度和不同层面对"现代化"的内涵进行过思考与阐述，但就其具体含义，目前尚无统一的意见。陈柳钦教授在《现代化的内涵及其理论演进》一文中对各方关于现代化内涵的观点进行了概括，该文认为比较有代表性的主要有以下四种：

第一种：现代化是指非西方社会落后国家在西方资本主义崛起并占据世界中心以及形成世界性的国际资本体系的格局下，如何通过科学技术革命，在经济上赶超世界先进水平的过程。这种观点是从政治上着眼，加速发展经济，以便巩固政治制度变革取得的成果。这是马克思主义的观点，也是我国的主张。比如在1963年政府工作报告中提到：我们要实现农业现代化、工业现代化、国防现代化和科技现代化，把我国建设成为一个社会主义强国……我们落后于世界先进水平……我们应该迎头赶上；

第二种：现代化实质上就是工业化，是经济落后国家实现工业化的进程，是人类社会从传统的农业社会向现代工业社会转变的历史进程。把工业化作为现代化的始发原因，或者把现代化视为工业化的最终结果，这是一种普遍的观点。这种观点所说的工业化，不仅仅是指从18世纪后期始于欧洲的工业革命所引起的那个工业化过程，还包括20世纪的高度工业化阶段。这种观点是从经济上着眼，注重发展现代工业，认为工业现代化就是国家的现代化；

第三种：现代化是指一种心理态度、价值观念和生活方式改变的过程。这种观点主要是从社会学、人类文化学、心理学的角度来考察现代化，也就是说，现代化可以看作是一种"文明的形式"。"现代化"的含义是指一种特殊的社会变革。德国社会学家和历史学家马克斯·韦伯（Max Weber）认为，现代化就是"合理化"，是一种全面理性的发展过程，包括合理的企业、合理的核算、合理的工艺和合理的法律，还包括合理的精神，一般生活的合理化以及经济道德；

第四种：现代化是指自16世纪和17世纪的科学革命以来所导致的"传统社会"向"现代社会"过渡的全方位急剧变动的过程的统称。也就是说人类社会在现阶段发生了很大的变化，这不仅仅是工业或经济，同时也有知识增长、政治发展、社会动员、心理适应等各个方面。美国社会学家布莱克认为现代化是"在科学和技术革命影响下，社会已经发生和正在发生的转变过程"。这一过程涉及政治的、经济的、社会的、思想的各个方面的变化。这种观点是一种系统思维，是从社会全面发展的视角来认识现代化的。①

总之，我们可以把现代化看作社会各个方面在科学技术革命的冲击下，正在经历或者已经经历的转变过程。已经实现现代化的社会，其经验表明，最好把现代化看作是涉及社会各个层面的一种过程。某些社会因素被改变，另外一些因素可能随之发生意义更为深远的变化。因为新的、甚至表面上看来毫不相关的因素的引入，会改变历史因素在其中运作的环境。②

在理解现代化的内涵时候，要充分注意在不同情况下，描述的对象不同，现代化的具体内涵也有不同。例如，管理现代化、教育现代化、企业现代化、政府现代化、城市现代化、农村现代化等。在不同的现代化理论视野中，上述不同领域、不同方向的现代化也被赋予了不同的内涵。

第二节　现代化理论发展进程

陈柳钦教授认为："现代化理论不是一个单一的理论，它是不同领域、不同学者关于世界、国家或地区现代化的特点和规律的研究成果的统称。现代化理论的主旨是探讨一个国家怎样从传统农业社会过渡到现代工业社会或知识经济社会的理论，一方面要研究发达国家向更先进的社会阶段的发展问题，另一方面要研究落后国家如何实现现代化问题。现代化理论从根本上说乃是一种有关社会发展的学说"。③

---

① 陈柳钦：《现代化的内涵及其理论演进》，《经济研究参考》2011 年第 44 期。

② ［美］吉尔伯特·罗兹曼：《中国的现代化》，国家社会科学基金"比较现代化"课题组译，凤凰出版传媒集团，江苏人民出版社，2010 年。

③ 陈柳钦：《现代化的内涵及其理论演进》，《经济研究参考》2011 年第 44 期。

一、经典现代化理论

一般认为，"现代化"一词是 20 世纪 60 年代在西方形成理论并发扬光大的，但中国的现代化运动早在 19 世纪末便已兴起。胡适在 20 世纪 30 年代时曾指出：当年康梁领导的维新运动，本质上就是一次推动中国现代化的运动。1919 年的五四运动中，我国知识分子已经比较明确地讨论探索中国现代化的道路问题。到 20 世纪 30 年代，"现代化"一词开始经常出现在报刊上。1933 年 7 月，《申报月刊》曾推出特辑集中探讨中国现代化的困难和道路，现代化的概念自此被广泛运用，一时成为人们争相议论的热门话题。遗憾的是，抗日战争爆发，中国探索现代化理论之势戛然而止。

第二次世界大战后，现代化理论在西方学术界日渐兴起。现代化理论研究的开拓者主要是经济学、社会学和政治学等学科的学者，大部分来自欧美发达国家。他们大都将兴趣点放在对 17 世纪以来西欧、北美工业化的经验以及战后世界发展问题。20 世纪 60 年代，西方社会一批有影响的现代化研究专著相继问世，如罗斯托的《经济成长的阶段：非共产党宣言》（1960），列维的《现代化和社会结构》（1966），布莱克的《现代化的动力：比较历史研究》（1966），亨廷顿的《变化社会中的政治秩序》（1968），埃森斯塔特的《现代化：抗拒与变迁》（1966），维纳的《现代化：增长的动力》（1966），英格尔斯等的《走向现代：六个发展中国家的个人变化》（1974）等，这些论述使得现代化理论基本形成，这是阐述工业革命以来人类文明的革命性变化的有力理论，其他任何一种社会科学理论都不能完全取代它，被称为经典现代化理论。20 世纪 70 年代以后，现代化理论研究开始向历史学、人类学和其他人文社会科学扩展。美国著名历史学家、现代化理论家西里尔·E·布莱克教授提出，用比较的方法和跨学科的方法对现代化问题进行研究，开拓了现代化理论研究的新方向。

根据领域的不同，经典现代化理论可分为政治现代化理论、经济现代化理论、社会现代化理论、个人现代化理论和文化现代化理论等。每个领域的现代化在经典现代化理论框架下都有各自的特点，如表 2 - 2。

表 2 - 2　不同领域经典现代化的主要特点

领域	主要特点
政治现代化	民主化、法治化、科层化（官僚化）
经济现代化	工业化、专业化、规模化
社会现代化	城市化、福利化、流动化、信息传播
个人现代化	开放性、参与性、独立性、平等性
文化现代化	宗教世俗化、观念理性化、经济主义、普及初中等教育

经典现代化理论认为现代化是一个历史过程，是一个从传统经济向现代经济、传统社会向现代社会、传统政治向现代政治、传统文明向现代文明转变的历史进程。这里的"传统"，便是农业；"现代"则意指工业，并且强调现代化的最终目标是要实现现代性。经典现代化理论由英美一批优秀的学者发起，建构了现代化理论研究的基本框架，并带动了现代化理论的持续发展；该理论的"传统—现代"两分式研究方法，以及通过发展工业化来实现现代化的观点在当时具有十分进步的意义。但经典现代化理论也存在一些固有缺陷，诸如"现代化"概念的时间不确定，现代性和传统性概念模糊，自然资源破坏、贫富差距等现代病问题。尤其是，当20世纪60年代，工业社会发展到一定程度，工业经济比重持续下降，服务经济比重持续上升，经济发展从工业化转入非工业化轨道，人们发现工业文明不是文明进程的终结，当然也不能是现代化的终极目标。对此，经典现代理论无法解释。

二、后现代化理论

鉴于经典现代化理论的固有缺陷，20世纪60年代末以后，以探索现代化或工业化以后的社会发展为对象的后现代化理论开始崛起。如果说经典现代化理论向我们展现了一个工业化世界，而后现代化理论则把研究触角伸向工业化以后的社会行进状态。后现代化理论认为：从传统社会向工业社会转变是现代化，从工业社会向后工业社会转变是后现代化。这一转变包括政治、经济、性、家庭和宗教观念的深刻变化。后工业社会理论、后现代主义等是后现代化理论的组成部分，它们是后现代化理论在社会经济、思想文化等领域的反映。

有关后现代化理论的著作主要有：《后工业社会的来临——对社会预测的一项探索》①、《后现代状态——关于知识的报告》②、《第三次浪潮》③、《后现代与后工业》④、《后现代主义与社会科学》⑤、《后资本主义社会》⑥、《后现代转向：社会理论的视角》⑦、《现代化与后现代化：43个国家的文化、经济与政治变迁》⑧等。在现代化理论研究人员看来，后现代化也是现代化研究的一个研究领域，它是关于发达国家的社会发展研究。例如，美国普林斯顿大学布莱克教授在1976年出版的《比较现代化》一书中谈到，有大量文献讨论高度现代化的社会，往往把它们称作"后工业化社会"。

然而，无论是后现代化理论或者说是后工业化理论，一个无法自洽的痼疾便是对于时间的界定。如果"后现代化"指的是"现代化"之后的状态，那么首先应该明确"现代"的时间边缘。但是，一般认为"现代"指公元1500年至今的历史阶段，并没有明确时间下限，也就是自公元1500到任何一个时间点都可以称之为"现代"。果如此言，"后现代"便无从说起，因为何时算是"现代"之后，无法计算。"后现代理论"中固有的时间阶段的无法确定性，会影响"后现代化理论"的传播和应用。在某种意义上，"后现代化理论"是以"经典现代化理论"为参照的，它没有完全超越"经

---

① ［美］丹尼尔·贝尔（Daniel Bell）：《后工业社会的来临——对社会预测的一项探索》，高铦译，新华出版社，1997年。

② ［法］让-弗朗索瓦·利奥塔尔：《后现代状态——关于知识的报告》，车槿山译，南京大学出版社，2011年。

③ ［美］托夫勒：《第三次浪潮》，黄明坚译，中信出版社，1980年。

④ ［美］玛格丽特·A·罗斯：《后现代与后工业》，张月译，辽宁教育出版社，2002年。

⑤ ［美］波林·罗斯诺：《后现代主义与社会科学》，张国清译，上海译文出版社，1998年。

⑥ ［美］彼得·F·德鲁克：《后资本主义社会》，傅振焜译，东方出版社，2009年。

⑦ ［美］史蒂文·塞德曼：《后现代转向：社会理论的新视角》，陈明达、王峰译，辽宁教育出版社，2001年。

⑧ ［美］罗纳德·英格尔哈特（Ronald Inglehart）：《现代化与后现代化：43个国家的文化、经济与政治变迁》，严挺译，祁玲玲校，社会科学文献出版社，2013年。

典现代化理论"。

三、第二次现代化理论

1999 年，何传启在《第二次现代化——人类文明进程的启示》① 一书中正式提出并全面阐述了"第二次现代化理论"。"第二次现代化理论"认为，从人类诞生到 2100 年，人类文明的发展可以分为原始社会、农业社会、工业社会和知识社会等四个时期，每一个时期都包括起步期、发展期、成熟期和过渡期等四个阶段，因此人类文明进程包括四个时期 16 个阶段。其中从农业社会向工业社会、农业文明向工业文明的转变过程是第一次现代化，即经典现代化理论描述的现代化。从工业社会向知识社会、工业文明向知识文明的转变过程是第二次现代化，包括后现代主义、后现代化理论等内容。如果说第一次现代化的动力是工业化、城市化和民主化，那么第二次现代化的动力则是知识创新、制度创新和专业人才。文明发展具有周期性和加速性，知识时代不是文明进程的终结，而是驿站，将来还会有第三次、第四次、第五次现代化等，那些都是未来的现代化。

"第二次现代化理论"的出现，为"现代化理论"注入了新的生机和活力。一方面成功地化解了"经典现代化理论"不能解释工业发达国家 20 世纪70 年代以来发展状态的困境，另一方面破译了"后现代化理论"无法解释"现代"与"后现代"历史阶段重叠的天然缺陷。"第二次现代化理论"对人类文明发展规律做出了创新性的阐释，为人类理解自身文明找到了新的突破口。

在第二次现代化过程中，政治、经济、社会、个人、文化等领域的变化将是全新的现代化状态（见表 2 - 3），尤其在社会、经济和文化领域，第二次现代化往往是颠覆性的。如果说第一次现代化的主要社会经济目标是加快经济增长，那么第二次现代化的主要社会经济目标是提高生活质量。

---

① 何传启：《第二次现代化——人类文明进程的启示》，高等教育出版社，1999年。

表 2-3　不同领域第二次现代化的主要特点

领域	主要特点
政治现代化	知识化、国际化、平权化、分散化
经济现代化	知识化、信息化、全球化、智能化
社会现代化	知识化、网络化、创新化、社区化
个人现代化	创新、合作、学习化、个性化
文化现代化	多样化、文化产业化、自然主义、普及高等教育

第三节　现代化理论在中国的发展（上）

一、近代中国关于现代化的讨论

1933 年，摆在国人面前有两大难题：1. 该如何振兴全面破败了的农村；2. 该如何解决因日、俄的步步紧逼而造成的民族存亡的危机。围绕这两大现实问题，1933 年 5 月，上海《申报月刊》向全国的社会名流、学者发信约稿，征求意见，在知识分子当中发起了一场"中国现代化问题讨论"。讨论范围被控制在经济领域，以两个问题为核心：（一）中国现代化的困难和障碍是什么？要实现中国的现代化，需要具备哪些先决条件？（二）中国现代化的路径，究竟该走资本主义道路呢，还是走社会主义道路？当年参加讨论的学者有大学教授、经济学家、军队干部、媒体人等文化界名流。参与者纷纷撰文，细数自己对中国现代化的认识和主张。

1933 年 7 月，《申报月刊》2 卷 7 号发表了《中国现代化问题号》特辑，共刊登 26 篇文章。纵观这些文章，最值得注意的是：虽然学者们对"如何实现现代化"这个问题众说纷纭，但在回答应该"走社会主义道路"还是"走资本主义道路"这个问题时，16 位明确作答的学者中，有 15 位选择了"走社会主义道路"，只有 1 位选择了"纯粹的资本主义"。比如，广州中山大学哲学系教授祝伯英，在《申报月刊》刊发署名"亦英"的文章，题目是《现代化的正路与歧路》。祝氏认为："如果要使中国真能现代化，消灭没落的气象，走上发展的道路，那只有将中国的经济，作全盘的改造，将先进的生产技术，运用来建立社会的全部。随意的今天一个钢铁厂，明天一个航空公司，任着经济发展的'自然'趋势演进，那是没有结果的。现代资本经济中，各业不平均的发展，尤其是工农业间不平均的发展，造成经济的浪费与破坏。有资者各自为政的各自投资，结果并不是全部经济的发展，而是强吞弱亡的经济破产。所以'统一'的建设，是首要的原素。……这当然不是旧式的道路，资本主义的道路。"所谓"'统一'的建设"，实际上就是以国家为核心的计划经济。①

这是知识阶层第一次对中国现代化问题进行的集中讨论，对之后中国现代化进程的影响巨大。这次大讨论针对的是中国道路这一根本性问题，这就解释了为什么秉持"新民主主义"的中国共产党能够发展壮大，为什么中国共产党能够吸引大批知识分子自愿到延安参加革命，为什么1949年当中国共产党成为执政党后选择社会主义计划经济。在当时环境下诞生的政府必然是强势的、无处不在的管制型政府。

二、四个现代化的提出

在1954年9月召开的第一届全国人民代表大会上，周恩来总理在政府工作报告中指出："如果我们不建设起强大的现代化的工业、现代化的农业、现代化的交通运输业和现代化的国防，我们就不能摆脱落后和贫困。"从而正式提出要实现工业、农业、交通运输业和国防的四个现代化的任务，这是共产党最早提出的四个现代化的概念，但它与后来四个现代化的内容是有区别的。1956年9月，中国共产党第八次全国代表大会通过的《中国共产党章程》中，又一次明确提出这一任务。

1963年1月28日，周恩来总理在上海市委召开的各界民主人士春节座谈会上提出："我们要为实现我国的农业现代化、工业现代化、国防现代化和科学技术现代化的目标而奋斗。"农业现代化取代工业现代化被放到最重要的位置。同年12月召开的第二届全国人大四次会议，号召全国人民"为把中国建设成为一个具有现代农业、现代工业、现代国防和现代科学技术的强大的社

---

①　《年度事件：中国现代化讨论》，载于：http：//news. qq. com/zt2012/zxzg/1933. htm，2016年4月5日最后访问。

会主义国家而奋斗"。

1964 年 12 月第三届全国人民代表大会第一次会议上，周恩来总理根据毛泽东主席建议，在政府工作报告中提出，在 20 世纪内，把中国建设成为一个具有现代农业、现代工业、现代国防和现代科学技术的社会主义强国，实现四个现代化目标的"两步走"设想。由于当时的历史条件，并没有同时提出相应的标准。尽管如此，这是中国首次在政府工作报告中向全世界宣告实现现代化的目标。从此，四个现代化成为中国社会主义建设的战略目标，全国掀起建设四个现代化的高潮，大量的宣传标语和口号使实现四个现代化深入民心，激发着各条战线建设者的工作热情。（见图 2 - 1）

图 2 - 1　四个现代化宣传画

1977 年 8 月召开的中国共产党第十一次全国代表大会和 1978 年 2 月召开的第五届全国人民代表大会第一次会议上均再次重申在本世纪（20 世纪）内实现四个现代化的目标，并且将之定为中国新时期的总任务。1978 年 12 月召开党的十一届三中全会，做出了把党的工作重点转移到社会主义现代化建设上来的战略决策。邓小平同志强调："我们党在现阶段的政治路线，概括地说，就是一心一意地搞四个现代化。"

在进行现代化建设的过程中，党中央从实际出发，从基本国情出发，逐步认识到四个现代化不可能在 20 世纪全部实现，而是需要更长的时间。1980年，邓小平同志提出了我国现代化建设的步骤和战略目标：第一步，到 20 世纪末，即中华人民共和国建国五十周年时，人均 GDP 比改革开放初期翻两番；第二步，到 21 世纪中叶，即中华人民共和国建国一百周年时，达到中等发达国家的水平。与之前的目标相比，这显然是一个更为清晰、量化的目标。

　　1982 年 9 月召开中国共产党第十二次全国代表大会，会上《全面开创社会主义现代化建设的新局面》报告中提出"中国共产党在新的历史时期的总任务是：团结全国各族人民，自力更生，艰苦奋斗，逐步实现工业、农业、国防和科学技术现代化，把我国建设成为高度文明、高度民主的社会主义国家。"这是对四个现代化和党在新的历史时期的总任务作出的全面而科学的概括，是全面开创社会主义现代化建设新局面的纲领性文件。对于"四个现代化"的提法，与之前几次提出相比，有一个明显变化就是将"工业现代化"和"农业现代化"的位置互换，即以"工业现代化"为"四个现代化"之首，恢复了最初的提法。这种变动与当时以经济建设为中心的指导思想一致，因为工业现代化是"四个现代化"的物质、技术基础，只有工业实现现代化，其他方面的现代化才有能力去实现。同时，在党的十二大报告中，系统地论述了社会主义物质文明和社会主义精神文明的建设理论，把建设社会主义精神文明提升到建设社会主义战略方针的高度。1986 年 9 月，党的十二届六中全会通过了《中共中央关于社会主义精神文明建设指导方针的决议》后，我国社会主义现代化建设中出现了"两个文明"的概念，这是对原以物质文明为主导的四个现代化理论的一个重要进步和理论升华。1983 年 7 月，中央提出领导班子要实现"四化"，强调领导班子现代化建设的重要性。以上这些变化反映出党中央逐渐意识到四个现代化并不是现代化的全部内容，还应包括社会主义精神文明、社会主义民主建设和领导班子建设等方面。这深刻说明中国共产党以及中国政府对现代化的思考正在全面走向成熟。

　　1987 年 9 月召开的中国共产党第十三次全国代表大会上，提出"社会主义初级阶段"的概念，确立了中国社会主义现代化建设"三步走"战略，并指出到第三步基本实现的时候，就基本实现了社会主义现代化。自此之后，"四个现代化"一词只有在谈及 20 世纪的那段历史时才会提起，取而代之的是"社会主义现代化"。

三、建设现代化国家与文物管理

虽然在本阶段没有明确提出"文物管理现代化",但是在文物管理中形成的文物工作方针和原则,文物保护制度、文物保护与修复技术、依法保护利用管理文物的意识等,都是文物管理现代化的基本内容,是建设现代化国家、以法治国的组成部分。

1. 文物工作方针体现了文物管理与国家现代化的密切关系

我国一直进行的现代化建设,文物工作就在其中,要把二者联系起来看待,将文物管理纳入到国家整体管理之中。事实上,文物管理与国家现代化相伴相行。比如,中华人民共和国成立之初,国家开展了大规模的基本建设,在全国范围内修筑铁路、公路,在重点城市建设重点工程。那么基本建设与文物保护的关系如何处理呢? 1954 年,中宣部部长陆定一在全国基本建设工程中出土文物展览上做了"既对基本建设有利,又对文物保护有利"的题词,为基本建设与文物保护之间的关系给出了基本答案。后来周恩来总理结合实践,提出要对不同文物区别对待,做好"重点保护、重点发掘"。两位领导人的意见,最终经报国务院批准,成为方针,这是以配合基本建设进行文物保护的方针,即"两重两利"方针。这是一个具体的方针①,其中"基本建设"是国家现代化的重要基础,"文物保护"是文物管理现代化的主要方面。可以说,这个方针一半与国家现代化有关,一半与文物管理现代化有关,二者合璧成一个完整的现代化方针。在这个方针指导下,文物部门配合建设工程,组织力量进行调查勘探、考古发掘,从而成功避免了因为工程建设在古墓葬上而可能导致塌沉的情况,也避免了因为建设工程造成文物损毁的情况,从而促进了现代化工业的建设,同时也实实在在地保护了文物。

国务院于 1961 年 3 月 4 日发布的《关于进一步加强文物保护和管理工作的指示》中首次正式提出"两重两利"方针。要求文化部和各省、自治区、

---

① 谢辰生口述,李晓东、彭蕾整理:《新中国文物保护史记忆》,文物出版社,2016年,第 16 ~ 19 页。

直辖市人民委员会"应当本着重点保护、重点发掘，既对基本建设有利，又对文物保护有利的方针，根据当地具体情况采用有效措施，进一步加强对文物保护工作的领导。"①

1987 年 11 月 24 日下发《国务院关于进一步加强文物工作的通知》（简称为"101 号文件"），全面总结了中华人民共和国成立以来的文物工作，提出了全面、完整的文物工作方针，即"加强保护，改善管理，搞好改革，充分发挥文物的作用，继承和发扬民族优秀的文化传统，为社会主义服务，为人民服务，为建设具有中国特色的社会主义做出贡献"。这个方针反映出文物工作的目标之一是为社会主义现代化建设做贡献。

2. 公布文物保护单位是文物管理现代化的重要举措

1956 年，正值全国农业生产建设高潮，国务院下发了《关于在农业生产建设中保护文物的通知》。"通知"提出，为了保护重要文物，要求各省公布文物保护单位，进行重点保护。从此，确立了文物保护单位制度，这是对不可移动文物进行现代化管理的重要制度之一。1961 年 3 月 4 日，国务院公布《文物保护管理暂行条例》，对文物保护单位管理作出规定："划出必要的保护范围，作出标志说明，并且建立科学的纪录档案。"对保护管理责任也作出相应规定。1982 年《文物保护法》的颁布，是文物管理现代化进程中又一重要标志。该法对文物保护单位保护管理作出进一步规定："划定必要的保护范围，作出标志说明，建立记录档案，并区别情况分别设置专门机构或者专人负责管理。"（简称"四有"）同时规定，文物保护单位可以在其"周围划出一定的建设控制地带。在这个地带内修建新建筑和构筑物，不得破坏文物保护单位的环境风貌。"

文物保护法律法规确立的文物保护单位制度，是对重要的不可移动文物进行现代化管理的重要举措，是对中国传统文化的传承和发展。对文物保护单位要进行科学的保护管理，不但要保护其本身安全，还要保护其环境风貌，这种做法与我国现代化建设中重视生态文明建设和环境保护理念是完全一致的，是共通的、共融的。

---

① 国家文物事业管理局：《新中国文物法规汇编》，文物出版社，1987 年。

3. 从文件中看文物管理在国家现代化中的作用

"101 号文件"中第一部分是充分发挥文物的作用，具体为："充分发挥祖国文物在社会主义精神文明和物质文明建设中的作用，是文物工作的重要任务。""（文物）所展示的各种传统艺术形式，可以为我们今天批判地继承历史文化遗产，创造社会主义的民族的新文化提供借鉴。文物部门应同有关部门合作，为建设这样的新文化作出贡献。"①

1989 年 7 月 18 日，中共中央宣传部、文化部、国家文物局印发《人人爱护祖国文物宣传提纲》，"提纲"在第二部分提出："没有传统的文化，便没有文化传统；离开了文化遗产，便没有今天的科技文化的创新和发展。大量古代科技和艺术成果，至今还在被利用、借鉴和继承，成为发展、繁荣现代科技、文化、艺术不可缺少的条件。"②

1991 年 8 月 28 日，中共中央宣传部、国家教委、文化部、民政部、共青团中央、国家文物局联合印发《关于充分运用文物进行爱国主义和革命传统教育的通知》，指出："这是增强民族自尊、自信、自强精神，保证我国社会主义现代化建设顺利进行，……培养有理想、有道德、有文化、有纪律的社会主义新人的一项基础工作。我们必须从多方面采取具体措施，落实这项重要任务。"③

1991 年国家文物局发布《关于文物博物馆事业发展十年规划和"八五"计划纲要》，在序言中指出："文物博物馆事业是我国社会主义宏大事业的重要组成部分，文物博物馆事业的建设和发展，对继承和弘扬优秀的历史文化传统和光荣的革命传统，树立民族的自信心和自豪感，增强民族的凝聚力和使命感，促进中华民族的兴旺、繁荣、昌盛，建设具有中国特色的社会主义，推进我国现代化建设的历史进程，有着无可替代的重要作用。"

这些中央和国家文件充分体现了文物管理与国家现代化的密切关系，文物部门做了大量卓有成效的工作，为推进我国社会主义现代化建设做出重要贡献。

---

① 国家文物局：《中华人民共和国文物法规选编》（第二编），文物出版社，1992 年。

② 国家文物局：《中华人民共和国文物法规选编》（第二编），文物出版社，1992 年。

③ 国家文物局：《中华人民共和国文物法规选编》（第二编），文物出版社，1992 年。

4. 文物制造工艺及文物保护技术为国家现代化起到支撑作用

文物本身蕴含着丰富的艺术、科学价值，为国家现代化提供了智力支持。比如，改革开放后，中国计划研制喷气式飞机，但并未掌握制造飞机叶片的核心技术。当时中国派航天专家荣科到英国购买技术，可是这个核心技术却被英国列入十大军事机密没有透露给中国。恰在这个时候，也就是1978年，湖北随县曾侯乙墓出土了一大批青铜器，其中有一只花纹异常精美的尊盘，当时文物部门的人并不清楚制作这只尊盘采用的技术手段和制造工艺。荣科是精密铸造方面的专家，他召集全国铸造业专家共同研究鉴定，终于得出结论，认为尊盘的镂空花纹是运用我国传统工艺失蜡法制作的。这个失蜡法是精密铸造的一个重要的技术手段，也是制造喷气式飞机叶片的关键技术，中国研制飞机时遇到的难题迎刃而解。

除了古为今用的文物制作技艺，文物考古工作探索出的新型文物考古方式也在国家现代化建设中发挥了重要作用。比如：20世纪70年代兴建葛洲坝水利工程的时候，文物考古起到了重要的作用。造建葛洲坝水利枢纽在选址时有一种考虑，是利用江心洲，而能否利用，与它的成陆年代密切相关。按地质年代推算的时间以亿年、万年计，并不能解答江心洲成陆确切年代的问题。经过考古发掘，通过地层形态、发现的战国墓葬以及六千年前的古树等遗存确定了江心洲成陆距今有几千年，从而认定江心洲可以作为坝址。文物考古为国家建设节省了一大笔经费。自此之后，逐渐发展出水文考古。后来的三峡水利枢纽工程中，在如何保护白鹤梁题刻①的问题上，水文考古同样功不可没。根据葛修润院士提出用"无压容器"方式对题刻密集区进行原址水下保护的方案，最终建成了世界上第一座遗址类水下博物馆，既妥善保护了极具价值的重要文物，又没有影响工程进展。当时提出的新型考古方式，除了水文考古，还提出沙漠考古、地震考古。沙漠考古是通过研究沙漠变迁，找出沙漠

① 白鹤梁位于重庆市涪陵城北的长江之中，除长江枯水季，长年淹没于水下。迄今发现石梁上有文字题刻165段，3万余字，记载了唐广德元年（763）至21世纪初1200余年间72个枯水年份的长江水文资料，堪称保存完好的世界"第一古代水文站"。三峡水利工程建成后，白鹤梁题刻将永远淹没于长江之下。为了实现白鹤梁题刻的原址水下保护，并兼顾展示，国内外专家纷纷提出解决方案。

治理的方式。地震考古是唐山大地震后，国家文物事业管理局组织开展的。为介绍地震考古方面的工作情况和初步经验，国家文物事业管理局还组织出版了《地震与地震考古》① 一书。该书出版说明中写道："我国是一个多地震国家，考古学是一门综合性科学，为了我国社会主义建设，为了广大人民的利益，考古学也应当为研究地震的预报和防震抗震作出贡献。"由此也可以看出考古工作也积极为国家现代化建设作出应有贡献。

图2－2　《地震与地震考古》，1977年初版

水文考古、沙漠考古和地震考古等文物管理的创新，体现了现代化的管理理念，对促进水利发展、沙漠治理和地震研究都颇有益处。反之，国家现代化建设也对文物管理的科学性和现代化提出了更高的要求。二者相辅相成，互为补充。

第四节　现代化理论在中国的发展（下）

一、第五个现代化的提出

改革开放以来，中国的现代化建设经历了一个高速发展的"黄金时期"。

---

①　孟繁兴等：《地震与地震考古》，文物出版社，1977年。

工业化、城镇化、市场化、全球化、信息化等各种浪潮冲击着现有的国家管理模式，特别是当前我国已经进入经济增速放缓、结构深度调整的社会转型期，也推动了国家治理转型和现代化进程。首先，政府强势主导的发展模式难以持续，消极管控的维稳模式遭遇困境，实现可持续的发展和可持续的稳定迫切要求国家治理转型。其次，政府依然牢牢掌控着相当大的资源分配权和行政审批权，导致地方、基层、企业和民间组织的自主权和自由活动空间被挤压，创新、创业环境不容乐观，经济社会发展活力不足。最后，随着义务教育和互联网的普及，中国全球化进程加速，青年人群参与政治的愿望和能力都有了大幅提高，政治经济现代化也引导了人的现代化，我国公民尤其是青年人也希望得到更高水平的社会公共服务，更多参与社会公共事务，而现有的国家治理体制还难以完全满足这些需求。

2012 年 11 月召开的中国共产党第十八次全国代表大会上，提出了"两个一百年"的奋斗目标：第一个一百年，到中国共产党成立 100 年时全面建成小康社会的目标一定能实现；第二个一百年，到新中国成立 100 年时建成富强、民主、文明、和谐的社会主义现代化国家。目标中提到要建成"社会主义现代化国家"，现代化的国家，包括经济上的繁荣、政治上的民主、文化上的先进、生态上的和谐，是经济、政治、文化、社会、生态全方位的现代化。"两个一百年"的奋斗目标与"中国梦"相辅相成，是中国共产党和国家未来的发展方向和奋斗目标，是引领中国前行的伟大时代号召。"两个一百年"奋斗目标的确立，为中国共产党第十八次全国代表大会之后中国的一系列战略和努力指明了方向。2013 年 11 月召开党的十八届三中全会，通过了《中共中央关于全面深化改革若干重大问题的决定》，提出"完善和发展中国特色社会主义制度，推进国家治理体系和治理能力现代化"，这是全面深化改革的总目标，是继"四个现代化"后我们党提出的又一个"现代化"战略目标。推进国家治理体系和治理能力现代化，就是要适应时代变化，既改革不适应实践发展要求的体制机制、法律法规，又不断构建新的体制机制、法律法规，有破有立，使各方面制度更加科学、更加完善，实现党、国家、社会各项事务治理制度化、规范化、程序化；要更加注重治理能力建设，增强按制度办事、依法办事意识，善于运用制度和法律治理国家，把各方面制度优势转化为管理国家的效能，提高科学执政、民主执政、依法执政水平。

有学者研究后认为，"国家治理体系和治理能力现代化的衡量标准至少有四条：一是民主化。人民成为国家政权的所有者，能够通过合法的渠道直接地或通过自己选举的代表参与决策、执行和监督等国家治理的全过程，并拥有追究责任者的制度化手段。二是法治化。国家政权的所有者、管理者和利益相关者参与国家治理的行为，都应纳入法治化的轨道进行；国家公共权力的运行也应受到宪法和法律的约束；规则和程序之治要代替人治。三是文明化。国家治理应是'更少的强制，更多的同意'，'寓管理于服务之中'，'更多的对话协商沟通合作，更少的独断专行'，'更多的激发权能，更少的排斥和歧视'。四是科学化。各类治理主体拥有更多的自主性，他们履行各自功能的专业化和职业化分工程度不断提高，执政党和政府机关协调其他治理主体的能力、进行战略和政策规划的能力不断提高等"。①

有观点认为，习近平提出的"国家治理体系和治理能力现代化"是继20世纪60年代提出"四个现代化"后的第五个现代化，是以习近平总书记为核心的党中央顺应世界局势，彻底实现向现代化政党转变和长期执政的必然道路。在观察人士看来，习近平具有洞悉世界政治发展潮流的远见和自觉顺应时代发展改造中共执政方式的自觉性，即抛除一切人治思维的痕迹，真正地成为一个成熟的、现代化的执政党；同时，将社会矛盾的解决纳入法制化、有序化的模式当中，有效地将自己的执政行为规范化，化解社会矛盾对执政根基的冲击。其中，信仰的整合与理念的革新都将在"第五个现代化"的落实过程中同步进行。"第五个现代化"回答了坚持改革总目标必须解决好制度模式选择、价值体系建设等重大问题，是中国政治发展的重要里程碑。可以预知推行"第五个现代化"将真正使中国走出以往人治的阴影，使治理国家变得文明规范，也将使中共成为全面现代化的执政党，这是实现中国梦的关键。②

---

① 何增科：《怎么理解国家治理及其现代化》，时事报告：http：//www. ssbgzzs. com/ ssbg/ rdjd/201401/t20140107_ 1679449. shtml，2016 年 4 月 5 日最后访问。

② 《外媒：习近平为何提出"第五个现代化"》，中国新闻网：http：//www. chinanews. com/gn/2014/08－14/6492356. shtml，2016 年 4 月 6 日最后访问。

中华人民共和国成立初期，一穷二白，百废待兴。为了稳固社会主义国家政权，大力发展生产力，提高人民的生活水平，毛泽东、周恩来等国家领导人提出了"四个现代化"的强国目标。随着国内外形势的变化，习近平提出"推进国家治理体系和治理能力现代化"，强调国家机构、政府官员以及执政党的现代化，凝聚中国特色社会主义制度自信，从上层建筑的层面为"四个现代化"在新的发展阶段中保驾护航，摒除发展的阻碍。因此，"第五个现代化"是建立在"四个现代化"基础上的现代化。如果说"四个现代化"解决的是硬件方面的问题，而治理现代化则是精神层面、制度层面的现代化，五个现代化刚好组成一个有机整体。

二、国家治理现代化下的文物管理

现代化的国家治理，要求树立法治理念，宪法和法律是治理的最高权威，任何组织和个人都不能凌驾于法律之上。2000年以来文物管理规则不断完善：文物法规体系建设进一步加快，文物保护各项制度进一步完善。2002年10月28日，新修订的《文物保护法》公布实施，继而，《长城保护条例》《历史文化名城名镇名村保护条例》《博物馆条例》《文物保护工程管理办法》《古人类化石和古脊椎动物化石保护管理办法》《世界文化遗产保护管理办法》《文物进出境审核管理办法》《文物认定管理暂行办法》《田野考古工作规程》《国家考古遗址公园管理办法》《文物入境展览管理暂行规定》《世界文化遗产申报项目审核管理规定》等一系列配套法规相继颁布施行。文物事业在管理体制、经营机制、监督机制等方面的规则日益完备，管理工作有法可依，日常工作更加规范。

现代化的国家治理，强调公共权力运行制度化、规范化、标准化，防止权力运行随意化。强化政府宏观管理、科学管理的能力，需要依靠法规、规划、标准和技术手段四个层面来支撑，即依靠法规强化管理、依靠规划引导管理、依靠标准规范管理和依靠技术手段辅助管理。法律法规设定了行为的准绳，重点解决什么不能做的问题；规划是一定时限内的行动指南，涉及总体目标、工作原则、主要任务和保障措施等内容，重点解决的是做什么的问题；标准涉及的是实施手段、技术措施的具体技术要求，重点解决的是怎么做和做得怎么样的问题；技术手段是保障管理目标实现的技术支撑。法规、规划、标准和技术手段互为支撑、互为补充，共同为政府加强宏观管理、提高政府公共服务能力提供有力保障。例如，文物保护工程的规划、勘察设计、施工验收等环节，如果缺乏相关标准，相关文物保护工作将"无标可依"，法律法规的实施也将成为一句空话。

党的十八届三中全会明确提出，"使市场在资源配置中起决定性作用"。对于文物行业来说，就是要让文物保护中的供需机制、竞争机制、风险机制、评价机制在资源配置中发挥决定性作用。这要求政府加强发展战略、规划、政策、标准的制定和实施，加强市场活动的监管，加强各类公共服务供给，为市场在资源配置中真正起到决定性作用提供一个有利的环境。同时，在购买社会服务、吸引社会资金参与等方面，都需要依据标准实现有效的资源配置与管理。国家文物局一贯注视文物保护标准化工作，2004 年 9 月 3 日，发布《文物保护行业标准管理办法》，系统解决标准分类、分级和分层的结构性问题，从源头上避免标准缺失、交叉重复和冲突矛盾。文物行业标准化开始全面纳入国家标准化工作体系。研究制定标准、宣传执行标准、反馈修订标准的工作技术路线日渐清晰并成熟。伴随着文物行业标准化工作的推进，一批既有科研成果转化为国家标准、行业标准，以及技术工作手册。据全国文物保护标准化技术委员会统计，截至 2017 年底，已有 33 项国家标准和 72 项行业标准颁布实施，内容涵盖可移动文物、不可移动文物、博物馆、考古发掘等，涉及文物保护管理、文物保护技术和文物保护材料等方面。

第五节　现代化理论在中国的新发展

2017 年 10 月 18 日，中国共产党第十九次全国代表大会开幕会上，习近平同志代表第十八届中央委员会所作的报告中指出："经过长期努力，中国特色社会主义进入了新时代，这个新时代是承前启后、继往开来、在新的历史条件下继续夺取中国特色社会主义伟大胜利的时代，是决胜全面建成小康社会、进而全面建设社会主义现代化强国的时代，是全国各族人民团结奋斗、不断创造美好生活、逐步实现全体人民共同富裕的时代，是全体中华儿女勠力同心、奋力实现中华民族伟大复兴中国梦的时代，是我国日益走近世界舞台中央、不断为人类作出更大贡献的时代"。"进入新时代"是对中国所处新的历史阶段的基本判断。

这一论断的根本依据是当前中国社会主要矛盾已经转变，从"满足人民群众不断增长的物质文化需要和落后的社会生产之间的矛盾"转化为"人民日益增长的美好生活需要和不平衡不充分的发展之间的矛盾"。中华民族正经历着从站起来、富起来到强起来的伟大飞跃，中国特色社会主义进入新时代，中华民族正昂首阔步取得中国特色社会主义道路、理论、制度和文化的全面成功，中国正在建设社会主义现代化强国，也对建成社会主义现代化强国充满信心。

中华民族伟大复兴在新的历史起点踏上了新征程。习近平在报告中为这个新征程谋划了路线图。习近平指出从现在到 2020 年，是全面建成小康社会的决胜期。从党的十九大到二十大，是"两个一百年"奋斗目标的历史交汇期。到 2020 年全面建成小康社会，这是一个近期目标。当实现第一个百年奋斗目标后，要乘势而上开启全面建设社会主义现代化国家新征程，向第二个百年奋斗目标进军。习近平提出，从 2020 年到 21 世纪中叶可以分两个阶段来安排。第一个阶段，从 2020 年到 2035 年，在全面建成小康社会的基础上，再奋斗 15 年，基本实现社会主义现代化。第二个阶段，从 2035 年到 21 世纪中叶，在基本实现现代化的基础上，再奋斗 15 年，把我国建成富强民主文明和谐美丽的社会主义现代化强国。

之后，习近平在报告中描绘了"社会主义现代化强国"的美好蓝图：到基本实现社会主义现代化时，"我国经济实力、科技实力将大幅跃升，跻身创新型国家前列；人民平等参与、平等发展权利得到充分保障，法治国家、法治政府、法治社会基本建成，各方面制度更加完善，国家治理体系和治理能力现代化基本实现；社会文明程度达到新的高度，国家文化软实力显著增强，中华文化影响更加广泛深入；人民生活更为宽裕，中等收入群体比例明显提高，城乡区域发展差距和居民生活水平差距显著缩小，基本公共服务均等化基本实现，全体人民共同富裕迈出坚实步伐；现代社会治理格局基本形成，社会充满活力又和谐有序；生态环境根本好转，美丽中国目标基本实现。"到建成富强民主文明和谐美丽的社会主义现代化强国时，"我国物质文明、政治文明、精神文明、社会文明、生态文明将全面提升，实现国家治理体系和治理能力现代化，成为综合国力和国际影响力领先的国家，全体人民共同富裕基本实现，我国人民将享有更加幸福安康的生活，中华民族将以更加昂扬的姿态屹立于世界民族之林。"

　　文化是一个国家、一个民族的灵魂。文化兴国运兴，文化强民族强。社会主义现代化强国，强大的文化软实力必是其中重要组成部分，中华文化的广泛影响离不开种类繁多、文化内涵丰厚的中华文物，"加强文物保护利用和文化遗产保护传承"是习近平新时代中国特色社会主义思想的组成部分，是加强中国特色社会主义文化建设和增强中华文化软实力的重要内容，是对新时代文物工作提出的新的要求和新的使命。同时也为文物管理现代化在新时代的发展指明了新的方向。

第三章　管理理论与文物管理实践

第一节　政府管理、治理与善治

一、政府管理

如何给政府下定义？中国学术界对此存在较大的争议，学者们依据不同的标准从不同的角度对政府进行界定，可谓众说纷纭。乔耀章归纳了各方观点，按照政府定义外延的大小，把有关政府的含义归纳总结为以下五个等级：①指中央政府，即指国家最高行政机关及其核心部分（内阁），这是最狭义的政府；②指国家行政机构，包括中央政府和地方各级政府，这是狭义的政府；③泛指一切国家政权机关，包括各级立法机关、行政机关和司法机关，这是广义的政府；④指治理国家或社区的政治机构，包括各级各类国家机关和社区机构，这是次最广义的政府；⑤指各级各类国家机关和社会团体以及民间组织的总和，这是最广义的政府。① 其中第二类和第三类关于政府的定义是目前比较通行的看法。根据我国现行宪法，人民代表大会及其常务委员会行使立法权，人民法院行使审判权，人民检察院行使检察权，人民政府自动行使行政权。可见宪法采用的是狭义的政府概念，认为政府指国家政权机构中的行政机关，即"一个国家政权体系中依法享有行政权力的组织体系"。因此，如无特殊说明，本书提到的"政府"，均使用狭义的政府概念。

至于政府管理，学界普遍认为应该对应狭义的政府概念，即"政府（行

---

① 乔耀章：《政府理论》，苏州大学出版社，2000 年，第 4 页。

政）运用依法获授的国家公共行政权力，并在法律原则规定的范围内运用行政裁量权，以行政效率和社会效益为基本考量标准，处理公共行政事务的过程和活动"。[①] 政府处理公共行政事务的过程涉及行政职能、行政权力、行政决策，以及组织形式、领导责任和人事管理等环节。

在不同历史时期，政府管理角色随经济社会管理需求的不同而多次变化。就资本主义阶段的西方政府管理来说，16 至 18 世纪，资本主义国家奉行重商主义，为了获得资本的原始积累，那个时代强调的是政府管制。19 世纪初，欧美现代民族国家形成，资本原始积累基本完成，"守夜人"理论逐渐盛行。该理论强调政府的最小干预，政府职责只是对所谓纯粹的社会公共事务进行管理。政府在社会中仅仅扮演着一个"守夜人"的角色。所以，在传统的阶级统治模式中的政府管理，无论是管理规模、管理权力还是管理效率都极为有限。二战之后，西方社会急需振兴经济，强调政府干预经济的凯恩斯主义受到热捧。20 世纪六七十年代以来，西方国家开始探索一条政府对经济社会进行适度管理的新路径。

二、治理

随着现代科技革命的不断推进和信息化时代的到来，传统的政府管理制度中，自上而下的做出决定、发布命令、推行政令以及下级绝对服从上级的官僚等级秩序导致了政府机构臃肿、官僚队伍庞大、官僚主义严重等问题，进而导致了国家财政负担沉重，财政赤字严重，国债急剧攀升，甚至引发严重的社会危机。伴随公民的政治觉醒，政治诉求增强，越来越多的人对传统的政府管理产生了怀疑甚至不满和失望，开始寻找救治政府的良方。同时，发轫于经济领域的全球化，推动金融、资本、产品、市场、技术、信息和劳动力等生产资料在全球范围内空前流动，在政治生活方面，引发的深刻变革便是治理理念的诞生和发挥作用。"少一些统治，多一些治理"，是克林顿、布莱尔、施罗德等政治家的全新口号和政治目标。

"治理"（governance）一词，源于拉丁文和古希腊语，名词，原意是

[①] 张国庆：《行政管理学概论》，北京大学出版社，2000 年，第 6 页。

"统治、管理、支配"，"控制、引导、操纵"，或者是"在特定范围内行使权威"等。最初主要被用于与国家公共事务相关的管理活动和政治活动中，与"统治"（government）一词交叉使用。1989 年，世界银行在对撒哈拉以南非洲的研究报告中首次使用"治理危机"（crisis in governance）一词，报告指出非洲目前亟待解决的首要问题没有得到"良好治理"。20 世纪 90 年代以来，"governance"被赋予了新的含义，其内涵和外延随着人们观念的转变而大大扩展，不再局限于"统治"的含义，也不仅仅用于政治领域，而是用到了社会、经济领域，扩大到全球统筹治理的层面，"governance"开始在非英语语系的国家流行。联合国于 1992 年成立了一个"全球治理委员会"（The Commission on Global Governance）的专门机构，并出版了一份名为《全球治理》（Global Governance）的杂志。该机构在 1995 年联合国成立 50 周年之际发表了题为《我们的全球之家》（*Our Global Neighborhood*）的行动纲领，目前已被翻译成十几种语言在世界范围内流传。一些重要的国际组织也在其发表的正式报告中探讨治理的含义和作用，比如世界银行 1992 年年度报告的标题就是《治理与发展》，联合国教科文组织在 1997 年发布了《治理与联合国教科文组织》等。"治理"一词一时变得炙手可热，甚至治理问题专家鲍勃·杰索普（Bob Jessop）认为治理大行其道，"成为一个可以指涉任何事务或毫无意义的时髦词语"[①]。

"治理"一词正被广泛应用，其内涵究竟如何，学者们莫衷一是。其中，全球治理委员会的定义应当说颇具代表性和权威性。该委员会在《我们的全球之家》中指出："治理是各种公共的或私人的个人和机构管理其共同事务的诸方法的总和。它是一个使相互冲突或不同的利益可以得到调和并且可以采取合作行动的持续的过程。它包括有权强迫人们遵守正式的制度和政体，也包括各种人们同意或认为符合其利益的非正式的制度安排。它有四个特征：治理不是一整套规则、也不是一种活动，而是一个过程；治理过程的基础不是控制，而是协调；治理既涉及公共部门，也包括私人部门；治理不是一种

---

① ［英］鲍勃·杰索普：《治理的兴起及失败的风险：以经济发展为例的论述》，《国际社会科学（中文版）》1999 年第 2 期。

正式的制度，而是持续的互动"。① 中国学者俞可平认为，"治理的基本含义是指官方的或民间的公共管理组织在一个既定的范围内运用公共权威维持秩序，满足公共的需要。治理的目的是在各种不同的制度关系中运用权力去引导、控制和规范公民的各种活动，以最大限度地增进公共利益。所以，治理是一种公共管理活动和公共管理过程，它包括必要的公共权威、管理规则、治理机制和治理方式"。②

治理与统治，也就是传统的政府管理，虽然同样需要权威和权力，目的都是为了维护正常的社会秩序，但是二者之间有明显的区别，区分治理与统治甚至被认为是正确理解治理的关键。俞可平通过总结各方面观点，归纳二者至少有四个基本区别：一是统治的主体必是公共权力机构，主要是指政府，而治理的主体是多元的，不一定是政府，也可以是企业组织、社会组织和居民自治组织；二是权力运行向度不同，统治是政府运用政治权威，通过发号施令、制定政策和执行政策，对社会公共事务实行单一向度管理，而治理则是一个上下互动的管理过程；三是管理范围不同，政府统治所及范围就是以领土为界的民族国家，而治理范围既可以是某一国境内，也可以是跨越国境的国际领域；四是权威的基础和性质不同，统治的权威主要源于政府的法规命令，是强制性的，而治理的权威则主要来自于公民的认同和共识，是自愿的。③

为了弥补传统政府管理的弊端，治理应运而生，治理相对于传统政府管理无疑是进步的，现代化的，但是治理不是万能的。治理不具备政治强制力，凭借政府、市场和公民社会三方的有效协作得以贯彻，但是，一旦相关各方的价值观念、利益取向，或是对原定目标是否仍然有效的看法产生分歧，都可能导致治理失败。

三、善治

认识到治理模式本身也存在一定局限性，政治家和学者们便开始寻求一

---

① The Commission on Global Governance. *Our Global Neighborhood*: *the Report of the Commission on Global Governance*. Oxford University Press，1995，p. 2，p. 8.

② 俞可平：《论国家治理现代化》，社会科学文献出版社，2014 年，第 20 ~ 21 页。

③ 俞可平：《论国家治理现代化》，社会科学文献出版社，2014 年，第 22 ~ 24 页。

种新的管理模式，以克服治理过程中的种种局限。善治理论应运而生。善治（good governance），又叫有效治理，是对治理的扬弃，是治理发展到一定阶段的产物。概言之，善治就是使公共利益最大化的社会管理过程。善治的本质是政府与公民对公共生活的合作管理，是政治国家与公民社会的一种新型关系，是二者相处的最佳状态。

善治的基本特性是什么？国际组织和相关学者有着不同的看法。世界银行认为善治应该包括："健全的法治与守法的观念、拥有能正确公平地执行公共支出的良好行政体系、政府高度负责、政策公开透明；国际经济协会认为善治应该体现自主性、参与性、责任性、透明性和可预测性；英国海外发展局则认为善治应该包括四个要素：统治的合法性、明确的政治责任、专业的行政能力和尊重法律及人权"。① 一位法国银行家认为构成善治的要素应该包括："①公民安全得到保障，法律得到尊重，特别是这一切都须通过司法独立、亦即法治来实现；②公共机构正确而公正地管理公共开支，亦即进行有效的行政管理；③政治领导人对其行为向人民负责，亦即实行职责和责任制；④信息灵敏，便于全体公民了解情况，亦即具有政治透明性"。② 俞可平教授认为善治的基本要素包括"合法性、法治、透明性、责任性、回应、有效、参与、稳定、廉洁、公正"等十个方面。

综合上述有关善治特征的各种观点，鉴于本书对政府的文物管理现代化水平进行评价的初衷，从政府管理的角度总结出善治具备以下五个基本特征：

（1）法治性。管理的法治性包括两方面的含义，无论从制度层面还是执行层面来说，法治意味着将法律作为政府管理的最高准则。维持正常社会秩序的保障，任何社会主体，包括法人、自然人和社会组织都应该服从法律，依法办事，一旦违法，就应当被追责，承担相应责任，政府官员甚至应该承担更大的责任。法治的最终目的是保证公民的自由、平等和其他基本权利。

---

① 李惠等：《中国政企治理问题报告》，中国发展出版社，2003 年，第 16～17 页。

② ［法］玛丽·克劳德·斯莫茨：《治理在国际关系中的正确运用》，肖孝毛译，《国际社会科学（中文版）》1999 年第 2 期。

从理念层面来说，法治中的法是立法机构服从社会管理客观规律，为了保障最广大人民的根本利益和基本需求所制定的法，是良法，是善法，是政府施行善治的基础。法治权威来自于全体人民发自内心的认可和服从，这样的法天然被人民遵从。如果立法机构任意立法，这样的法便失去了存在正当性，就不算是法治中的法，将丧失作为政府管理依据的地位。

（2）服务性。服务性指政府为社会公众提供公共产品和公共服务。政府拥有强大的公权力，其发挥作用的领域在公共领域，随着社会经济的迅猛发展，社会组织大规模成长，日益活跃，公共管理的参与度增强，给传统的统治型政府管理模式造成极大的挑战和压力，政府必须积极改变管理思维，本着服务性原则，转变过去"官本位、政府本位、权力本位"的官僚主义思想，树立"民本位、社会本位、权利本位"的服务理念，制定公共政策，为全社会公共利益服务，保护、实现、满足大部分人的利益需求，为社会提供高质量、高效率的公共服务。正如莱昂·狄骥（Leon Duguit）所说："政府必须从事那些对于促进个人在体能、智能和精神方面的福利，以及国家的物质繁荣所必须的事务。"①应运而生的新公共管理和公共服务理论基本主张便是：①顾客至上，民众优先；②删减法规，简化程序；③授予权能，追求结果；④节约成本，提高效能。②

（3）民主性。民主性指的是公民通过民主的形式平等参与公共管理的过程，并且这一管理过程始终是公开透明的。这一特性包含了两个子特性：一个是政府管理的透明性，即政府管理过程信息公开性。现代社会每个公民都有对影响切身利益的政策信息的知情权，以便能有效参与公共决策过程，并对公共管理过程实施有效监督；另一个是参与性，主要指社会组织和公民个人对政治生活和公共管理的参与。善治实际上是国家权力向社会的回归，是一个还政于民的过程。社会参与水平反映了社会公众在公共管理过程中主观能动性的发挥程度，也反映了善治的程度。

（4）责任性。责任性意味着管理主体，特定职位或机构，在公共管理中

---

① ［法］莱昂·狄骥：《公法的变迁》，郑戈译，中国法制出版社，2010年，第54页。
② 张成福、党秀云：《公共管理学》，中国人民大学出版社，2001年，第358页。

必须履行与法定职责相适应的职能和义务。没有履行或不适当履行其相应的职能和义务的，就是失职，甚至渎职，也就是缺乏责任性，就应该追究其行政责任、民事责任、甚至刑事责任，并受到相应处罚。

而传统的政府管理体制中，政府与公民之间是一种委托关系，公民通过选举产生政府，并以契约形式将公权力委托给政府，由其代行公共管理职责。政府将权力层层授权给各级官僚组织，借以进行公共管理。政府对官僚组织通过各种行政法律进行约束，但是选民对官僚组织几乎没有约束，因此，这种模式下产生了责任错位：选民对政府承担公民的责任，而官僚组织只对政府负责，而无需对选民负责。这种错位最终造成了把公共权力委托给政府的选民却不能从政府委托的官僚组织那里获得权利的保证，政府的责任通过官僚体制被轻易地逃避。随着人们权利意识的逐步增强，社会公众对政府责任的要求也日益提高，政府的责任意识和责任范围都必须随之发生改变。如果政府的责任性不够，不能够很好地履行其承诺的责任，就会导致政府的公信力下降甚至丧失，从而影响到政府的合法性。①

与责任性密切相关的一个延伸特性是回应性，回应型政府意味着对公民的要求做出反应，向公民征求意见，以及解释政策，是对公民负责的表现。但回应性与责任性有明显不同，"回应性"强调的是政府行为的动机，而"责任性"则强调的是政府行为的质量。②

（5）有效性。有效性主要指的是政府管理的效率，这一特性包含两方面的内容：一方面指公共管理绩效，即政府从事公共管理过程中以较低的成本、较少的资源实现政府最优产出，达到预定行政目标的水平和能力。近些年我国渐次开展的政府绩效评估、政府效率研究等活动反映了对政府管理有效性的认识和重视；另一方面指管理机构设置是否合理，管理程序是否科学，管理活动是否良好。

---

① 丁宇：《走向善治的中国政府管理创新研究》，武汉大学 2011 年博士学位论文，第 40 页。

② Adam Przeworski, Susan C. Stokes and Bernard Manin（Eds.）. *Democracy*, *Accountability and Reprentation.* NewYork：Cambridge University Press，1999.

四、治理、善治与管理现代化

治理是一种由多元主体共同目标支持的活动，活动的主体未必是政府，也不一定依靠国家的强制力来实现，换言之，治理比政府管理的内涵更为丰富，既包括政府机制，又包括非政府机制。治理经过革新之后，发展到善治。

善治就是政府管理的现代诉求，是管理发展到现代化阶段的表现形式。管理现代化是一个动态的过程，最终的目标是善治；而善治则是一种管理形态，是相对稳定的状态。

五、中国历史上的治国思想

中国数千年君主统治的历史中，有明君有昏君，有治世有乱世。每任君主都秉承一定的治国之道，这个道，因不同的统治需要而做出取舍。虽然中国古代的统治是君主专制，与今天的行政管理生态已截然不同，但古代的行政管理中也闪耀着几许统治智慧值得现代人去研究，去借鉴。从春秋战国到秦朝肇建，贵族政体由此转变为君主政体，治国之道从王道变为霸道。汉朝初立，百废待兴，统治者采用了崇尚无为而治的黄老学说，黄老之学强调以道为本，约法省刑、德刑并用，提出"治大国，若烹小鲜"①，不朝令夕改，不折腾，不扰民。同时，重视法律在治理国家中的作用，提出法律是天下人言谈举止的"度量"，是衡量一切事、一切人包括君主的终极标准，从而要求统治者明法修身，带头守法，同时要求立法后应即公告天下，以保证法律的连续性、权威性和稳定性，并得到有效执行，避免"立法不明还自伤"②。从汉中后期开始直到清末，儒家学说逐渐登上历史舞台并发展为正统思想，这段时期采用德主刑辅的统治手段，成文法和习惯法并行，法律虽严密，但法律适用一直被限制在最小的范围内。

中国古代历史上多种多样的统治思想背后，实际上是人治与法治的较量。

---

① 《道德经》。
② 陆贾：《新语·至德》。

人治思想是西周宗法贵族政体的产物，西周采用贵族分封制，京畿与封国同时存在，没有必要也没有可能制定统一的法律和制度，彼时习惯法盛行，司法中"议事以制"，得人则狱直，失人则狱冤，能否公正断案全凭司法者的个人修为。孔子在总结西周的统治经验时提出"为政在人"的观点，包含两方面的含义：一方面政令能否得以推行，取决于统治者是否在位，即"其人存，则其政举；其人亡，则其政息"；另一方面，强调统治者的榜样作用，统治者要以身作则，带头执行政令，不用下命令，百姓自然会效仿，即"其身正，不令而行，其身不正，虽令不从"①。

我们应当辩证看待古代的人治思想。统治者的自律与表率在行政管理和社会管理中往往发挥着重要的作用，对今天的管理者加强自身修养具有一定的启示作用。传统的人治思想，提倡选贤任能，要求即使是拥有至高权力的君王，也必须注意自身言行，谨防"一言丧邦"。这告诉我们在国家治理中，要发挥好广大党员领导干部的带头、带领、带动作用，做到自我约束、自我净化、自我完善，以身作则，率先垂范，正所谓正人先正己，风正好扬帆。

秦朝一统，建章立制，开启了中国君主专制下的成文法时代，随之产生了法治的思潮，有秦一朝，成为主导思想。持这一主张的法家认为，强化君主权力，以严密规范的成文法进行统治是最好的治国方法。唯此，可以避免统治好坏过度依赖统治者个人能力的状况，"圣人不必加，凡主不必废"②，国家可按照制度逻辑自行。"尚法而不尚贤"③ 是法治思想的核心。严苛少恩的秦朝二世而亡。自汉以降，法治逐渐被人治柔化，"法"的威严性与"人"的灵活性在统治过程中被同时应用。

古代的法治思想伴生于君主专制，决定了其无法跳出阶级的窠臼，其本质是用法律维护君权与皇权。古代法律往往野蛮残酷，统治者为了昭示仁政，便用道德来缓解，于是形成了德主刑辅的统治模式。德主刑辅，明德慎罚，

---

① 《论语·子路篇》。
② 《商君书·赏刑》。
③ 《韩非子·忠孝》。

强调法中求仁而不是求罪，刑罚旨在伦理教化。德治的引入，协调了法制、道德、习俗、舆论、伦理之间的关系，有利于达到全社会的综合治理。这是古代统治中的积极因素，值得今天进行国家治理时候学习和借鉴。

第二节　中国历史上的文物管理

一、古代的文物管理

中国古代，对前朝遗址遗物也是有保护的，用现在的文物概念来判断，这些前朝遗址遗物大部分即使在当时也属于文物。比如古代对帝陵有比较严密的保护。北魏孝明帝熙平元年（516）八月曾颁帝王坟陵勿听耕稼诏，诏曰："古帝诸陵，多见践藉。可明敕所在，诸有帝王坟陵，四面各五十步勿听耕稼。"（《魏书·孝明纪》）鉴于前朝帝陵屡遭破坏的情况，明确划出禁止耕种的范围，采取具体措施保护前朝皇帝陵寝。与之类似的，明洪武年间，朝廷派官员到各地视察历代帝王陵寝的保护情况，并采取"百步之内不得樵牧"，"设守陵户二人"等保护措施。清朝对古迹维修、保护、管理有进一步发展。正如乾隆年间陕西巡抚毕沅在《关中胜迹图志》中记载的他整修华岳庙、凤翔东湖胜迹等事。该书在调查关中古迹后，提出了保护陕西古迹的一套办法，对古陵园的保护，要求："令各守土者，即其邱陇茔兆，料量四至，先定封域，安立界石，并筑券墙，墙外各拓余地，守陵人照户给单，资其口食，春秋享祀，互相稽核，庶古迹不就湮芜。"① 即，为保护古陵园，要求划定保护范围、设立保护标志，安排专门的保护人员，并给予其一定待遇，提出工作要求。

中国古代对破坏甚至预谋破坏帝陵的行为或思想也规定了严厉的惩罚措施。在汉代，帝陵由中央政府统一管理，凡擅入帝陵盗掘者，依法处以弃市之刑。唐律中将"谋毁宗庙、山陵及宫阙"认定为"谋大逆"，列入"十恶"，犯者皆斩，家属也要受到牵连。到了明清，按律有犯者更是要被凌迟处

---

① 毕沅：《关中胜迹图》。

死。事实上，古代对盗墓行为都是严格禁止的。早在先秦时期，已采用"严威重罪"的法律手段禁止盗墓①，汉代法律规定"发墓者诛，窃盗者刑"。唐代法律规定"伤他人之坟者，徒一年"，"诸发冢者，加役流"②，对破坏发掘坟墓行为予以严厉制裁。其后各朝都有类似规定。

设立专门的机构和人员负责文物收藏和文物修复，划定陵寝、宗庙等保护范围，在法律中对破坏"文物"或是擅自占有"文物"的行为做出禁止性规定，如有违反将受到严格惩罚。这些行为虽带有保护文物的表象，但是如果我们用历史唯物主义的观点看待中国古代政府的这些行为，就其出发点而言，与现代文物保护是不同的。以禁止盗墓为例，因为在以宗法制度为核心的古代社会，毁坏坟墓，关乎孝道，盗掘皇陵更会破坏帝王之气，被视为大忌，故盗墓之人重者入于十恶，轻则视为贼盗，皆施以重罚。因此，对于古代保护陵寝等行为应该全面看待，当年采取保护措施、制定保护办法主观上是为了维护封建纲常礼教，巩固统治，但在客观上也使得一大批珍贵的文化古迹古物得以留存。同时我们应该看到，在古代，除政府设立机构，配备人员，采取措施、制定法令保护文物古迹，民间对文物古迹的保护也是一个重要方面，有悠久的历史，是一个优良传统。我们应当进行系统梳理、研究和借鉴。

二、近代的文物管理

清朝末年，当时的清政府鉴于大量文物或毁于战火，或流失国外的危情，制定了几部有关文物保护管理的法令，比如 1906 年拟定的《保存古物推广办法》，1908 年颁布的《城镇乡地方自治章程》（有涉及保存古迹的条款），1909 年草拟的《保护古迹推广章程》。这些律令要求各省对境内文物进行调查，设博物馆以收藏文物，严禁倒卖文物等。尽管因为当时动荡的局势，这些规定也未必能执行，甚至不能颁布，但毕竟初步建立了文物保

---

① 参见《吕氏春秋·节丧》："国弥大，家弥富，葬弥厚。……奸人闻之，传以相告。上虽以严威重罪禁之，犹不可止。"

② 发冢，即发掘坟墓；加役流，即流三千里，劳役三年。

护和管理制度。

民国时期的文物保护管理更加成熟，到南京国民政府统治时期无论是法规制度还是管理机构都已经具有相当规模。法制建设方面，中华民国训政时期制定的具有根本法性质的《中华民国训政时期约法》①，其第5章第58条规定："有关历史文化及艺术之古迹古物国家应予以保护或保存。" 1930年6月7日，南京国民政府颁布《古物保存法》，这是中国近代史上第一部专门的文物保护法律。之后，政府在古迹保护、古物鉴定、古物进出口、考古发掘管理、博物馆管理等方面都制定了专门的法规。中国共产党和边区政府也制定了一批文物保护法规。②

除了重视法规建设，民国时期也形成了相对完善的文物管理机构。1928年在上海成立的大学院古物保管委员会（1929年迁往北平）负责"全国古物古迹保管、研究及发掘等事宜"，是大学院的专门委员会之一，先后隶属于大学院、教育部。依《古物保存法》规定，全国的古物主管机关是中央古物保管委员会，但直到1934年7月，才正式在南京成立，先后隶属于南京政府行政院和内政部。中央古物保管委员会是近代中国第一个专门负责文物保护管理的国家行政机关，负责推动文物法规落实、全国文物古迹调查、古建筑修缮、核发采掘执照等。地方上，中央古物保管委员会在文物资源丰富、文物管理任务重的地方，比如北平、天津、西安等地设立有分（支）会或办事处。中央古物保管委员会还与河南、山东、陕西等省联合组建古迹研究会、考古会等机构，负责本省文物保护工作，其他省市的文物行政管理职能由本省市教育部门负责，各类博物馆、图书馆、古物保存所等机构承担本地区主要的文物保护管理和征集展示业务工作。此外，国统区各地的通志馆、地方文献委员会、民众教育等机构不同程度地负有征集保护和收藏展示文物的职责。③

---

① 《中华民国训政时期约法》，1931年5月12日由国民会议通过，6月1日公布施行，1947年《中华民国宪法》实施后自然废止。

② 李晓东：《民国文物法规史评》，文物出版社，2013年，第110～111、201～228页。

③ 史勇：《中国近代文物事业简史》，甘肃人民出版社，2009年，第104～105页。

第三节　新中国文物管理机构

我国文物行政管理体制一直采取属地管理，实行分级负责制，根据《文物保护法》第 8 条："国务院文物行政部门主管全国文物保护工作。地方各级人民政府负责本行政区域内的文物保护工作。县级以上地方人民政府承担文物保护工作的部门对本行政区域内的文物保护实施监督管理。县级以上人民政府有关行政部门在各自的职责范围内，负责有关的文物保护工作。"

一、国务院文物行政部门

1949 年 10 月 1 日，中华人民共和国中央人民政府成立。11 月 1 日，设立文化部文物局，主管全国文物保护工作。此后，在新中国历史进程中，国务院文物行政部门为了适应国家文物事业的发展形势，其名称、隶属关系和职能历经多次变更。从这些变化中，可以看出国务院文物行政部门的地位变迁，体现了我国文物事业的发展轨迹与进程，也反映出其在国家整体管理体制中的作用。下面简要回顾一下这一变化历程。[①]

1949 年 11 月 1 日，中央人民政府文化部成立，设一厅六局，文物局就是其中之一，称为文化部文物局，主管文物、博物馆和图书馆事业。

1951 年 10 月 1 日，经政务院批准，文化部文物局与科学普及局合并，成立了文化部社会文化事业管理局，主管文物、博物馆、图书馆、文化馆和电化教育工作。

1955 年 1 月 15 日，文化部部务会议决定，成立文化部文物管理局，主管文物、博物馆事业。图书馆、文化馆事业部分，仍由社会文化事业管理局管理。

1965 年 8 月 23 日，文化部决定将图书馆事业再次划归文物管理局领导，

---

① 变化历程根据《中华人民共和国文物博物馆事业纪事（1949－1999）》（国家文物局编，文物出版社，2002 年）和《文物局名称的历次变更》（谢辰生，《中国文物报》，2016 年 5 月 20 日第 4 版）整理。

文化部文物管理局改为文化部图博文物事业管理局。

1966 年"文化大革命"开始后,文化部被列为"破四旧"对象,机关解散,图博文物事业管理局随文化部一起陷于瘫痪状态。

为了尽快恢复文物工作,根据周恩来总理指示,1970 年 5 月 10 日,国务院图博口领导小组成立,工作范围涵盖文物、博物馆和图书馆,实际上囊括了文物局的全部业务,由国务院办公室直接领导。图博口领导小组组长为军宣队干部。

1973 年 2 月 14 日,国务院发出《关于成立国家文物事业管理局的通知》,图博口领导小组撤销,国家文物事业管理局仍由国务院办公室代管,主管文物、博物馆和图书馆工作。

1975 年 2 月 1 日,周恩来总理在最后一次主持的国务院会议上,宣布国家文物事业管理局直属国务院。这极大促进了文物保护工作尽快恢复。

1980 年 5 月,中央决定将图书馆事业再次从国家文物事业管理局划出,由文化部新设立的图书馆事业管理局管理。

1982 年 4 月,国务院决定进行机构改革。5 月 4 日,全国人大常委会第 23 次会议通过《关于国务院部委机构改革实施方案的决议》,将文化部、对外文化联络委员会、国家出版事业管理局、国家文物事业管理局和外文出版发行事业局五个单位合并,成立新的文化部,国家文物事业管理局改名为文化部文物事业管理局,主管文物、博物馆工作。胡乔木、邓力群等同志认为文物局情况特殊,要予以加强,提议建立国家文物委员会。1983 年 1 月 26 日,文化部国家文物委员会成立。委员会是国家文物工作的咨询性机构,成员全部是文物、考古、历史、建筑等方面的专家,行政干部不允许参加。1986 年 3 月 5 日,经文化部批准成立了国家文物鉴定委员会。

为加强全国文物工作的领导和管理,1987 年 6 月 20 日,国务院决定将文化部文物事业管理局改为国家文物事业管理局,直属国务院,由文化部代管。国家文物事业管理局独立行使职权,计划、财政、物资分配等单列户头。

1988 年 6 月 16 日,国务院办公厅通知,根据 1988 年 5 月 3 日国务院常务会议决定颁发"国家文物局"印章。国家文物事业管理局改名为国家文物局。国家文物局是由文化部归口管理的国务院主管全国文物、博物馆工作的职能部门，在人事管理、行政和事业费预算、劳动工资等方面与国务院有关部门直接联系办理。"国家文物局"的名称延续至今。

1994年1月28日，国务院办公厅下发《关于印发文化部和国家文物局职能配置、内设机构和人员编制方案的通知》（国办发〔1994〕20号），明确国家文物局为文化部管理的（副部级）国家局。

1998年6月19日，国务院办公厅再发通知，明确国家文物局是文化部管理的负责国家文物和博物馆方面工作的行政机构。

二、省级文物行政部门

全国31个省、直辖市和自治区均建立了省级文物行政部门，但仅有北京、山西、山东、陕西四个省市设有独立建制的厅级文物局，其他均为文化厅的内设机构，大部分为副厅级文物局，有的则加挂一块牌子，内设处级的文物管理机构。

由于历史原因，省级文物行政部门的变化比较随意且频繁，目前尚没能做出准确的统计，下面简要介绍河北省文物行政管理机构沿革概况，由此可见省级文物行政部门变迁之一斑。

1950～1966年，成立河北省文化局，内设文化处，其中有一人做文物保护管理工作，这段时期内，曾设立了文物处，但很快就与文化处合并。此后，因为"文化大革命"，文化局的工作停滞，文化文物干部先后进学习班学习，进"五七"干校劳动。1970年前后，河北省成立了省革命委员会文化局。1971～1977年，文化文物工作得到恢复和发展，在省革委会文化局内设文化组，有一人做文物保护管理工作。1978～1981年，恢复省文化局，其中内设文化组，后改为文化处，又改为文博图组，负责文物保护管理工作。1981～1983年，成立河北省文物事业管理局，属于正厅级单位，一级局，内设办公室、文物处、博物馆处、计财处、人事处等。1983～1984年，河北省文化局、文物局、出版局合并，成立河北省文化厅，在文化厅内设文物处，管理文博工作及文物专项经费。至此，文物处首次有了管理文物专项经费的权利，在此之前，经费都是交由财务部门统一管理的。管理文物专项经费意味着经费使用的程序简化，文物工作的效率得到提高。1984年8月～1986年，成立河北省文化厅文物局，把原来的厅文物处改为厅文物局。1986 年 3 月，厅文物局又改为河北省文物事业管理局，仍由省文化厅管理。1990 年，正式改为河北省文物局，内设办公室、文物处、博物馆处、安保处等，由省文化厅归口管理，至今①。

三、市县级文物行政部门

市县级文物行政部门是实施本区域文物保护监督管理工作的主体。由于我国幅员辽阔，各地历史、经济、教育和文化等背景不同，文物资源数量和分布存在较大差异，因此，部门设置情况也不尽相同，大致可以分为三种情况：一是设立了具有独立行政职能的文物局，如陕西咸阳、湖北荆州、河南洛阳、江苏南京、山西太原等，主要集中在市级层面，县级很少；二是在文化局内设副处（科）级的文物局，如湖北随州等。三是加挂文物局的牌子，有的在文化局加挂，内设一个独立的文物管理部门，如湖北咸宁；有的则在文物管理所或当地博物馆加挂，如内蒙古博尔塔拉蒙古自治州，这种形式相对较多。

健全文物行政管理机构是文物保护得以加强和改善的一个重要条件，从目前的总体情况看，全国文物行政管理力量虽然得到持续加强和提升，但相对资源总量和保护工作的实际，还比较薄弱，一些地区亟需健全机构，增加人员，提升履行法定职责的能力。

第四节　文物管理的现代化进程

文物管理是一个庞大的系统工程，从宏观管理到微观保护，涉及内容极为丰富，既要处理文物与自然环境的关系，又要协调文物与社会环境的关系。文物种类繁多，大小各异，所处环境也不尽相同，导致文物管理具有复杂性和艰巨性。处理文物与自然环境的关系，既涉及社会科学，又涉及自然科学或工程技术，表现了管理工作的专业性。协调文物与社会环境的关系，涉及

---

① 根据李晓东口述整理。李晓东 20 世纪 90 年代曾任河北省文物局局长。

历史人文环境、当代生产建设活动，还涉及人们的日常生活，其中也涉及公众对待文物的观念，这反映了文物管理的广泛性和社会性。加强文物保护管理，是国家权力机关和行政机关的职责，各级文物行政部门作为法定的文物主管部门，加强文物管理更是责无旁贷。

文物管理工作从中华人民共和国成立之初开展至今，其法治性、服务性、责任性、民主性、有效性等各个方面的现代化水平都得到不断提高。具体可以从以下几个方面回顾我国文物管理的现代化进程。

一、法规管理——从法令到体系

文物法律制度反映了文物管理的客观规律，是文物法规建设和文物学研究的重要成果。运用法律法规保护管理文物，是文物管理的重要内容，也是依法行政、以法治文的必然道路。根据文物自身特点、文物管理的实际情况、历史经验以及文物工作规律，明确文物立法指导思想和原则，制订文物政策和立法规划及实施方案，有计划、有步骤地开展立法工作，为文物管理提供充分的法律依据，是法规管理的重要任务。

文物法律体系，就法律渊源而言，包括法律、行政法规、地方性法规和规章等。从《文物保护管理暂行条例》到《文物保护法》，多次修法，制定配套法规，最终形成文物法律体系并持续完善。我国的文物法律体系的形成历程以《文物保护法》的制定和修订为标志，大致可分为初创、发展、形成和完善四个阶段：（1）初创阶段（1949～1982），这一阶段的文物法律法规主要有：中央人民政府政务院和国务院发布的法令、条例，即行政法规；各部委制定的规定、办法，即部门规章；还有各种意见、通知，即规范性文件。（2）构建、发展阶段（1982～2002），本阶段以《文物保护法》为依据，先后制定公布了《中华人民共和国水下文物保护条例》（1989）、《中华人民共和国考古涉外工作管理办法》（1991）和《中华人民共和国文物保护法实施细则》（1992）等行政法规。据不完全统计，本阶段有近30个省级人大常委会制定公布了文物保护法实施办法或实施细则。本阶段，我国陆续加入了《关于禁止和防止非法进出口文化财产和非法转让其所有权的方法的公约》等四部有关文物保护、文物返还的国际公约，在国际上发出文物保护的中国声音。（3）形成阶段（2002~2010），2002年新修订的《文物保护法》颁布，为中国文物法律体系的发展和形成提供了新的上位法依据。行政法规方面，国务院先后制定公布了《中华人民共和国文物保护法实施条例》（2003）、《长城保护条例》（2006）、《历史文化名城名镇名村保护条例》（2008）等。地方性法规和政府规章制定中的一个重要特点是针对本地区某一处或某一类型文化遗产制定专门法规或者规章。国际法方面，中国于2003年加入了《联合国打击跨国有组织犯罪公约》，与美国、意大利、埃及等13个国家签署了关于保护文物、防止文物走私以及促进文物返还的双边协定或谅解备忘录。自此，随着中国特色法律体系的基本形成，可以说中国特色文物法律体系也基本形成。（4）完善阶段（2010年至今），中国特色文物法律体系基本形成以来，一直处于不断完善丰富的阶段。2015年，《博物馆条例》经过近10年的磨砺得以出台，《水下文物保护管理条例》和《长城保护条例》也在加紧修订中。地方获得立法权后，大量具有地方文物管理特色的地方性法规相继出台，比如《咸宁市古民居保护条例》《惠州市历史文化名城保护条例》《西安市不可移动文物保护管理条例》等。

二、规划管理——从计划到规划

规划管理是文物管理的重要内容，也是宏观管理的手段。主要是研究制定文物管理规划和各项计划，指导管理工作和文物事业健康有序发展。在深入调研文物现状和保护工作的基础上，根据国民经济和社会发展规划，研究制定文物管理和文物事业中长期发展规划，是文物管理的重要内容之一。①

承德避暑山庄和故宫博物院很早便制定了专项规划。承德于1975年到1984年实施了经谷牧副总理等批准的《避暑山庄、外八庙整修规划》，之后，1985年到1994年又实施了第二个十年整修规划，至此，避暑山庄和外八庙基本恢复康乾时期的状况。1973年12月，故宫博物院遵照李先念副总理关于故宫应当进行修缮的指示，制定了五年修缮计划，从1974年到1978年，基本解决故宫危险、破漏建筑，使故宫参观地区的建筑，即交通线的地面重现整

---

① 李晓东：《文物学》，学苑出版社，2005年，第247页。

洁的原貌，为此，国务院将故宫工程队扩大为四百人，专门负责故宫的维修工程。1973 年 12 月 17 日，李先念副总理又批示，"故宫防火要重视"。为彻底消除火患，故宫决定增设热力管道。但是当年并未制定综合性的事业规划。

1991 年，国家文物局根据中共中央关于制定国民经济和社会发展十年规划和"八五"计划的建议，从经济社会发展和文物博物馆事业发展的现状出发，研究制定了《关于文物博物馆事业发展十年规划和"八五"计划纲要》，既考虑已有的良好基础和各种有利条件，又对面临的问题和困难作出切实筹谋；既从需要和可能出发，积极进取，锐意开拓，又实事求是，留有余地。"纲要"把十年规划和"八五"计划结合起来，对十年发展规划构建了发展蓝图，提出了主要的奋斗目标，对"八五"期间中短期发展计划做了较为具体的安排，在执行过程中，还要根据实际情况对现实规定的目标加以调整和充实。

1997 年初，国家文物局发布《中国文物、博物馆事业"九五"计划及2010 年远景目标发展纲要》，提出了"九五"期间文物、博物馆事业发展的计划和总目标，以及 2010 年的远景目标。之后，国家文物局又陆续制定发布了《文物事业"十五"发展规划和 2015 年远景目标纲要》《国家文物事业"十一五"发展规划》《国家文物博物馆事业"十二五"规划》《国家文物事业发展"十三五"规划》。各地文物行政部门相继制定本地文物事业发展五年规划。

为"加强对规划实施情况的跟踪分析，建立规划评估考核与规划实施动态调整机制"，[①] 2014 年国家文物局对《国家文物博物馆事业"十二五"规划》实施情况开展了中期评估，这也是国家文物局首次对事业发展五年规划开展中期评估。

目前，除了国务院文物行政部门和地方各级文物行政部门主持制定的文物事业发展五年规划，还有不少专项规划，比如国家文物保护资金需求保障规划、大遗址保护专项规划、水下文化遗产保护规划、"一带一路"文化遗产

① 　中共中央《关于制定国民经济和社会发展第十二个五年规划的建议》和《国民经济和社会发展第十二个五年规划》。

保护规划、国家文物保护科学和技术发展规划。

2016年3月8日，国务院公布了《国务院关于进一步加强文物工作的指导意见》（国发〔2016〕17号），"指导意见"提出应加强文物保护规划编制实施。要将文物行政部门作为城乡规划协调决策机制成员单位，按照"多规合一"的要求将文物保护规划相关内容纳入城乡规划。

从不定期的制定几年计划，到定期制定发布五年事业规划，从发布规划，到开展中期评估，规划更加规范，手段更为科学，更重实施实效。

从词义上来看，计划和规划都是计划性文体，但二者之间有明显差异：在内容上，规划中可能包含若干项计划，规划比计划更为宏观，是对前景的全面展望，对全国或某一地区、某项事业的原则谋划，规模宏大、涉及面广、概括性强；灵活度上，规划存在一定可调整性，根据某一年计划的变化、情况的发展，可做出相应调整，而相比之下，计划的调整就要小些。这样一个用词的转变，某种程度上体现出文物行政部门对文物事业理解的转变，从注重微观管理变为宏观管理。但是计划和规划的区别并不是绝对的，从发展阶段上也没有严格的区分，有时候二者的区别甚至只是一个历史用词的问题。

三、人才培养——从训练班到科班

人的问题是事业发展的关键问题，早在中华人民共和国成立之初，老一辈的文物工作者便意识到这一点。国家第一个五年计划期间，我国要进行大规模的社会主义建设，而基本建设与地下文物保护产生了很大矛盾，为了解决这一矛盾，文物部门提出配合基建搞考古发掘，但当时突出的问题是技术人员严重短缺。文化部文物局提出由文化部、科学院、北京大学联合举办短期考古人员训练班。最基础的工作让训练班学员学会，最基本的常识要知道，最基本的要求要了解，最基本的技术要掌握。结果连续举办了四期训练班，三个月一期，一共培养了341人。这就是人们后来说考古领域的"黄埔四期"。这些人后来都成为考古队伍的骨干。那时候动员了最高级的专家为培养人才服务。训练班主任是裴文中，授课老师有郭沫若、夏鼐等专家。训练班的学员结束学习，马上到发现地下文物的地方实践，夏鼐等到工地上亲自指导。

20世纪70年代，全国掀起了农业学大寨的高潮，有的地方结合农田水利建设，举办了亦工亦农的考古短期培训班，逐步培养了一支当地业余考古队伍，参与些适当工作。这一培训模式在改革开放后得到了更好地发挥，按照"干什么学什么、缺什么补什么"的原则，20世纪70年代末到80年代初，国家文物事业管理局先后与北京大学共同举办古籍整理训练班、考古领队培训班，与吉林大学联合举办田野考古进修班，委托文物保护科学技术研究所在湖北当阳玉泉寺举办古建筑测绘训练班，委托山西省文物局在运城解州关帝庙举办古建维修培训班等。此外，国家文物局还委托山东省文化局、故宫博物院、上海博物馆、安徽省博物馆、四川省文化局、南京博物院等单位先后举办碑刻拓片、糊囊匣、青铜器修复、书画装裱训练班等，满足了文博业务工作恢复、开展的紧急需要。

20世纪八九十年代，国家文物局在山东、四川、扬州等地建立专门的培训机构，配备工作人员和培训经费，对文博干部进行专业培训。但是，由于当时培训需求不足，有时候一个培训机构一年办不了几次培训，加之拨付经费较少，导致运转困难，于是各地培训机构相继停办了。同时，还有一个重要原因或者说是重要的变化，就是文物部门需要的各种专业人才已主要来源于高等学校培养的毕业生，这是一个重大转变。

为适应人才培养专业化和现代化的趋势和要求，从20世纪80年代起，文物部门开启了与大学合作进行学历教育的新模式，起初是培养专科类文博人才，比如1984年至1989年，国家文物局以及地方20多个省、自治区、直辖市文化文物部门委托中国人民大学等几十所高校举办文博干部专修班，学制一般为两年，合格者获得大学专科学历。2016年起国家文物局与北京大学、西北大学等高校开启联合培养硕士研究生模式，并招收了第一批学生。

为使人才培养体系化，近年来，国家文物局对人才培养提出新举措，推进文博人才培养"金鼎工程"，实施专项深化培训，并将人才培养纳入国家"千人计划"、"万人计划"、文化名家暨"四个一批"等项目；实施"高层次文博行业人才提升计划"；利用"互联网＋"，建设完善全国文博网络学院，实现文博行业网络培训全覆盖。

从中华人民共和国成立初期的考古训练班，到现在的高校专业培养；从人员培训到人才培养，文物行政部门对"人才"的认识更为深刻。初期的培训多是就某一专业或某项专门技术开班授课，形式比较单一，更注重专业技术的传授。当然这样短平快的培训方式也与文物事业初期我国文物技术人员和文物干部短缺，而实际工作亟需的现实状况有关。人才培养形式上除了培训班，还增加了学历教育，内容上不仅是技术的培养，还注重赋予人才更大可能的上升空间，以及制定切实可行的激励机制和评估制度。我国文物工作队伍不断壮大，整体素质明显提高，优秀人才脱颖而出，人才成长的环境进一步优化，为事业的发展提供了智力支持和人才保证。

四、技术管理——从人工到智能

运用技术手段保护文物，依靠技术手段辅助管理，是文物管理的重要内容。技术管理主要包括制定或执行文物保护技术方针、政策，确定文物保护科技发展方向，组织文物保护技术培训和信息交流，审定文物保护技术方案与组织实施，评审文物科技研究项目开题，组织鉴定文物科技研究成果，评审文物科技进步奖，开展国内外文物保护科技合作与交流等。

技术手段是技术管理的核心内容，就技术手段来说，文物档案和文物信息从纸质档案发展到电子档案、数据库，发布公告、交换文件的方式从电话、电报、信件等传统方式发展到电子政务系统；田野文物保护、考古发掘监督从依靠人工巡查检查发展到利用遥感、物探、卫星影像数据分析等现代科学技术；安保措施从"三铁一器"发展到利用视频监控、巡更系统等技术手段进行安消防，这些变化无不体现了现代科技对文物管理的影响和渗透。

五、公众参与——从文保员到志愿者

发动群众力量保护文物是我国文物保护事业中的传统做法。在 1956 年《国务院关于在农业生产建设中保护文物的通知》中第一条就提出"由于农业生产建设范围空前广阔，农村的文物保护工作已绝非少数文化工作干部所能胜任，因而必须发挥广大群众所固有的爱护乡土革命遗址和历史文物的积极性……使保护文物成为广泛的群众性工作。""通知"提到发动群众的方式有应用广播、幻灯、黑板报等形式宣传文物保护政策和法令，普及文物知识；在发现文物地区举办临时展览；把积极分子组成群众性保护文物小组，进行经常的保护工作。从此，以建立群众性文物保护组织为标志，肇建了新中国动员群众参与文物保护的制度。

1977 年国务院批转的《国家文物事业管理局关于在农业学大寨运动中加强文物保护管理的报告》明确提出，要发动群众、依靠群众，广泛开展群众性的文物保护工作；巩固、健全和发展群众业余文物保护小组。1987 年《国务院关于进一步加强文物工作的通知》要求，"要因地制宜地在城市和农村发展群众性的文物保护员，建立各种形式的社会文物保护组织。"

《文物保护法实施条例》[1] 第十二条规定，除古文化遗址、古墓葬、石窟寺和属于国家所有的纪念建筑物、古建筑外的其他文物保护单位，"由县级以上地方人民政府设置专门机构或者指定机构、专人负责管理；指定专人负责管理的，可以采取聘请文物保护员的形式。文物保护单位有使用单位的，使用单位应当设立群众性文物保护组织；没有使用单位的，文物保护单位所在地的村民委员会或者居民委员会可以设立群众性文物保护组织。文物行政主管部门应当对群众性文物保护组织的活动给予指导和支持。"

新时期，随着人们生活水平的提高，对文物保护的热情不断高涨，越来越多的人以志愿者身份自愿加入到文物保护中，诸如长城保护志愿者、博物馆志愿讲解员、田野文物保护志愿者等。文物行政部门也对公众的参与热情给予适时鼓励，比如针对我国长城点多面广的实际情况，国家文物局谋求建立长城保护员制度，2016 年 2 月 28 日公布的《长城保护员管理办法》中规定了长城保护员的条件、职责和保障。在当年文化遗产日的活动中，国家文物局负责人向长城保护员代表颁发证书，这是国家对长城保护员为文物事业做出贡献的充分肯定。截至 2016 年底，共有长城保护员 4650 名，其来源基本是长城附近生活的居民，能够实现对长城的日常巡查，尤其在基层文物管理部门或是执法机构人员短缺的情况下，长城保护员通过按时巡查，发现问题及时上报，对长城保护起到了关键补充作用，长城保护员制度效果初显。[2]

---

① 2003 年 5 月 13 日国务院第 8 次常务会议通过，2003 年 5 月 18 日中华人民共和国国务院令第 377 号公布，自 2003 年 7 月 1 日起施行；根据 2013 年 12 月 4 日国务院第 32 次常务会议通过的《国务院关于修改部分行政法规的决定》修改，自 2013 年 12 月 7 日起施行。

② 中国文化遗产研究院：《长城执法专项督察总结报告》，2016 年，内部资料。

　　随着时代的发展，群众参与文物保护在宣传手段和参与形式上已经发生了很大变化。现阶段的公众参与形式更为丰富多样：培育社会组织，出台相关指导意见，推广政府和社会资本合作（PPP）模式，研究制定文物保护志愿者管理制度，培育文物保护社会组织，充分发挥行业协会、学会和基金会等社会组织作用等。这里不仅包括传统的人力保护，还囊括了资金参与、社会组织参与等多种形式。

第四章　文物管理现代化评价体系的构建

第一节　文物管理现代化评价概况

评价，首先由评价主体借鉴国内外评价经验，制定一套评价标准，再根据评价标准，从政治、经济、社会、生态、政党等多方面综合考察、判断，权衡利弊，对评价对象整体或其某类特性进行定量和定性考核，最终得出相对科学、令人信服的结论。

一、评价目的

科学的评价是正确决策的前提和基础，本书进行文物管理现代化评价的目的就是为文物管理的持续改进提供决策依据，保障文物事业规划目标和年度重点工作贯彻落实，促使文物行政部门的文物管理现代化水平得到提升，管理能力得到增强，管理视野更为宽广，推动国家文物事业不断向前发展。具体说来，评价目的有以下几个：

第一，评价。通过评价体系，客观反映文物管理工作的实际开展情况。既可以对各级文物行政部门作出恰当、准确地评价和定位，又能对存在的问题和解决途径作出科学判断。

第二，考核。评价结果可以作为考核各级文物行政部门工作水平和能力的重要依据。考核评价结果，及时发现问题，落实相关责任，并能总结工作创新经验，加强宣传。

第三，引导。评价可以为进一步推进各级文物行政部门管理的现代化、科学化和专业化指引方向。文物管理现代化评价体系以文物保护法律法规和司法解释、党中央国务院下发的相关文件、国家文物局制定的综合规划和专项规划，政府"三定"方案等为依据，通过对上述法律和文件中对文物管理工作的规定进行梳理、深入剖析和科学概括，将依法行政的内在要求分解、细化和量化，转化为若干清晰可辨、可供测评的指标，进而组成一个对文物管理各个环节具有不同要求的评价体系。该体系将从宏观上全方位引导各级文物行政部门向既定的方向努力，成为推进文物行政工作的驱动力，提高文物行政能力和水平。

第四，教育。通过评价促使广大文物干部转变落后的文物管理理念，加强法律、法规的学习，提高依法行政意识，提高为人民服务的意识，提高服务效率、能力和质量。

二、评价原则

评价原则体现了评价主体在评价中的基本精神、基本思想、基本理念、侧重点和中心。不同原则指导下的评价将会导致不同的评价结果。评价的基本原则主要包括以下几个方面：

1. 客观性原则。客观性可以说是科学评价的首要原则，在文物管理现代化评价体系中，要实现这一原则应注意以下问题：评价标准要客观，评价标准应当基于评价对象基本特征和评价目的实事求是地设计；评价资料全面且可靠，以保证作出的评价结果是根据评价标准得出的客观且恰当的结论，而不是预先设定的某个结论；评价人员没有主观偏见，并且能不受外界干扰。此外，只要不是涉密内容，应当尽量把评价标准、评价过程、评价结论及时公开，接受社会的监督，以保证评价的客观公正。

2. 系统性原则。系统性原则要求在评价过程中应从系统整体性、有机联系性、动态性出发，遵循全面的、发展的、相互联系的观点。文物工作涉及对象类型丰富、工作层级较多、涉及面广，评价指标较多，因此指标选取要注重综合性，力图涵盖评价目标的各个方面。

3. 分类原则。分类原则是评价结果得以客观、准确的重要保障。因为文物管理评价对象的多元性和复杂性，应当根据评价对象的不同特点和不同属性，确定分类标准，设计不同的评价体系、评价程序和评价方法以保证评价结果具有可比性。

4. 可操作性原则。评价的目的在于发现评价对象存在的问题，提出解决方案，并且指导实践活动。文物管理由于地域性差异，工作对象的不同，工作领域的复杂性，故要求评价时在立足全面评价的前提下，适当舍弃一些针对性不强、与实际情况关系不大的指标。评价指标尽量精简、层级不宜过多。以使评价体系便于操作。

三、评价主体

评价主体，又称评价者或评价人，主要是对某个对象进行评价的主观能动体，既可以是个人，也可以是团体。传统的政府管理评价机制中，一般是上级政府对下级政府或者政府对其组成部门进行评价考核。这样会导致实际政府管理中只对上级负责而忽略公众感受，甚至评价可能受到有关方面干扰。因此，在文物管理现代化评价中，采用多元化评价主体方式，根据文物管理的性质及其公开的程度，引入不同的评价主体，包括上级行政机关、本单位人员、第三方评价咨询机构和社会公众。在传统的政府自评价体系之外建立独立评价主体机制，作为政府自评价体系的必要补充，可逐步实现评价主体社会化。如此，可使民意表达渠道更加多样和畅通，使民意反映更加充分、及时，以保证评价的客观性、科学性、公正性和严格性，进而使评价结果具有权威性和可信度，形成广泛社会影响。

四、评价对象

文物管理现代化评价体系的评价对象按照常理应该是文物管理主体从事的文物管理。根据现行《文物保护法》第八条："国务院文物行政部门主管国家文物保护工作。地方各级人民政府负责本行政区域内的文物保护工作。县级以上地方人民政府承担文物保护工作的部门对本行政区域内的文物保护实施监督管理。县级以上地方人民政府有关行政部门在各自职责范围内，负责有关的文物保护工作。"第九条："各级人民政府应当重视文物保护，正确处理经济建设、社会发展与文物保护的关系，确保文物安全。公安机关、工商行政管理部门、海关、城乡建设规划部门和其他有关国家机关，应当依法认真履行所承担的保护文物的职责，维护文物管理秩序。"

可见，文物管理的主体包括负有监管责任的国务院文物行政部门和地方各级文物行政部门，负有主体责任的县级以上地方人民政府，还有承担相应文物管理责任的公安、工商、海关、城乡建设规划、发改、财政、国土、旅游、宗教、海洋等其他部门。文物管理的现代化水平与多个职能部门密切相关。但是，若将评价对象范围扩大到各级政府以及政府其他职能部门，不可控因素较多，并且部分数据在采集时候也会遇到不少困难，甚至有的数据不可得而影响评价结果。鉴于评价的目的就是提高文物行政部门的文物管理水平，为了便于评价，同时积累经验，本书将评价对象范围适当缩小，定位为文物行政部门为主导的文物管理。

根据上述法律规定，文物行政部门包括国务院文物行政部门和地方各级文物行政部门。前者是指国家文物局，后者指省、市、县级文物行政部门。目前我国地方文物行政部门的设置差别较大，情况比较复杂，主要有文化局、文物局、文物旅游局（管委会）等类型。

第二节　文物管理现代化评价指标选取时应注意的问题

评价指标简单来讲，就是评价标准或是尺度，评价体系就是评价指标的集合，是反映评价对象全貌的信息集合。每一项评价都需要设置多种指标去体现，这些指标构成一个层次分明、相互联系的评价体系。一个设计合理的评价指标体系，可以把评价对象描述得清清楚楚，并能得到科学、准确的评价结论。可以说评价体系的构建是否成功，直接影响整个评价的成败。文物管理现代化评价的基础是评价体系的建构，反映文物管理现代化的指标种类繁多，有的指标具有很强的相关性，有的指标虽然也很重要，但是在具体的操作中不易获取准确的数据。所以对于文物管理现代化评价指标的选取应当遵循既与管理现代化具有共通之处，又体现文物管理专业性的原则。具体注意以下几个方面：

1. 定量指标与定性指标相结合

定量指标是通过数学计算的方法，可以准确定义数量、精确衡量并设定绩效目标的考核指标，由于定量化的评价指标便于确定清晰的级别标度，提高评价的客观性、准确性、简便性，使得本来相对含混的概念变得清晰，避免了主观评价中的不确定因素，因此在实践中被广泛使用。但是正是定量指标要求量化、要求统一的特性，使得其难以对环境因素、个体差异、心理状态等一些不可量化、统一的因素做出准确反映，从而不免导致评价结果流于形式，单质化。相对而言，定量指标更侧重于评价结果。

定性指标是指无法直接通过数据计算分析评价内容，需对评价对象进行客观描述和分析来反映评价结果的指标，所以定性评价中会更关注评价对象的个性发展和差异，发现定量评价中不易发现的多元化因素。但是定性指标也有其固有缺陷，即指标设定上无法摆脱评估主体的主观倾向，这可能导致评价结果无法反映真实情况。相对而言，定性指标更适用于评价过程。

鉴于定量指标和定性指标各自存在优点和缺点，评价对象的复杂性和多元化，在评价过程中，选取评价指标时就应注意定量指标和定性指标相结合。选取两种指标都要适量，使评价结果在精确性和有意义之间达到有效平衡。要保证文物管理现代化评价结果的客观性、完整性和有效性，在指标选取时就一定要注意定量指标与定性指标相结合。

2. 指标应少而精

评价指标可以通过一些关键指标反映评价的目的，而不需要面面俱到，设计评价文物管理现代化的关键指标，不仅可以帮助把有限的资源集中在关键领域，同时可以有效缩短评价信息的处理过程，乃至整个评价过程。可以参照企业绩效评估中运用的关键绩效指标（Key Performance Indicator，KPI）方式。关键绩效指标，顾名思义即评价指标不是一般的指标，而是对单位绩效产生关键影响，同时，对单位的战略目标具有深远影响的指标。在文物管理现代化评价体系的构建中运用关键绩效指标的思想主要有以下优点：

第一，使考核的结果更加客观，更具有可比性。文物管理现代化评价要求客观公正，运用关键绩效指标筛选出文物管理现代化评价的基础数据，从而避免评价主体按主观想法进行考评而导致的评价结果偏差。

第二，有助于增强文物系统尤其是文物行政部门内部成员之间的沟通力和组织凝聚力。关键绩效指标为文物管理的进一步发展提出明确的方向和要求，文物管理现代化评价体系中设定的各项指标即是文物管理逐步实现现代化过程中需要注意和加强的方面。通过评价，这些关键指标在接受评价的广大文物管理干部心中树立了明确的努力方向和目标，更倾向于为了同一个目标而相互协调沟通，有利于单位凝聚力的提升。

第三，关键绩效指标的稳定性与动态性，符合文物管理现代化评价的现实要求。由于关键绩效指标的设定是按照当下评价对象的现实情况设定，随着具体环境的变化，之前的关键绩效指标可能会有所变化，即之前重要的评价指标削弱了，自然就会被删减，而其他指标则可能变成关键绩效指标；但是为了保证组织制度的稳定性，关键绩效指标在设置之后的一段时间内，不会被轻易调整。文物管理现代化评价，正是需要关键绩效指标这样的性质，来保证评价的时效性和权威性。

3. 数据具备可获得性

由于评价对象的复杂性和多元性，评价过程中必然会接触到很多反映评价对象不同方面性质的评价因素。这些评价因素数量庞大、纷繁复杂，相互之间还可能存在交叉，这就需要对这些评价因素进行取舍。取舍的一个重要标准就是指标数据的可获得性，即在选择评价指标的时候要注意是否能够完整地搜集到指标的评价信息，如果有的指标根本搜集不到信息，或者需要投入大量的人力物力才能收集到信息，而这一指标对评价结果又没有决定性影响，则应果断放弃，而采用其他可以获得信息进行评价的指标代替。总之，评价也要考虑成本，要注意评价的投入与收益。

4. 指标相互独立且具有差异

指标独立，要求指标之间要有明确的界限，不能混淆。只有指标之间相互独立才能对指标进行客观的评价，才能保证评价结果的合理性。指标差异，是指每一个指标都要有其自身的评价目的，并且表述上也应各有不同，以避免造成反复评价。实际评价过程中，要在评价体系建立之后，对各级各项指标作出详细、完整的释义，尤其对可能存在交叉的指标作出界定，明确这项指标与其他指标之间的评价边界，保证指标独立且有差异，保证评价的顺利进行。

第三节　文物管理现代化评价指标的选取方法

构建文物管理现代化评价体系的程序如图4-1所示，可大致分为五个步骤。首先，要进行单位、部门或员工的职能分析或岗位分析，在此基础上，运用专家会议法收集和梳理专家列出的指标，形成文物管理现代化的理论指标。第二步，用隶属度分析对理论指标进行第一轮实证筛选，淘汰隶属度较低的指标。第三步，选出可能高度相关的若干指标对，对这些指标对逐一进行相关性分析，若指标确实高度相关，则淘汰其中隶属度较低者。第四步，通过计算和比较指标变差系数的方式比较指标的鉴别力，淘汰鉴别力较低的指标。通过三轮实证筛选的指标体系再经过信度检验和效度检验最终确定管理现代化评价体系。以下将分步骤进行解释：

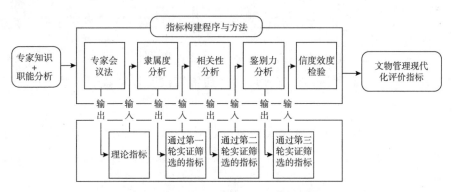

图4-1　文物管理现代化评价体系的构建程序与方法

1. 理论指标的选择。利用专家会议法（即头脑风暴法），让专家在自由的会议环境内充分发挥自己的意见，说出他们认为能够评价文物管理现代化的指标，或者利用调查问卷法让受调查的专家根据自己的专业知识和对评价对象现代化管理工作的理解列出指标，将这些指标汇总、分类形成文物管理现代化的理论指标。

2. 指标的隶属度筛选。隶属度筛选主要用来判断一个指标能够在多大程度上反映评价目的的情况。首先将理论指标逐一列出，利用李克特量表，将每个指标的隶属度分为由 1 至 5 五个等级，1 代表完全不能够反映评价目的的情况，5 代表完全反映评价目的的情况，让专家对指标的隶属度进行判断，求出平均值作为指标的隶属度，淘汰隶属度较低的指标。

3. 指标的相关性分析。指标的相关性分析需要所分析的指标有成组的数据记录，例如某项指标有之前 5 年的统计数据，或某项指标有 31 个省级行政区域的统计数据均可进行相关性分析。其方法是首先从经过隶属度筛选的指标中选取可能相关的若干对指标，分别对每对指标利用 SPSS 软件包进行 Pearson 简单相关分析，若某对指标存在显著相关，则淘汰这一对指标中隶属度较低者。

4. 指标的鉴别力分析。指标鉴别力分析也需要指标有成组的统计数据。在实际应用中，人们通常用变差系数来描述评价指标的鉴别力：

$$V_i = \frac{S_i}{\overline{X}}$$

其中 $\overline{X} = \frac{1}{n}\sum_{i=1}^{n} X_i$ 为平均值，$S_i = \sqrt{\frac{1}{n-1}\sum(X_i - \overline{X})^2}$ 为标准差。变差系数越大，该指标的鉴别能力就越强；反之，鉴别能力则越差。为了提高评价指标的整体鉴别力，在实际应用中通常淘汰变差系数相对较小的评价指标。

根据上述原理，运用 SPSS 统计软件包对经过相关性分析的评价体系中隶属度较低的指标，在方差分析基础上计算各个评价指标的变差系数，淘汰变差系数较低者。

5. 指标的信度和效度检验。采用折半信度来检验经过四轮筛选后指标的信度，其具体方法是：分别把文物管理现代化评价指标按奇、偶项分成两半，分别记分（即指标隶属度），求出两半隶属度之间的相关系数（r_{xx}），再根据斯皮尔曼 – 布朗公式（Spearman – Brown formula）计算评价体系的信度系数

（R_{XX}），计算公式为：$R_{XX} = 2^{r_{xx}}/(1 + {}^{r_{xx}})$。

采用内容效度评定方法对指标进行效度检验。这是一种基于专家以往经验做出判断的方法，目的是让那些对评价对象和评价体系比较熟悉的专家对评价指标和评价对象之间的关系程度进行评判。常用的一个计算公式为：

$$CVR = \frac{n_e - \dfrac{n}{2}}{\dfrac{n}{2}}$$

以上公式中，n_e为评价中认为评价对象能够准确被评价指标反映的专家数；n为参与专家数。

以上评价体系构建的程序与方法是比较严谨的科学方法，部分程序环节，如相关性分析和鉴别力分析需要所选出的指标有成组的统计数据方可进行。若数据条件无法满足可用德尔菲法、专家会议法对经过隶属度筛选的指标进行分析，当专家意见逐渐趋于比较一致的情况时则视作是能够较科学反映文物管理现代化的评价体系。

第四节　文物管理现代化评价体系构建

结合现代化理论中所涉及的因素，经各方面专家、业内人员结合文物管理的工作现状和管理的特色，反复讨论筛选出依法行政、公共服务、领导班子建设、队伍建设、机构建设、国际影响、信息管理、评价机制、危机管理、责任与伦理等 10 个方面的要素，作为评价体系的二级指标。将以上二级指标归纳分类后，提炼出现代化管理过程、现代化组织建设、现代化管理手段、现代化管理意识等四个一级指标。根据《文物保护法》及其《实施条例》等相关法律法规，《2020 年文物事业发展目标体系》《国家文物事业发展"十三五"规划》和各级文物行政部门职责任务实施方案，以及有关通知、意见等政策性文件资料，本书将二级指标进一步具化出 32 个三级指标。由此构建出评价体系，详见表 4 - 1：

表4-1 文物管理现代化评价体系框架

一级指标	二级指标	三级指标
现代化管理过程	依法行政	法律规范完备度
		法律规范的执行
		行政审批
		责任追究
		法制宣传
	公共服务	公共文化设施
		公众参与
		群众满意度
现代化组织建设	领导班子建设	思想政治建设
		作风建设
		党风廉政建设
		科学民主决策
	队伍建设	人才培养
		工作生活质量
	机构建设	机构设置是否健全
		协调机构的设立
	国际影响	对外合作交流
		条约的签订
		外媒关注度
现代化管理手段	信息管理	电子政务综合信息管理平台
		信息数据管理
		信息公开制度
		信息安全管理
	评价机制	评价机制的建立
		评价机制的运行
		评价体系的认可度
现代化管理意识	危机管理	危机预防能力
		危机应对能力
		危机恢复能力
	责任与伦理	职权是否明晰
		工作胜任能力
		道德修养

第五节 文物管理现代化评价指标释义

一、现代化管理过程

现代化管理过程这个一级指标，并不是涵盖现代化管理的全部过程，而是特指管理工作的两个主要方面，即依法行政和公共服务两个因素。依法行政，是我国依法治国基本方略的重要内容，是指行政机关必须根据法律法规的规定设立，并依法取得和行使其行政权力，对其行政行为的后果承担相应责任的原则。依法行政也是市场经济体制条件下对政府活动的要求，是政治、经济及法治建设本身发展到一定阶段的必然要求。公共服务指的是政府或是其他公共组织向社会提供的公共产品或消费，着重于保障公民权利，是21世纪现代化政府管理的重要体现。公共服务包括水、电、交通等基础设施建设的基础性服务，技术咨询、推广等经济型服务，教育、医疗、环保等社会性服务等。目前很多地方都建立了当地的公共服务平台，便是建设服务型政府的良好体现。依法行政是社会发展所必需的政府行政行为，满足公民的间接需求；而公共服务旨在使公民的生活、生存与发展等某种直接需求得到满足，能使公民受益或享受社会进步的成果。

1. 依法行政

（1）法律规范完备度

这项指标可以从数量和质量两个维度去考量。首先是法规数量。2014年10月23日，中国共产党第十八届中央委员会第四次全体会议通过《中共中央关于全面推进依法治国若干重大问题的决定》，《决定》提出"全面推进依法治国的总目标是建设中国特色社会主义法治体系，建设社会主义法治国家"①。可见建设社会主义法治国家，必须坚持立法先行。依法保护文物、管理文物事业，是依法治国、建设法治国家的重要组成部分。如前文所述，中华人民

---

① 《中共中央关于全面推进依法治国若干重大问题的决定》，财新网：http：//china. caixin. com/2014 - 10 - 28/100744069. html，2016 年 6 月 20 日最后访问。

共和国成立以来，经过 60 余年的文物保护实践和文物法制建设，构建并基本形成中国特色文物法律体系，为依法行政，依法保护管理文物提供了重要的法律保障。目前我国的文物法律体系包括《宪法》，《文物保护法》及其他相关法律，《文物保护法实施条例》《长城保护条例》《水下文物保护管理条例》《博物馆条例》等行政法规和地方性法规、规章以及大量的规范性文件。应当说明的是，在本项指标中，评价范围除了以上提到的法律法规，还将司法解释和相关的技术标准规范纳入考量范围，并统称为"法律规范"。法律规范是依法行政的基本前提，这也是在依法行政评价中首先提出这一指标的原因。

习近平同志在十九大报告中提出："推进科学立法、民主立法、依法立法，以良法促进发展、保障善治。"这是对立法质量的明确要求。所以考量文物法规是否完备，除了评价数量是否足够，是否形成体系，更要评价这些法规的质量如何，是否称得上良法。

（2）法律规范的执行

"天下之事，不难于立法，而难于法之必行。"的确，历史经验告诉我们，如果有了法律而束之高阁，或者实施不力、做表面文章，那再多法律也只能是一纸空文。党的十八届四中全会《决定》指出，法律的生命力在于实施，法律的权威也在于实施。如果有了法律而不能严格的贯彻实施，法律就成了"纸老虎"和"稻草人"，就会失去应有的效力。长此以往，将动摇民众对法律的信仰。只有坚持严格执法，做到"法立，有犯而必施；令出，唯行而不返"，法律才能发挥治国重器的作用，全社会才能形成对法律的尊崇和敬畏。因此，评价体系将对法律规范执行情况的考量作为依法行政的第二个指标项。

执法情况可通过执法主体和程序是否合法、执法手段是否适当来评价。2002 年《文物保护法》赋予文物行政部门行政执法权，为此，各级文物行政部门纷纷组建执法机构。国家层面，国家文物局于 2003 年成立执法督查处，2009 年 3 月，国家文物局设立督察司，专门负责指导文物行政执法和文物安全工作。地方层面，省级的文物行政执法机构已基本建立，但市县级基层文物行政执法机构依然严重缺乏，即使设立也多是合署办公或隶属于其他行政单位，专职文物行政执法人员更少，这种情况容易导致执法不及时，甚至不合理、不合法，或者是无力执法。《国务院关于进一步加强文物工作的指导意见》要求地方各级人民政府要结合综合行政执法改革，进一步加强文物执法工作，加强省级文物行政部门执法督察力量。市县级文物行政部门也可通过委托由文化市场综合执法队伍或其他综合行政执法机构承担文物执法职能。文物资源密集、安全形势严峻的地方可根据实际需要，设立专门的警务室。文物行政部门要强化预防控制措施，加大执法巡查力度，及时制止违法行为；建立案件分级管理、应急处置、挂牌督办等机制，建设文物执法管理平台。相信随着《指导意见》的贯彻落实，文物行政执法机构不健全、人员不充足的现状会得到改善。

另外，法律法规政策发布或者文件出台之后，各级文物行政部门是否及时组织传达、学习也是本项指标考量内容。比如 2016 年 4 月中旬国务院在北京召开全国文物工作会议，国家文物局政府网站上设专版，宣传习近平总书记、李克强总理重要指示批示和全国文物工作会议精神（见下页图 4-2）。这种做法可以说是宣传贯彻文物保护法律政策的常见方式之一。

（3）行政审批

行政审批，指行政机关、法律法规授权的组织、规章委托的组织根据自然人、法人或其他组织提出的申请，经过依法审查，准允其从事特定活动、认可其资格资质、确认特定民事关系或者特定民事权利能力和行为能力的行为。行政审批效果反映了政府的回应力大小。政府回应力是现代公共行政的重要特征，表现为政府对社会和民众的诉求能否及时有效地回应。必要时候还要向公民征求意见、解释政策，以及说明办理各类行政事项是否符合规定时限和程序，公布应当公开的办事依据、办事结果、相关数据等。增强政府的回应力，有利于树立以民为本的行政理念、强化责任意识、完善行政问责制，以及构建多元化的政府绩效评价体系。是否建成回应型政府也是管理现代化的标准之一。

根据《文物保护法》《文物保护法实施条例》《水下文物保护管理条例》《考古涉外工作管理办法》等法律法规和国务院文件，目前我国文物管理相关的审批事项如表 4-2 所示。

图 4－2　国家文物局官网专题宣传

表 4－2　文物管理行政审批事项一览

序号	审批事项	法律依据
1	文物保护单位保护范围内进行其他建设工程或者爆破、钻探、挖掘等作业审批	《文物保护法》第 17 条
2	文物保护单位建设控制地带划定审批	《文物保护法》第 18 条
3	文物保护单位建设控制地带内建设工程设计方案许可	《文物保护法》第 18 条
4	文物保护单位原址保护措施许可	《文物保护法》第 20 条
5	文物保护单位迁移、拆除审批	《文物保护法》第 20 条
6	文物保护单位修缮工程审批	《文物保护法》第 21 条
7	一般不可移动文物修缮审批	《文物保护法》第 21 条

续表

序号	审批事项	法律依据
8	文物保护单位原址重建审批	《文物保护法》第22条
9	国有全国重点文物保护单位、省级文物保护单位改变现有用途审批	《文物保护法》第23条
10	由当地人民政府出资帮助修缮的非国有不可移动文物转让、抵押或者改变用途审批	《文物保护法》第25条
11	考古调查、勘探、发掘资质/资格审批	《文物保护法》第27、28条
12	从事考古发掘的单位进行考古调查、勘探、发掘审批	《文物保护法》第28条
13	配合建设工程的考古发掘审批	《文物保护法》第30条
14	考古发掘单位保留少量文物作为科研标本审批	《文物保护法》第34条
15	调用出土文物审批	《文物保护法》第35条
16	非国有文物收藏单位和其他单位举办展览借用国有馆藏文物审批	《文物保护法》第40条
17	已经建立馆藏文物档案的国有文物收藏单位之间交换馆藏文物审批	《文物保护法》第41条
18	文物购销资质/文物拍卖资质审批	《文物保护法》第53、54条
19	文物销售、拍卖前审核	《文物保护法》第56条
20	国有文物、非国有文物中的珍贵文物出境审批	《文物保护法》第60条
21	文物出境许可证核发	《文物保护法》第61条
22	文物出境展览等审批	《文物保护法》第62条
23	文物保护工程资质审批	《文物保护法实施条例》第17条
24	国有文物收藏单位修复、复制、拓印珍贵文物审批	《文物保护法实施条例》第32条
25	修复、复制、拓印资质审批	《文物保护法实施条例》第34条
26	水下文物的考古勘探和发掘活动审批	《水下文物保护管理条例》第4条
27	涉外考古调查、勘探、发掘审批	《考古涉外工作管理办法》第7、9条
28	国际考古调查、勘探、发掘的文物或自然标本送到境外进行分析化验或技术鉴定许可	《考古涉外工作管理办法》第11条
29	博物馆藏品取样分析许可	《博物馆藏品管理办法》第23条《国务院对确需保留的行政审批项目设定行政许可的决定》第464项，第465项

（4）责任追究

权力就意味着责任，对文物管理的主体，尤其是各级文物行政部门要强化主体责任，严格责任追究。实行追责制度，是对依法行政的有效监督，可以规范工作人员行为，在规定期限内办事，防止推诿扯皮、烦冗拖沓，造成不良影响。各级文物行政部门及其领导干部不依法履行职责，决策失误、失职渎职导致珍贵文物或者文物保护单位损毁、灭失的，应依法追究实际责任人、单位负责人、上级单位负责人责任，涉嫌犯罪的，移送司法机关处理。应当建立文物保护责任终身追究制，对负有责任的领导干部，不论是否已调离、提拔或者退休，都必须严肃追责。

各级人民政府应进一步提高对文物保护重要性的认识，敬重祖先留下来的珍贵遗产，切实履行文物保护主体责任，把文物工作列入重要议事日程，作为地方领导班子和领导干部综合考核评价的重要参考；建立健全文物保护责任评估机制，每年对本行政区域的文物保存状况进行一次检查评估，发现问题及时整改。

（5）法制宣传

公众知法懂法才能敬法守法，所以加大普法宣传力度便是提高文物管理水平、增强管理效果的重要前提。国家文物局一贯重视法制宣传工作。现行《文物保护法》颁布后，文化部和国家文物局联合发布《关于做好〈中华人民共和国文物保护法〉宣传贯彻工作的通知》，要求各地文化、文物行政部门充分认识贯彻落实文物保护法的重要意义，认真做好有关文物保护法的学习、宣传工作。国家文物局印发了《文物保护法》的单行本，并组织召开了多种形式的学习贯彻落实文物保护法座谈会。各地文物部门多次积极组织宣传，特别是利用文化遗产日、国际博物馆日、国际古迹遗址日，以制作展板、发放宣传册、举办知识竞赛、有奖问答等多种形式，将文物保护的法律知识讲到学校课堂，带到田间地头，广泛进行了文物法制宣传教育。

文物行政部门应继续保持这一优良作风，将《文物保护法》的宣传普及作为重要工作任务常抓不懈，切实提高全民文物保护意识和执行文物保护法的自觉性。法制宣传形式主要包括：组织开展全国文物系统普法工作；开展文物法律进机关、进乡村、进社区、进学校、进企业、进单位的"六进"主题活动；制作文物法律宣传片、印发普法读物和其他宣传材料，运用互联网等现代化传媒手段加强宣传力度，结合文物工作实践，采取以案说法等形式，开展普法宣传；加强宣传队伍建设，培养专兼职的宣传教育队伍，充分发挥普法宣传员、普法讲师团和法制文艺队伍等社会力量在文物法制宣传中的积极作用；推进阵地建设，完善城市、乡村公共活动场所文物法制宣传教育设施等方面的内容。这些也将是本指标项考量的依据。

2. 公共服务

随着政治文明建设不断深入，我国政府的执政理念更加现代化，意识到政府管理绝不仅仅是对公民政治行为和政治权利的管制和约束，同时更是为了保障公民权益，服务于公民权益的实现。纵观我国政治体制改革的历程，会发现政府管制的色彩越来越少，为人民服务的意识则日渐增强。建设服务型政府的执政目标逐渐清晰。早在1998年的《国务院改革方案》中，就首次把"公共服务"确立为政府的基本职能；2004年，时任国务院总理温家宝提出"建立服务型政府"的目标；2005年的《政府工作报告》正式将"建设服务型政府"确认为政府目标，并提出了相应措施。党的十六大和十七大的决议中进一步明确了服务型政府的基本内容和相应的公共政策体系。并且，为了实现建设服务型政府的目标，我国政府推出了一系列重要举措：第一，提供更多的社会公共产品、提供更多社会服务，增进公共利益；第二，简化行政审批手续，放松对社会经济事务和公民私人事务的管制；第三，推行"一站式"办公，大大方便群众；第四，强化行政责任，施行各种形式的承诺制度和问责制；第五，建立应急管理和急事急办制度。①

文物管理领域的公共服务性主要体现在公共文化服务方面。加强公共文化服务体系建设，是繁荣发展社会主义先进文化、构建社会主义和谐社会的必然要求。正如《关于加强公共文化服务体系建设的若干意见》指出的"加快建立覆盖全社会的公共文化服务体系，是实现好、维护好、发展好人民群众基本文化权益的主要途径，对于促进人的全面发展、提高全民族的思想道

---

① 俞可平：《论国家治理现代化》，社会科学文献出版社，2014年，第85~96页。

德和科学文化素质、建设富强民主文明和谐的社会主义现代化国家，具有重大意义"。①

《文化部"十二五"时期公共文化服务体系建设实施纲要》（文公共发〔2013〕3号）对公共文化服务体系做出了界定："公共文化服务体系是以公共财政为支撑，以公益性文化单位为骨干，以全体人民为服务对象，现阶段以保障人民群众看电视、听广播、读书看报、进行公共文化鉴赏、参与公共文化活动等基本文化权益为主要内容，向社会提供的公共文化设施、产品、服务及制度体系的总称。"② 2015年1月，中共中央办公厅、国务院办公厅印发的《关于加快构建现代公共文化服务体系的意见》中进一步明确"到2020年，基本建成覆盖城乡、便捷高效、保基本、促公平的现代公共文化服务体系"。本部分的指标项主要有公共文化设施建设、公众参与情况、群众满意度几个方面。

（1）公共文化设施

2016年12月25日，第十二届全国人民代表大会常务委员会通过了《中华人民共和国公共文化服务保障法》。该法第十四条规定："公共文化设施是指用于提供公共文化服务的建筑物、场地和设备，包括图书馆、博物馆、文化馆（站）、美术馆、科技馆、纪念馆、体育场馆、工人文化宫、青少年宫、妇女儿童活动中心、老年人活动中心、乡镇（街道）和村（社区）基层综合性文化服务中心、农家（职工）书屋、公共阅报栏（屏）、广播电视播出传输覆盖设施、公共数字文化服务点等。"

与文物管理密切相关的公共文化设施主要是博物馆、纪念馆和文化馆（站）。近年来，"博物馆作为公共文化服务体系的重要组成部分，得到了前所未有的关注和支持。特别是公共博物馆实施免费开放，加强了管理，改善了

---

① 中共中央办公厅、国务院办公厅《关于加强公共文化服务体系建设的若干意见》，国务院办公厅于2007年8月21日颁布，问法网：http://www.51wf.com/law/1192041.html，2016年6月20日最后访问。

② 《文化部"十二五"时期公共文化服务体系建设实施纲要》，文化部于2013年1月14日发布，法律图书馆：http://www.law-lib.com/law/law_view.asp?id=408680，2016年6月20日最后访问。

服务，更加贴近实际、贴近生活、贴近群众，受到了全社会的广泛欢迎，对实现文化遗产保护成果惠及民生，丰富公众文化生活发挥了积极作用，为促进经济社会发展做出了重要贡献"。① 一些文化馆（站）的设立与文物关系密切。有些文化馆（站）是在改建当地古宗祠的基础上建立起来的。农村宗祠是祭祀祖先、族内议事的重要场所和宗族的象征，在乡村地区有着崇高的地位。宗祠活动中产生的宗祠文化有着悠久的历史，它是中华民族传统文化不可或缺的一部分。把闲置的宗祠改建成农村文化中心，来开展现代文化活动，打破姓氏界限，把宗祠文化引导到公共文化服务体系建设上来，从而为宗祠文化注入了新鲜血液。这也是文物利用的一种很好的形式。在一些没有博物馆、纪念馆、文保所的县（区），文化馆还承担一定的文物保护利用工作；乡镇文化站大都有文物保护任务。

（2）公众参与

民主是现代化管理的一个主要特征，而民主的重要表现便是公众参与。本项指标主要考量公众参与机制的建立情况和参与渠道的完善程度。随着国家经济社会的长足发展，人民群众生活水平不断提高。今天，绝大多数中国人基本不用为食不果腹、衣不蔽体而忧虑了，物质愈加丰富的当下，丰富精神文化生活的愿望更加迫切。文物作为国家民族传承的文脉，是公众了解过往历史、感受艺术魅力的重要载体，能使人产生精神愉悦和民族自豪感，公众接触文物的欲望日渐强烈，文物更多地进入到公众视野。公众对文物管理也有了更多的关注和期待，要求更多的参与权，更多的发言权。人们不再认为文物管理仅仅是政府的责任。同时，我国文物保护的现状是：不可移动文物近77万处，全国可移动文物1亿多件/套，而文物业从业人员只有15万余人②。文物行政部门已经意识到，公众参与文物保护既有必要性，也有广阔的发展空间。坚持发扬发动群众参与文物保护的优良传统，是文物保护管理工作得以顺利开展的重要保障。

---

① 《博物馆事业中长期发展规划纲要（2011－2020年）》（文物博函［2011］第1929号），国家文物局于2011年12月14日发布。

② 国家文物局：《2017中国文物统计提要》，内部资料。

公众参与文物保护的渠道多种多样：可以是通过文物行政部门设立的意见箱和门户网站上的问答板块反映对文物工作的意见、了解文物工作情况；可以申请成为文物志愿者，直接参与各种类型的文物保护活动；可以去博物馆当义工或是讲解员，参与宣传文物知识；也可以经政府允许自愿投入资金参与修缮文物的利用等。就文物志愿者来说，目前有文保志愿者、长城保护员、讲解员等各种形式。例如，2014年4月，北京市文物安全保护志愿服务行动在国子监启动，以后每年的4月18日被定为"北京文物安全保护志愿者日"，旨在向市民宣传倡导文化遗产保护理念，培养并提高民众自觉保护文化遗产的意识。截至2017年，志愿行动已经开展了三年，北京文保志愿者每年都在增加，文保志愿者队伍是北京文物保护工作的有益补充。据统计，截至2016年4月，北京共有1023名文保志愿者，2017年有望再增加千名具有一定历史知识的专业文保志愿者。

公众参与渠道的畅通，有赖于参与机制的建立，鼓励社会参与文物保护政策措施的实施。比如鼓励民间合法收藏文物，支持非国有博物馆发展，培育以文物保护为宗旨的社会组织①，制定文物公共政策应征求专家学者、社会团体、社会公众的意见，提高公众参与度，等等，由此才有望形成全社会保护文物的新格局。

（3）群众满意度

本项指标重在对文物管理工作中公共服务的效果和水平的考量。这项指标的设计，事实上是为了加强社会公众对文物管理的社会监督，引导建立文物管理的公示公开制度。由于在实际工作中，很多具体行政行为都会直接或间接地涉及和影响人民群众的权益，所以在评价中特别将群众满意度作为一个指标项。群众是否了解文物管理，是否有渠道了解文物管理，对文物管理

---

① 根据中国文物保护基金会2017年公布的统计数据：在民政部登记的2300多个全国性社会组织中，以文化遗产保护、研究和传播为主要宗旨的只有百余个，如中国文物学会、中国博物馆协会、中国收藏家协会等；截至2017年，在全国6000多家基金会中，文化遗产领域的基金会只有48家，其中文物保护类12家，博物馆类6家。当然还有一些民间文保团体如天津记忆、老北京拍记队、辽宁文化遗产保护志愿者团队和承德历史文化遗产保护志愿者团队，因不符合官方的注册要求，没有被统计。

是否满意，一定程度上能有效衡量政府是否切实做到依法行政，判断政府依法行政的整体水平和法治政府建设的整体进程。

二、现代化组织建设

从管理学的角度，所谓组织，是指这样一个社会实体，它具有明确的目标导向和精心设计的结构与意识协调的活动系统，同时又同外部环境保持密切的联系，如政府、政党、工会、企业或部队等。综合组织的目标性、结构性、系统性、环境交互性，本书拟从领导班子建设、队伍建设、机构建设和国际影响四个方面评价文物行政部门组织建设的现代化水平。

1. 领导班子建设

影响文物管理现代化的因素除了制度因素，还有一个重要因素就是管理主体的素质，习近平总书记在谈到从严治党时指出，关键是要抓住领导干部这个"关键少数"。关键少数，是指推动发展的关键因素，一般是事物的最精华部分，数量极少但在发展过程中作用最大，是引领发展的关键。"关键少数"往往就是各级政府部门的领导班子成员，甚至是第一责任人，也就是所谓的"一把手"。按照马克思主义辩证唯物主义分析和判断，"一把手""关键少数"就是事物发展中矛盾的主要方面，是牛鼻子，必须牢牢抓住。在我国当前行政体制下，政府部门"一把手"的意见和态度往往具有决定性作用。若"一把手"发挥好第一责任人作用，严格自律，积极正确地履行岗位职责，就能事半功倍。以文物行政执法为例，抛开体制、机制、制度等因素，领导班子对执法效果、执法力常会产生很大的影响，这种影响有时候甚至是决定性的。对于文物行政部门，如果领导班子成员具备坚定的法治意念，缜密的法治思维，较高的法律素养，就能在很大程度上保证文物保护法律法规的有效贯彻和文物行政执法不打折扣。否则，便可能导致对行政相对人的违法行为处置不当，甚至姑息纵容。尤其是当行政相对人是企业、事业单位，或者是政府的时候，也就是法人违法时候，一旦文物行政执法部门的领导班子慑于某种隐形权力不敢坚持原则，甚至与违法法人沆瀣一气，不但会直接导致行政违法案件无法正常处理，更会造成深远而恶劣的影响。因此，领导班子建设情况，是组织建设的重要方面，具体评价要素为：

（1）思想政治建设

思想政治建设是管根本、管长远、管方向的建设，是领导班子建设的核心和灵魂。习近平总书记指出，政治问题始终是根本性的大问题，抓领导班子思想政治建设，必须突出政治性这一根本属性，加强领导班子思想政治建设，要把加强和深化思想政治教育贯穿始终，必须坚持问题导向，解决好班子队伍中更深层次的思想问题，增强"四个意识"、坚定"四个自信"，着力净化政治生态。评价领导班子思想政治建设情况，主要考量领导班子开展理论学习情况、建立学习制度情况；是否制定各级领导班子成员思想政治建设"一岗双责"责任清单，明确目标、措施、工作时限，并形成追责机制；是否对思想政治建设实施项目化管理，并形成定期分析机制。

（2）作风建设

作风建设关乎人心向背，关乎党的生死存亡。领导班子的作风，很大程度上影响整个单位的作风。加强领导班子作风建设，防止形式主义、官僚主义、享乐主义和奢靡之风，是一个永恒的课题。习近平总书记指出："作风建设永远在路上，永远没有休止符，必须抓常、抓细、抓长，持续努力、久久为功。逆水行舟，一篙不可放缓；滴水穿石，一滴不可弃滞。各级党委要把作风建设紧紧抓在手上，持续抓好各项整改任务的落实，绝不允许出现'烂尾'工程，决不能让'四风'问题反弹回潮"。①

领导班子作风建设一般包括领导班子的学风、工作作风和生活作风等方面。本项指标主要考量领导形象、领导实际工作时间、群众反馈意见、会议记录以及有无负面消息等内容。

（3）党风廉政建设

习近平总书记在十八届中央政治局第五次集体学习时的讲话中指出，"中央提出抓作风建设，反对形式主义、官僚主义、享乐主义，反对奢靡之风，就是提出了一个抓反腐倡廉建设的着力点，提出了一个夯实党执政的群众基础的切入点。全党同志一定要从这样的政治高度来认识这个问题，从思想上

---

① 习近平：《在党的群众路线教育实践活动总结大会上的讲话》，新华网：http：//news. xinhuanet. com/2014－10/08/c＿1112740663＿4. htm，2016 年 4 月 24 日最后访问。

警醒起来，牢记'两个务必'，坚定不移转变作风，坚定不移反对腐败，切实做到踏石留印、抓铁有痕，不断以反腐倡廉的新进展、新成效取信于民，确保党和国家兴旺发达、长治久安"。[①]

本项指标包括开展党风廉政建设责任制情况、开展反腐倡廉制度建设情况、开展权利监督与制约情况、开展廉政教育和预防腐败措施情况以及开展文物系统整纪纠风情况等。

（4）科学民主决策

健全科学民主决策，是实行思想政治建设的有效途径。坚持科学民主决策，坚决防止"谁职务高谁说了算、谁资格老谁说了算、谁分管谁说了算"和主观决策、随意决策、盲目决策等不良倾向。要做到领导班子重大事项决策全程纪录、全面公开，形成重大决策终身责任追究制度及纠错纠偏、责任倒查机制，建立完善决策论证评估和专家咨询、群众参与的征求意见制度，力争各项决策实现依据合法、过程科学、结果公正。坚决防止主观决策、随意决策、盲目决策、违法决策、越权决策等不良现象。有关文物保护利用工作的决策是否科学合理，将直接关系到文物能否得到有效保护和合理利用，文物部门和相关部门的领导班子应给予高度重视并力争做到。

本指标可以从决策依据是否合法、决策过程是否科学、决策结果是否公开，以及领导班子做出决策时是否贯彻民主集中制等方面考量。

2. 队伍建设

《全国文博人才发展中长期规划纲要（2014~2020）》中指出：文博人才资源是提升文物保护、利用和管理水平的关键，是促进国家文物事业发展、确保文化强国战略目标实现的战略性资源。改革开放以来，我国文博人才工作和人才队伍建设取得了长足进步，文博人才队伍规模不断扩大，整体素质明显提高，人才工作制度和机制不断完善，为文物事业发展起到了重要的支撑作用。但我国文博人才队伍总体状况与建设文化遗产强国的要求尚不相适

---

① 习近平：《运用历史智慧推进反腐倡廉建设》，2013 年 4 月 19 日，人民网：ht-tp://media. people. com. cn/n1/2016/0512/c402863 - 28346164. html，2016 年 6 月 20 日最后访问。

应：人才总量短缺，队伍结构不合理，人才素质偏低，人才发展体制机制障碍依然存在。所以，加强文博人才队伍建设，是推动文物事业发展的根本举措。队伍建设情况，可以从以下两方面评价：

（1）人才培养

目前，市县级文物部门综合型人才缺乏，需要复合型人才或者文物通才。而文博科研机构专业人才、技术型人才匮乏，尤为缺乏的是文物保护理论研究人才。这些人才问题将或多或少影响我国文物事业的发展，也不利于文物管理工作的开展。《国务院关于进一步加强文物工作的指导意见》中指出：实施人才培养"金鼎工程"，加快文博领军人才、科技人才、技能人才、复合型管理人才培养，形成结构优化、布局合理、基本适应文物事业发展需要的人才队伍。组织高等院校、科研院所以及文物大省的专业人才，实施保护项目与人才培养联动战略，加快文物保护修复、水下考古、展览策划、法律政策研究等紧缺人才培养。重视民间匠人传统技艺的挖掘、保护与传承。加强县级文物行政执法、保护修复等急需人才培训，适当提高市县文博单位中高级专业技术人员比例。加大非国有博物馆管理人员、专业人员培训力度，完善文物保护专业技术人员评价制度，加强高等院校、职业学校文物保护相关学科建设和专业设置。这些要求，为加强文博人才培养指明了方向。

（2）工作生活质量

工作生活质量（Quality of Work Life，QWL）也称为"劳动生活质量"，它是由"生活质量"引申而来的管理学术语，物质产品越丰富、经济越发达，人们对工作生活质量的要求越高。这一概念诞生于20世纪70年代，包括个人目标与单位满足个人目标的程度两个考量维度。工作生活质量是指一种过程，即在这个过程中管理者通过有计划、有组织的干预，改善单位的工作环境、人际关系、经济报酬和福利等与员工自身利益密切相关的因素，来提高单位效能。换句话说，工作生活质量表达的是个体在单位营造的集体环境中，各方面需求被满足的程度，满足的程度越高，说明其所处的工作环境越好，其工作生活质量越高；反之，则越低。也就是说个体满足程度与工作生活质量成正比。

工作生活质量包括工作的硬件环境和软件环境：首先，工作硬件环境与职工的工作生活质量有直接的关系，主要包括薪酬待遇和办公环境。软件环境相对于硬件环境较不易考核，但与职工的工作生活质量关系更为密切、深刻，主要包括工作中的人际关系是否和谐、稳定、团结；单位是否为职工提供了良好的发展空间和上升空间，即职工是否有进一步深造学习的机会，是否能够通过努力得到晋升机会，能否在工作中获得更大的心理满足感；单位的决策是否民主，是否为职工提供参与决策的路径，尤其是做出涉及单位发展方向、全体职工切身利益的重大决策时，职工能否发表意见。

文物行政部门，特别是基层文物部门，一方面要履行上级交办的任务和面对考核压力，另一方面还可能要承受来自舆论和百姓的质疑，但是办公场所和工作环境往往较差，薪酬水平、社会地位相对于巨大的工作量和安全责任而言，普遍不高。还有一些文物管理所由于地处偏远郊区，人迹罕至，交通和生活存在诸多不便，没有现代化的办公用房和保暖、降温等配套设施，更没有电脑等现代化的办公设备，干部职工长期工作在野外，常常是"暑天一身汗、雨天一身水"，加之培训机会较少，没有很好的发展和上升空间，心理满足感较差，工作热情和积极性不高，不想做事、也难做成事，没有工作荣誉感和存在感。长此以往，造成事业和个人发展上的恶性循环，素质高和责任心强的同志只能靠固有的热情维持工作，而一些责任心不强的同志就是抱着守摊子的心理，得过且过。可以说，目前文物部门职工的工作生活质量还有不少提升空间。

3. 机构建设

《国务院关于进一步加强文物工作的指导意见》中提出对机构建设的要求和希望：要支持文物行政部门依法履行职责，加强文物行政机构建设，优化职能配置。文物保护，基础在县。县级人民政府应根据本地文物工作实际，明确相关机构承担文物保护管理职能。各级文物行政部门要深化行政管理体制改革，转变职能，强化监管，守土尽责，敢于担当。评价机构建设现代化水平的具体指标是：

（1）机构设置是否健全

健全合理的机构设置是文物管理过程中政令得以畅通、信息及时反馈的有力保障。设计这一指标旨在考量文物管理的顺畅度，以及落实文物管理职责的状况，也能从一个侧面反映出地方政府对文物工作的重视程度。目前我国文物管理机构主要包括行政机构和专门机构两种，前者是指文物行政部门，后者指"文保所"或文物保护单位的文物保护管理机构等。

（2）协调机构的设立

协调机构此处特指文物行政部门为了更有效地进行文物管理，与其他相关部门加强沟通、合作、协调而设立的机构，该机构通常的存在形式为某管理办公室或是某种协调机制（不是实体单位），其中的组成部门保持各自独立性。协调机构可以分为文物部门主导、其他部门配合，和其他部门主导、文物部门配合两种组成方式。是否存在这样的协调机构，以及协调机构在多大程度上发挥作用，是考量文物管理科学性、合作性等现代化特征的重要因素。

一般来说，协调机构主要在文物联合执法和联合检查整治行动等文物管理过程中较为常见，在装备、人才等方面也需要协调配合。比如全国文物安全工作部际联席会议，集合了文物、文化、公安、住房城乡建设、国土资源、环境保护、旅游、宗教、海洋等部门和单位；公安、海关、工商、海洋、文物等部门和单位联合对盗窃、盗掘、盗捞、倒卖、走私等文物违法犯罪活动形成严防、严管、严打、严治的长效机制，结案后相关部门向文物行政部门移交涉案文物；文物行政执法和刑事司法衔接，建立文物行政部门和公安、司法机关案情通报、案件移送制度；文物保护装备产业由工业和信息化、文物等部门和单位共同推进；文物工作急需人才培养方面需要教育部门给予支持，并建立联合培养机制。

4. 国际影响

国际影响，即国际影响力，反映了小到一个组织大到一个国家的国际地位。国际影响越大，意味着国际地位越高，组织建设的国际认可程度越高，示范意义也就越强。国际影响指标体现了一种标杆管理的思想。本指标旨在考量中国文物管理中的组织建设的国际认可度，以及被其他国家相关单位学习、借鉴的情况。表现在以下方面：

（1）对外合作交流

文物领域的对外合作交流是展示国家形象、提升文化软实力的有效手段，是促进文化交流、增强中华文化国际影响力的重要途径。早在20世纪70年代初期，毛泽东、周恩来等老一辈国家领导人就曾推动"文物外交"，经国务院批准成立中华人民共和国出土文物展览工作委员会和出土文物展览工作室，专门负责国家对外文物展览工作。在周恩来总理的直接领导下，由郭沫若、吴庆彤、王冶秋、夏鼐等老一辈文物工作者组织的"中华人民共和国出土文物展览"，从1973年起先后赴法国、英国、日本、美国、澳大利亚、菲律宾等15个国家和地区展出，多位举办国国家领导出席展览活动。展览获得巨大成功，开创了文物交流合作的先河。改革开放以来，我国文物交流不断发展壮大，业已形成包括举办文物展览、文物保护援外（合作）项目工程、考古发掘合作项目、学术研究交流、业务人员学习培训等多元化的交流合作态势。我国文物出展国家和地区进一步扩大，参与国际文物事务的广度和深度进一步拓展，积极配合国家外交大局的能力进一步提高。值得一提的是，文物在国家外交中一如既往地扮演着重要角色。北京故宫，作为全国重点文物保护单位、世界文化遗产，是中华文明的重要象征，集成了古代宫廷建筑精华，代表着历史上中国的国家规模、成就和气势，至今已经承担了四位美国总统的接待任务，在中美关系发展中发挥了重要作用。2017年11月8日，美国总统特朗普上任后的首次对华国事访问，国家主席习近平和夫人彭丽媛正是在故宫迎接特朗普和夫人梅拉尼娅，两国元首夫妇共同参观故宫前三殿，观看文物修复技艺展示和珍品文物展。之前，故宫还曾先后接待过美国的尼克松总统、克林顿总统和奥巴马总统。

（2）条约的签订

加强文物领域的政府间交流合作是提高国际影响力的重要手段，近年来，我国积极参加或者承办有关国际会议，加入文物保护公约，拓展了中国对外开放领域，提升了在国际文物领域的话语权，深度参与了国际事务，产生了更大的国际影响力。我国目前把签署防止盗窃、盗掘和非法进出境文物的政府间双边文件确定为政府间交流与合作的重点。截至2017年，在《关于禁止和防止非法进出口文化财产和非法转让其所有权的方法的公约》框架下，我国已经与美国、瑞士、意大利等20个国家签署了关于保护文物、防止文物走私以及促进文物返还的双边协定或谅解备忘录（详见本书附录C）。

（3）外媒关注度

国外媒体对中国文物管理的关注度可从一个侧面反映出文物管理的国际影响力，本项指标的考量，可关注并选取几个主要国家的主流媒体，进行跟踪监测其关于我国文物管理的报道，通过判断报道的兴趣点、及时性、准确性和客观性进行评价。

经粗略调研，可以大致看出国外媒体对于我国文物管理中涉及多国关系、国际事务的部分关注较多，内容涉及考古（包括水下考古）、文物修复、文物展览、文物拍卖、文物进出境管理、流失文物返还等管理领域。比如，《印度快报》2016 年 11 月 23 日报道中国筹建国家南海博物馆，认为中国是在宣示主权；日本外交学者网站 2015 年 7 月 20 日报道"中国考古 01 号"水下考古船完成首航，认为中国借水下考古强化南海主权。比如，法新社 2015 年 12 月 10 日报道美国向中国移交流失文物，英国《每日电讯报》2015 年 7 月 6 日报道法国归还中国 4 件纯金文物。比如，法新社等多家外媒报道，湖北省博物馆 2017 年 9 月 28 日推出《这就是非洲》摄影展，涉嫌冒犯非洲裔而被紧急撤下。比如，英美等多家媒体报道中国一段野长城维修被毁事件，称中国文物保护观念落后。比如，法新社 2014 年 5 月 25 日消息，在中国某省出现一座狮身人面像复制品，在遭到埃及文物部门向联合国教科文组织投诉后，将被拆除。

我国的一些地方政府，专门组织国际媒体采访报道活动，向世界呈现地方独特魅力。比如江西省从 2014 年到 2016 年已经连续举办三届"外媒看江西"活动，邀请几十个国家的记者来赣采访采风，景德镇古窑、吉安燕坊古村等文物古迹在这些外媒的受众中得到了广泛传播和关注。这种主动邀请外国媒体关注文物管理的做法不失为提高国际影响力的一种有益尝试。

三、现代化管理手段

管理手段是保证管理方法得以发挥作用的工具总称。文物管理手段应有利于充分发挥文物的作用，把文物保护管理的各项要求和内容付诸实施，具体包括法律手段、行政手段、技术手段和教育手段等。本书选取信息管理和评价机制两项指标对现代化管理手段进行评价。

1. 信息管理

信息管理是指运用现代信息技术，对文物管理相关的信息进行计划、组织、领导、控制的行为，即对文物信息资源和信息活动的管理，而文物信息管理的过程包括文物信息收集、文物信息传输、文物信息加工和文物信息的存储。在文物管理现代化的评价中，信息管理涉及电子政务等系统建设情况、信息数据完备率、信息公开制度和信息安全管理。

（1）电子政务综合信息管理平台

该项指标主要评价文物行政部门是否充分运用电子政务系统实现高效办公，是否运用财务软件，考古管理系统，博物馆信息管理系统等业务管理系统解决专项工作，并且打通电子政务系统与业务管理系统，在上述平台予以展现。对硬件基础平台的搭建，是否考虑到专有云与公有云之间的对接，考虑到大数据冗余等；数据层架构中，是否考虑到连接上下游，并以此为重点，是否打通文物与教育、文物与旅游、文物与公安等之间的壁垒；应用层接口，是否考虑到移动技术与人工智能、区块链的利用，是否考虑到行政管理开发需要与为公共服务企业提供必要的接口；表现层的多端融合，是否考虑到大屏幕端、电脑端、手机端（"三屏"）的综合展示与互通等。例如运用 OA 系统实现电子化办公，运用考古审批系统全面掌握考古发掘项目的管理。

（2）信息数据管理

该项指标主要评价文物行政部门是否重视建设文物管理数据库，数据库信息是否尽量齐备、完整，能否实现动态修改，是否具备可参阅性、可加工性，以便有效服务于文物行政管理、提高执政能力。目前我国文物管理中已有的信息储备有博物馆馆藏文物信息、文物保护单位"四有"信息、文物拍卖备案信息、文物机构和人员信息、文物保护经费信息等方面。

此外，我国已经开展了诸如全国不可移动文物普查、全国国有可移动文物普查，以及长城资源调查等国情国力资源调查项目。及时准确地将这些普查后获得的数据登录到数据库中，完善文物档案，并合理使用这些数据，必将有利于国家对全国文物资源的整体掌握，有利于制定文物保护的合理措施，有利于有效开展文物保护利用，有利于提高文物管理的信息化水平即现代化水平。

（3）信息公开制度

信息公开是依法行政的重要组成部分，通过此种方式，可推动各级政府和有关部门依法履行文物保护职责，提高公众对文物保护的认知水平。该项指标主要评价文物行政部门是否制定信息公开办法，并建成信息公开制度；公开的形式，是否便于文博单位、科研机构及社会公众对文物数据信息进行查阅和统计；是否切实保障公民对文物管理工作的知情权，对文物数据信息的接触、了解和使用权。具体做法如践行和落实《国家文物局信息公开指南》，办好用好政府门户网站，建立数据共享客户端等。

（4）信息安全管理

该项指标主要评价文物行政部门对面临的计算机病毒、恶意软件、信息失控、网络安全等复杂环境制定相应的防御措施，保护文物管理信息安全的能力。例如是否对所有信息资料和文件进行了异地灾备、是否建立文物信息定期检查机制、是否对相关文物信息的管理和维护人员进行教育和培训等。

2. 评价机制

评价机制是指对评价对象进行定性或定量评价所建立的评价体系、评价标准、评价方法以及考核制度的总和。文物管理评价以客观、真实的结果对文物管理工作进行监督和促进。对于文物管理评价机制的考核主要选取三项指标：评价机制的建立、评价机制的运行、评价体系的认可度。

（1）评价机制的建立

该项指标主要考核文物管理部门是否建立起与文物管理相关的评价体系，例如文物管理部门人员的绩效考核机制。正如前文所述，目前在文物领域中已经积累了比较丰富的评估经验，在博物馆管理、世界文化遗产管理、国家考古遗址公园建设、全国重点文物保护单位保护利用等领域已经不同程度地开展了评估实践。

（2）评价机制的运行

该项指标主要考核评价机制的运行过程的有效性及运行结果的有利性，例如评价机制是否提高了人员的效率、是否提升了文物管理的质量、是否降低了运行成本等。

（3）评价体系的认可度

该项指标主要考察相关评价制度的运行得到上级领导、评价对象以及社会公众等各方面支持和配合的程度。例如评价对象是否接受相关评价制度，是否认可评价结果，能否积极根据评价结果做出相应改进。

四、现代化管理意识

管理意识是在长期的管理实践中逐渐形成的管理认识、态度、经验和智慧。管理意识来源于管理实践又指导管理实践，可分为大局意识、整体意识、危机意识、责任意识等。本书将从危机管理和责任与伦理两个方面来评价现代化管理意识。

1. 危机管理

危机管理是政府管理的重要部分，危机管理的效果直接反映出政府的管理能力。从政府管理的角度，危机管理就是指政府对危机发生前的有效预防和危机后的积极救治，具体包括：在日常工作中，有计划、有组织地制定和实施贯彻一系列危机管理措施和应对策略；面对危机及时采取措施规避或者减轻危机所带来的严重损坏和威胁；及时调查危机原因，并对相关责任人进行问责；与媒体、公众形成良性互动，积极消除社会不良影响，维护政府形象和信誉等。同时，危机管理也是一种持续动态的管理过程，政府针对潜在的或当前的危机，在危机发展的不同阶段采取相应的控制行为。在文物管理中，往往是文物受损事件导致危机。危机管理指标主要体现在危机预防能力、危机应对能力和危机恢复能力三方面。

（1）危机预防能力

该指标是指文物管理者采取各种各样的预防措施，通过持续不断的努力和行动，以降低或者消除灾害和影响的风险，包括危机的疏缓（即采取预防措施的能力）和危机的准备（即制定应急计划和预案）；是否建立健全公共文化设施日常管理信息限时逐级报告制度。危机的预防不同于其他危机管理环节的一个重要特点在于它关注长期的预防性工作，而不是着眼于危机发生以后的应对。主要考核文物行政部门是否建立有效的风险管理体系、是否指导各文博单位制定和实施严格的安全防范制度、是否实施相关的危机预防教育。例如：国家文物局 2015 年 2 月制定并公布《文物建筑防火设计导则》，旨在加强文物建筑消防安全，指导和规范文物建筑防火设计，预防文物建筑火灾的发生，减少火灾危害，进而提升文物建筑消防能力，确保文物安全。

（2）危机应对能力

该指标是指文物行政部门在危机发生的时候，能否迅速启动危机应对方案，及时发布相关信息，回应公众关切，采取一切合理适度措施最大限度地减少危机产生的负面影响。2017 年 3 月 21 日，国家文物局发布《国家文物局新闻发布管理办法》（文物政发〔2017〕8 号），规定"遇敏感事件，局内应建立信息沟通制度，酌情向社会主动发布。遇突发热点事件，应及时主动召开新闻通气会，使公众了解事件真相，争取理解和支持"。这一文件的出台，必将有效提升国家文物局快速反应、科学处置舆情突发事件的能力。

（3）危机恢复能力

该指标是指危机过后，文物行政部门是否能通过各种善后工作，使受到影响的文物工作恢复正常状态和秩序，并能改进危机预防手段，以防重蹈覆辙。危机恢复可以分为短期恢复和长期恢复。短期恢复是指在危机处置活动结束后立刻采取措施，并可以起到立竿见影的效果；长期恢复是指从有利于文物事业发展高度，总结危机教训，进行全面规划，完善危机预防和应对机制，以提升文物管理中的预防危机或降低危机影响的能力。例如 2017 年初，世界文化遗产、全国重点文物保护单位明十三陵思陵文物被盗事件被媒体披露，持续引发关注，成为社会热点事件。文物被盗案侦破后，明十三陵所在地北京市昌平区政府立即启动问责程序，对十三陵特区办事处党政主要负责人及相关人员进行了免职处理，国家文物局多次派人到明十三陵查找安全隐患，提出整改要求。7 月 25 日，按照中央领导批示，国家文物局会同文化部、公安部组织召开全国文物安全电视电话会议，按照会议安排部署，开展了全国文物安全状况大排查专项行动，严格文物保护责任、严密安保措施、严防监管漏洞、严打文物犯罪，以加强全国文物安全工作。

2. 责任与伦理

责任担当是公民对政府的期待与要求。责任包含主观责任和客观责任，文物行政部门的主观责任来自于工作人员对责任的感受和信赖，强调之所以去做一件事情是源于内在的驱使力；客观责任是指法律规定以及上级交付的客观应尽的责任义务。伦理是指在文物管理中一些有约束性的价值观，是不可或缺的道德标准和人格态度。本书主要从职权是否明晰、工作胜任能力、道德修养方面对责任与伦理进行评价。

（1）职权是否明晰

该指标是指文物行政部门的工作人员是否都有自己清晰的岗位权利和职责。任何组织都是一个职、权、责体系，在组织活动中，职能、权力、责任是互为条件的。明晰职权是指权责分明，事有归属，责无旁贷，功莫由争，过无推诿。有职无权，不能完成工作；有权无责，则可能导致官僚主义、不负责任和滥用权力。本着权能一致的原则，明确划分各级文物行政部门及其内设机构的事权，建立权责分明的组织系统，使一事不分归两处承办，两部门不同办一事，本着分级负责、层级授权的原则，使人人有定事，事事有定人；本着法治精神依法确定各部门、各机构的权限大小、责任范围，以及工作细则和职务规范等，明确各自的权责与工作。例如：制定文物管理权力清单。

（2）工作胜任能力

该指标是指文物行政部门工作人员熟悉岗位职责，工作技能熟练，适应岗位需求的能力。工作胜任能力也要求工作人员的行为必须要谨慎，不能草率，必须考虑其行为的后果，不能顾前不顾后。对于工作胜任能力的考核可以从多方面进行，例如绩效水平、学历、专业背景等。

（3）道德修养

道德修养即"修身"和"养性"二者的结合，是指个人为取得某种美好品质，达到一定道德境界而进行的自我修炼。道德修养不是一种简单的修养和提升过程，而是一种有目标的自我完善的活动。道德中包含了职业道德、社会道德等，修养中包含了科学修养、文化修养等。

在文物管理工作中要注重道德修养的培养和养成。文物工作者，尤其是公职人员的职业道德水平，往往会对文物保护水平和效果产生十分重要的影响。文物的不可再生性对文物工作者的职业道德水平提出了更高要求。2012年7月4日，中国文物学会、中国博物馆协会联合修订并发布《中国文物、博物馆工作者职业道德准则》[①]，提出忠诚文物事业、严格依法履责、追求科学精神、恪尽职业操守、树立文明新风等五项准则。这是文物工作者的庄严宣誓，为进一步规范文博行业职业道德提供了基本遵循。

---

① 国家文物局一贯重视文物工作者职业道德建设，曾任国家文物局局长的郑振铎、王冶秋同志多次强调文物工作者不得收藏、买卖文物。1997年4月，国家文物局颁布了《中国文物、博物馆工作人员职业道德准则》十条；2001年12月，国家文物局修订并颁布《中国文物、博物馆工作者职业道德准则》八条。

第五章　文物管理现代化评价方法与指标权重设定

第一节　文物管理现代化评价方法与步骤

一、评价方法

本书采用层次分析法和专家打分法相结合的综合评价方法对文物管理现代化进行评价。层次分析法（Analytic Hierarchy Process 简称 AHP），是一种将定性分析和定量分析相结合，模拟人的决策思维过程，解决多因素复杂系统问题的分析方法。专家打分法，是指通过匿名方式征询有关专家的意见，对专家意见进行统计、处理、分析和归纳，经过多轮的意见征询、反馈和调整后，得出评价指标得分的方法。

在文物管理现代化研究中采用层次分析法确定评价体系权重，采用专家打分法对评价指标（主要是三级指标）按照评价标准进行打分，最后结合各级指标权重计算出总分，进而判断文物管理现代化总体水平。

由于直接面对评价对象和评分专家的是三级指标，因此，文物管理现代化评价的基础是对三级指标进行具体评价和考核。在三级指标中，对于定性指标和定量指标要根据不同的方式评价。

定性指标的评价主要是根据指标的价值取向和内涵评定其是否达到某种标准；按照评价体系中定性指标的释义，结合现阶段文物管理国内外实践和现代化建设水平的具体情况，对定性指标进行相应的评价。

而对于定量指标的评价则按照所确定的目标水平计算得出，主要是根据该指标相关法律法规、文件政策、上级要求等来设定指标应达到的目标水平，设定目标水平时也需要参照当时社会发展的经济水平、科技水平等。之后设计递减水平标准及赋分。将实际水平与设定水平对比，判断所属水平等级，进而计算该定量指标分数。

定性指标的评价结果可以采用评级方式，即把其结果分为优秀、良好、合格、基本合格以及不合格。每个等级分别对应定量指标的相应级别分数，即 100~90 分、89~80 分、79~70 分、69~60 分和 60 分以下。

二、评价步骤

第一，采用层次分析法计算评价指标权重。

1. 评价分级，与评价体系三级结构相对应，文物管理现代化评价也分为三级；

2. 根据评价体系构造层次分析法的判断矩阵；

3. 计算指标权重。

第二，利用专家打分法对三级指标进行打分。

1. 选择专家；

2. 确定影响评价对象的因素，设计评价标准；

3. 向专家提供背景资料，征询专家意见；

4. 对专家打分进行分析汇总。

第三，对每个指标的得分进行加权计算，算出最终得分。

1. 对文物管理现代化评价体系中的三级指标进行相应的评价。

2. 对文物管理现代化评价体系中的二级指标进行相应的评价。在评价之前由于已经对各级指标的权重进行了设定，二级指标的评价可以直接根据三级指标的考核结果和相应权重计算得出。

3. 对文物管理现代化评价体系中的一级指标进行相应的评价。对于一级指标的评价，与二级指标的评价一样，根据二级指标的评价结果和权重，计算得出。

4. 根据各级指标分数，计算得出最终得分。

第四，根据最终得分，对应评价标准，最终得出文物管理现代化总体水平，或文物专项管理现代化水平，或不同级别文物行政部门文物管理现代化水平。

第二节 文物管理现代化评价指标权重设定

使用层次分析法计算指标权重，大体分为以下几个步骤：

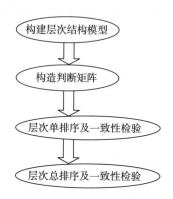

1. 构建层次结构模型

运用层次分析法，将与决策总是有关的因素分为目标层、准则层和方案层，构成一个递阶层次结构模型。其中，目标层表示解决问题的目的，即文物管理现代化；准则层是实现预定目标的中间环节，是对目标层某一方面的再分类，反映了目标层各个方面的属性和影响；方案层是最底层，即解决问题、实现目标所采用的措施、方式，包含了最详细的指标，且同属于某一准则层的指标相关性较强。一个合理的层次结构模型必须有明晰的层次关系，并且各层次中的因素要简明易懂。文物管理现代化评价层次结构模型如图5－1所示：

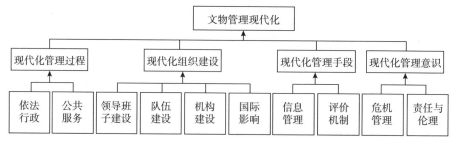

图5－1 文物管理现代化评价层次结构模型

2. 构造判断矩阵

层次分析法的信息基础是人们对每一层次各因素的相对重要性的判断，所以构造判断矩阵是层次分析法的关键一步。本书采用比较常见 1~9 的比例标度构造判断矩阵（如表 5-1 所示），其中，9、7、5、3、1 的数值分别表示的是绝对重要、强烈重要、明显重要、稍微重要、同等重要；8、6、4、2 表示的重要程度在相邻的两个数值之间。

表 5-1　文物管理现代化评价体系一级指标重要性对比

A	重要性比较																	B
组织建设	◄9	◄8	◄7	◄6	◄5	◄4	◄3	◄2	1	2▶	3▶	4▶	5▶	6▶	7▶	8▶	9▶	管理手段
组织建设	◄9	◄8	◄7	◄6	◄5	◄4	◄3	◄2	1	2▶	3▶	4▶	5▶	6▶	7▶	8▶	9▶	管理过程
组织建设	◄9	◄8	◄7	◄6	◄5	◄4	◄3	◄2	1	2▶	3▶	4▶	5▶	6▶	7▶	8▶	9▶	管理意识
管理手段	◄9	◄8	◄7	◄6	◄5	◄4	◄3	◄2	1	2▶	3▶	4▶	5▶	6▶	7▶	8▶	9▶	管理过程
管理手段	◄9	◄8	◄7	◄6	◄5	◄4	◄3	◄2	1	2▶	3▶	4▶	5▶	6▶	7▶	8▶	9▶	管理意识
管理过程	◄9	◄8	◄7	◄6	◄5	◄4	◄3	◄2	1	2▶	3▶	4▶	5▶	6▶	7▶	8▶	9▶	管理意识

本书还运用 1~9 标度法设计了专家调查问卷，请文物系统专家对各个层次的指标进行两两重要性对比（详见本书附录 A）。通过这样的方式来进行群体决策，最终汇总专家的意见，保证结果能在最大限度上符合文物管理客观实际。根据研究过程所收集的专家问卷，用层级分析法进行分析，其判断矩阵如表 5-2 所示：

表 5-2　文物管理现代化评价专家群体决策判断矩阵

现代化评价	管理过程	组织建设	管理手段	管理意识	Wi
管理过程	1.0000	0.2500	0.5000	0.3333	0.0953
组织建设	4.0000	1.0000	1.0000	1.0000	0.3046
管理手段	2.0000	1.0000	1.0000	0.2500	0.1859
管理意识	3.0000	1.0000	4.0000	1.0000	0.4141

3. 一致性检验和各层指标权重计算

经过计算，判断矩阵的最大特征根 $\lambda_{max} = 4.2216$；层次总排序随机一致性比例 $CR = 0.083 < 0.10$，通过一致性检验。本书采用加权算术平均综合排

序向量法，得出一级指标和二级指标的权重，如表5-3、5-4所示：

表5-3　文物管理现代化评价体系一级指标权重

一级指标（目标层）	权重
现代化管理过程	0.2628
现代化组织建设	0.2152
现代化管理手段	0.2069
现代化管理意识	0.3151

表5-4　文物管理现代化评价体系二级指标权重

二级指标（准则层）	权重
依法行政	0.1545
公共服务	0.1082
领导班子建设	0.0911
队伍建设	0.0321
机构建设	0.0493
国际影响	0.0427
信息管理	0.0921
评价机制	0.1148
危机管理	0.1916
责任与伦理	0.1235

　　表5-4中二级指标的权重为其在整体中的权重，将其转化为所属层级指标的权重计算公式为：$W = w_2/w_1$，如二级指标"信息管理"在整体权重中为$w_2 = 0.10$，其上级指标"现代化管理手段"权重$w_1 = 0.21$，所以，"信息管理"在其本级指标的权重为$W = 0.10/0.21 = 0.48$。其余二级指标在所属层级指标的权重也按此方法得出。至于三级指标权重，由于每个指标均体现了上级指标的某个具体方面，可以认为相互之间差距不大，且在实际评价过程中，某些三级指标可能存在不适用情况，所以三级指标权重设计为相同。

　　最后，经过四舍五入优化指标权重，文物管理现代化评价体系的一级指标、二级指标和三级指标的权重如表5-5所示：

表 5-5　文物管理现代化评价指标权重

一级指标	二级指标	三级指标
现代化管理过程 （0.26）	依法行政（0.58）	法律规范完备度（0.20）
		法律规范的执行（0.20）
		行政审批（0.20）
		责任追究（0.20）
		法制宣传（0.20）
	公共服务（0.42）	公共文化设施（0.33）
		公众参与（0.33）
		群众满意度（0.33）
现代化组织建设 （0.22）	领导班子建设（0.42）	思想政治建设（0.25）
		作风建设（0.25）
		党风廉政建设（0.25）
		科学民主决策（0.25）
	队伍建设（0.15）	人才培养（0.50）
		工作生活质量（0.50）
	机构建设（0.23）	机构设置是否健全（0.50）
		协调机构设立（0.50）
	国际影响（0.20）	对外合作交流（0.33）
		条约的签订（0.33）
		外媒关注度（0.33）
现代化管理手段 （0.21）	信息管理（0.48）	电子政务综合信息管理平台（0.25）
		信息数据管理（0.25）
		信息公开制度（0.25）
		信息安全管理（0.25）
	评价机制（0.52）	评价机制的建立（0.33）
		评价机制的运行（0.33）
		评价体系的认可度（0.33）
现代化管理意识 （0.31）	危机管理（0.61）	危机预防能力（0.33）
		危机应对能力（0.33）
		危机恢复能力（0.33）
	责任与伦理（0.39）	职权是否明晰（0.33）
		工作胜任能力（0.33）
		道德修养（0.33）

　　需要指出的是，由于文物管理现代化对于不同级别文物行政部门或是文物管理专项的要求各有不同，所以在应用本评价体系进行具体评价的时候要根据评价对象文物管理现代化的实际要求，针对评价体系中的 32 个三级指标有所取舍，在调整指标之后，也要对各项指标权重进行相应修正。

第六章　文物管理现代化评价体系应用

——以文物行政执法为例

第一节　选取原因

正如上文所述，文物管理一般包括法规管理、科技管理、计划管理和专项管理等方面。法规管理反映了文物管理的客观规律，是文物法规建设和文物学研究的重要成果。运用法律法规保护文物、管理文物，是文物管理的重要内容。文物行政执法是文物法规管理中的重要内容，法治性是文物管理现代化的重要特征之一。根据文物自身特点、文物保护管理的实际情况及历史经验、文物工作规律，明确文物立法指导思想和原则，制订文物立法政策和立法规划及实施计划，有计划、有步骤地开展立法工作，为文物管理提供法律依据，同时对违反文物法律法规的行为依法给予制止和处罚，维护文物管理正常秩序。

文物管理现代化评价体系，既可以评价各级文物行政部门整体管理的现代化水平，也可以评价文物行政部门某方面管理的现代化水平。所以本书暂时选取文物行政执法作为试评价对象，借此考量评价体系是否能够反映文物行政执法，或者说文物法规管理的实际情况，进而判断文物管理的现代化水平。

具体说来，本书选取文物行政执法作为试评价对象主要是基于以下几方面原因：首先，行政执法是建设社会主义法治国家的具体体现，依法行政是依法治国的重要内容。文物管理现代化的基本特征就是法治性、规范性。文物行政执法过程中，是否有充足的法律法规依据，执法程序是否正当，作出的行政决定是否客观、适度，都能充分反映出当地文物管理的法治化水平。可以说，文物行政执法工作是依法管理的一个窗口。

第二，文物行政执法工作是文物管理各环节中的最后防线。无论是文物的保护、利用，还是规划、宣传都是建立在文物安全的基础之上。文物安全是文物工作的红线、底线、生命线，而文物行政执法就是确保文物安全的最终防线，也是最有力的手段。文物行政执法水平的高低直接影响当地文物安全状况，同时也能反映出文物行政部门保护文物安全的能力，更反映出文物安全管理的底线是否守得住，把得牢。

第三，文物行政执法不同于其他的文物管理工作，执法主体必须依法设立并具有相应资格；执法活动必须依据法律，权责统一；执法程序必须在法律规定的时间和空间范围内，时间节点既不能提前，更不能拖后，所有的执法环节都要执行严格的标准。因此，文物行政执法较之其他文物管理工作更为客观、规范、严谨、细致和有效，而这些正是现代化管理的重要因素。

第四，自 2002 年《文物保护法》赋予文物行政部门执法权后，各级文物行政部门在国家和地方各级政府的支持下，逐步开始探索开展文物行政执法工作。2009 年 11 月 29 日，文化部、国家文物局联合印发《关于加强文物行政执法机构建设的通知》（文物督发［2009］39 号），要求各地加强行政执法工作，成立相应机构。十几年时间过去了，各地的文物行政执法状况参差不齐，有的地方机构健全、队伍充实、执法有力；有的地方没有专门的执法机构，执法人员匮乏，执法效果堪忧。同时起步却发展如此不同，从文物行政执法现代化水平可管窥文物管理现代化水平。

第二节　文物行政执法

一、文物行政执法概念

什么是文物行政执法？国家文物局于 2011 年 3 月 16 日下发的《关于加强文物行政执法工作的指导意见》（文物督函［2011］265 号）曾对文物行政执法的概念作出明确界定，即"文物行政部门依照法律法规赋予的职责，督促检查文物保护与管理情况，查处违法违规行为等工作。主要有以下形式：一是上级文物行政部门对下级文物行政部门开展文物行政执法工作的检查指导；二是文物行政部门对本行政区域内文物、博物馆单位贯彻执行文物保护法律法规情况开展检查、巡查和督察等；三是文物行政部门依法处理文物违法行为，并实施行政处罚；四是文物行政部门及时向司法机关移交涉嫌犯罪的文物违法案件；五是文物行政部门在行政检查和行政处罚过程中做出责令改正等行政决定。"国家文物局 2009 年"三定方案"① 中明确指出要"加强文物行政执法督察职责"。国家文物局在文物行政执法方面的工作主要包括：拟定文物行政执法督察和案件查处的有关规定；组织开展文物行政执法督察工作；组织查处文物违法重大案件。

文物行政执法是贯彻文物工作方针、履行文物工作各项法定职能的重要手段。行政执法权是文物保护法赋予文物行政部门的重要职责，执法过程中，要求权责统一，既有权，又有责；进退得当，既要作为，又不能乱作为；摆正位置，既不能失职，又不能逾矩。其中心任务就是要贯彻文物保护法律法规，运用执法手段，查处违法违规行为，促进文物保护与管理政策措施的落实，保障国家文化权益，保障文物安全。可见，文物行政执法对文物工作具有重要的保障作用。各级文物行政部门都必须充分认识到这项工作的重要意义，正确处理执法与文物保护、执法与行政管理、执法与事业发展的关系。

二、我国文物行政执法现状

国家文物行政执法机构建设方面，为了确保文物行政执法督察与安全监管工作顺利开展，国家文物局在 2003 年成立执法督查处。2009 年 3 月，在新一轮国务院机构调整中，国家文物局作为加强部门，增设督察司，编制 8 人，主要负责拟订文物行政执法督察和案件查处的有关规定；组织开展文物行政执法、文物和博物馆安全保卫督察工作；组织查处文物违法重大案件，协助

---

① 《国家文物局主要职责内设机构和人员编制规定》（国办发〔2009〕24 号），2009年 3 月 25 日公布。

配合有关部门查处文物犯罪重大案件。根据同年国务院批准的"三定方案"规定，国家文物局负责"协调和指导文物保护工作，履行文物行政执法督察职责，依法组织查处文物违法的重大案件"。

为落实中共中央、国务院领导同志的指示批示精神，严格文物执法，畅通举报渠道，接受社会监督，及时查处违反《文物保护法》及有关法律法规规定的文物违法行为，加强文物保护，2015年8月，国家文物局设立文物违法举报中心，并设置全国统一的特服举报电话12359，主要职责是：受理文物保护涉嫌违法行为的实名举报；调查核实受理的部分涉嫌违法行为；回复案件查处结果；举报信息的整理、管理、研究，提出预测预警建议；承办国家文物局交办的其他工作。因为文物的不可复制性，与其他类型的违法案件相比，文物违法案件的特点是事后查处立案难度大，一旦造成损失很难弥补，所以事前预防更为重要。因此，在国家层面设立文物违法举报中心，是文物系统落实全面深化改革、全面依法治国要求的实践探索，完善文物违法行为发现机制，进一步提高执法督察力度的重要保障。文物行政执法工作又跨上了一个新台阶，意义重大，影响深远。

地方文物行政执法机构的建设方面，在国家文物局的推动下，在各级党委、政府的重视下，根据文物执法体制的职责分工，各级政府相应设立了由文物行政部门、专门的执法机构或其他授权事业单位组成的文物行政执法队伍。

国家文物局2017年初对全国文物行政执法情况做过一次统计，从统计结果来看，全国各地文物行政执法力量和水平差别很大。全国31个省（自治区、直辖市）均成立了省级文物行政部门，其中19个省份设立了专门的文物行政执法机构，北京、天津、江苏、浙江、甘肃等12个省份设立了完整的省、市、县三级执法机构。这些文物行政执法单位类型主要是：文广新局、文化市场综合执法、综合文管所、专设文物局。各地从事文物行政执法工作的人员共计一万六千余名。省级单位大部分有专门的执法处，但大部分市、县级单位没有专门的执法部门，甚至没有专门的执法人员。乡镇一级文物行政执法力量更为薄弱，一般依托文物保护员辅助执法。

此外，根据《文物进出境审核管理办法》①，目前分布全国的 20 家文物进出境审核机构，也是文物行政执法机构，依法独立行使职权，向国家文物局汇报工作，接受国家文物局业务指导，日常管理工作由所在地省级文物行政部门负责。文物进出境审核机构承担文物进出境审核工作，使用文物出境标识和文物临时进境标识，对允许出境的文物发放文物出境许可证，在审核文物过程中，发现涉嫌非法持有文物或文物流失问题的，立即向公安机关和国家文物局报告。

为切实履行法律赋予文物行政部门的权利和义务，推进文物行政部门依法行政，落实行政执法责任制，根据《文物保护法》《文物保护法实施条例》《文物行政处罚程序暂行规定》《全面推进依法行政的实施纲要》等相关法律、法规和国务院文件精神，国家文物局自 2005 年起连续多年开展年度行政执法专项督察工作，成立以局领导为组长的督察组，对世界文化遗产地、全国重点文物保护单位、重点博物馆进行了专项督察，对一批在全国有重大影响的文物行政违法案件进行挂牌督办。在案件处理过程中，不断加大现场调查和督察力度，严肃处理各种违法行为，严肃处理违法单位和人员，对督察中发现的问题及时通报情况，提出明确整改要求和处理意见，及时公布处理结果。在国家文物局的大力督办下，一批社会影响恶劣，情节严重的文物违法案件得到妥善处理。督察工作有力地纠正和震慑了文物行政违法和文物犯罪行为，有力地推进了文物行政机构的完善和各项规章制度的建立健全。

为了提升文物行政执法水平，保障文物事业健康发展，国家文物局自 2006 年以来连续举办全国文物行政处罚执法案件评比活动，并通过对文物行政处罚案件的研究，总结我国文物行政执法经验，发现文物行政执法中的问题，并分析成因。在此基础上，国家文物局分别于 2008 年、2013 年编辑出版了《文物行政执法案例选编与分析》第一辑和第二辑，这两本书的问世，一方面为一线的文物执法人员提供了工作参考，有利于规范我国文物行政执法，提升文物行政执法的整体水平；另一方面，对促进全社会了解、支持文物行

---

① 《文物进出境审核管理办法》，2007 年 7 月 3 日文化部部务会议审议通过，2007 年 7 月 13 日文化部令第 42 号公布，自公布之日起施行。

政执法工作，推动文物行政执法工作的顺利进行也具有重要的理论意义和现实作用。

第三节　文物行政执法现代化评价体系

一、评价依据

文物行政执法现代化评价，参考了相关法律、法规和规范性文件，以及党中央、国务院和国家文物局下发的文件、国家文物局近些年重点工作计划和年终总结等。具体说来主要有以下几个方面的依据：

（一）法律法规和规范性文件

1. 法律：《文物保护法》①（摘录）

第八条　国务院文物行政部门主管全国文物保护工作。

地方各级人民政府负责本行政区域内的文物保护工作。县级以上地方人民政府承担文物保护工作的部门对本行政区域内的文物保护实施监督管理。

县级以上人民政府有关行政部门在各自的职责范围内，负责有关的文物保护工作。

第九条　公安机关、工商行政管理部门、海关、城乡建设规划部门和其他有关国家机关，应当依法认真履行所承担的保护文物的职责，维护文物管理秩序。

第十七条　文物保护单位的保护范围内不得进行其他建设工程或者爆破、钻探、挖掘等作业。但是，因特殊情况需要在文物保护单位的保护范围内进行其他建设工程或者爆破、钻探、挖掘等作业的，必须保证文物保护单位的安全，并经核定公布该文物保护单位的人民政府批准，

---

①　1982 年 11 月 19 日第五届全国人民代表大会常务委员会第二十五次会议通过，之后历经多次修订、修正，此处依据 2017 年 11 月 4 日第十二届全国人民代表大会常务委员会第三十次会议通过的全国人民代表大会常务委员会《关于修改〈中华人民共和国会计法〉等十一部法律的决定》修正版本。

在批准前应当征得上一级人民政府文物行政部门同意；在全国重点文物保护单位的保护范围内进行其他建设工程或者爆破、钻探、挖掘等作业的，必须经省、自治区、直辖市人民政府批准，在批准前应当征得国务院文物行政部门同意。

第十八条　根据保护文物的实际需要，经省、自治区、直辖市人民政府批准，可以在文物保护单位的周围划出一定的建设控制地带，并予以公布。

在文物保护单位的建设控制地带内进行建设工程，不得破坏文物保护单位的历史风貌；工程设计方案应当根据文物保护单位的级别，经相应的文物行政部门同意后，报城乡建设规划部门批准。

第十九条　在文物保护单位的保护范围和建设控制地带内，不得建设污染文物保护单位及其环境的设施，不得进行可能影响文物保护单位安全及其环境的活动。对已有的污染文物保护单位及其环境的设施，应当限期治理。

第二十条　建设工程选址，应当尽可能避开不可移动文物；因特殊情况不能避开的，对文物保护单位应当尽可能实施原址保护。

全国重点文物保护单位不得拆除；需要迁移的，须由省、自治区、直辖市人民政府报国务院批准。

第二十一条　文物保护单位的修缮、迁移、重建，由取得文物保护工程资质证书的单位承担。

对不可移动文物进行修缮、保养、迁移，必须遵守不改变文物原状的原则。

第二十二条　全国重点文物保护单位需要在原址重建的，由省、自治区、直辖市人民政府报国务院批准。

第二十三条　全国重点文物保护单位作其他用途的，应当由省、自治区、直辖市人民政府报国务院批准。

第二十四条　国有不可移动文物不得转让、抵押。建立博物馆、保管所或者辟为参观游览场所的国有文物保护单位，不得作为企业资产经营。

第二十五条　非国有不可移动文物不得转让、抵押给外国人。

第二十六条　使用不可移动文物，必须遵守不改变文物原状的原则，负责保护建筑物及其附属文物的安全，不得损毁、改建、添建或者拆除不可移动文物。

对危害文物保护单位安全、破坏文物保护单位历史风貌的建筑物、构筑物，当地人民政府应当及时调查处理，必要时，对该建筑物、构筑物予以拆迁。

第六十六条 有下列行为之一，尚不构成犯罪的，由县级以上人民政府文物主管部门责令改正，造成严重后果的，处五万元以上五十万元以下的罚款；情节严重的，由原发证机关吊销资质证书：

（一）擅自在文物保护单位的保护范围内进行建设工程或者爆破、钻探、挖掘等作业的；

（二）在文物保护单位的建设控制地带内进行建设工程，其工程设计方案未经文物行政部门同意、报城乡建设规划部门批准，对文物保护单位的历史风貌造成破坏的；

（三）擅自迁移、拆除不可移动文物的；

（四）擅自修缮不可移动文物，明显改变文物原状的；

（五）擅自在原址重建已全部毁坏的不可移动文物，造成文物破坏的；

（六）施工单位未取得文物保护工程资质证书，擅自从事文物修缮、迁移、重建的。

刻划、涂污或者损坏文物尚不严重的，或者损毁依照本法第十五条第一款规定设立的文物保护单位标志的，由公安机关或者文物所在单位给予警告，可以并处罚款。

第六十八条 有下列行为之一的，由县级以上人民政府文物主管部门责令改正，没收违法所得，违法所得一万元以上的，并处违法所得二倍以上五倍以下的罚款；违法所得不足一万元的，并处五千元以上二万元以下的罚款：

（一）转让或者抵押国有不可移动文物，或者将国有不可移动文物作为企业资产经营的；

（二）将非国有不可移动文物转让或者抵押给外国人的；

（三）擅自改变国有文物保护单位的用途的。

2. 行政法规《文物保护法实施条例》①（摘录）

　　第五十四条 公安机关、工商行政管理、文物、海关、城乡规划、建设等有关部门及其工作人员，违反本条例规定，滥用审批权限、不履行职责或者发现违法行为不予查处的，对负有责任的主管人员和其他直接责任人员依法给予行政处分；构成犯罪的，依法追究刑事责任。

　　第五十五条 违反本条例规定，未取得相应等级的文物保护工程资质证书，擅自承担文物保护单位的修缮、迁移、重建工程的，由文物行政主管部门责令限期改正；逾期不改正，或者造成严重后果的，处5万元以上50万元以下的罚款；构成犯罪的，依法追究刑事责任。

　　违反本条例规定，未取得建设行政主管部门发给的相应等级的资质证书，擅自承担含有建筑活动的文物保护单位的修缮、迁移、重建工程的，由建设行政主管部门依照有关法律、行政法规的规定予以处罚。

3. 部门规章

（1）《文物行政处罚程序暂行规定》

《文物行政处罚程序暂行规定》（以下简称《暂行规定》）经2004年12月16日文化部部务会议审议通过，2005年1月24日以文化部令形式发布，自发布之日起施行。《暂行规定》共7章53条。总则部分规定了立法目的、调整对象、行为原则、上下级的监督关系等，具体为：为规范文物行政部门的行政处罚行为，保护公民、法人和其他组织的合法权益，根据《中华人民共和国行政处罚法》《中华人民共和国文物保护法》及其他有关法律、行政法规的规定，制定本规定。国务院文物行政部门以及县级以上地方各级文物行政部门，对违反文物保护法律、法规的行为实施行政处罚的，适用本规定。法律、法规另有规定的除外。《暂行规定》规定了文物行政部门实施行政处罚应当遵循的原则有：以法律、法规、规章为依据；遵循法定程序；公正、公

---

　　① 2003年5月13日国务院第8次常务会议通过，2003年5月18日公布，自2003年7月1日起施行。分别于2013年12月7日、2016年1月13日两次修订。

平地行使法律赋予的行政职权；坚持处罚与教育相结合。并规定上级文物行政部门对下级文物行政部门实施的文物行政处罚行为进行监督并可采取责令限期改正、变更或撤销下级做出的行政处罚决定。《暂行规定》还就管辖、立案、调查取证、送达和执行等做出了详细规定。

（2）《文物进出境审核管理办法》

《文物进出境审核管理办法》（以下简称《管理办法》）经 2007 年 7 月 3 日文化部部务会议审议通过，同年 7 月 13 日以文化部令形式公布，自公布之日起施行。本法共 20 条，规定文物进出境审核机构是文物行政执法机构，依法独立行使职权，向国家文物局汇报工作，接受国家文物局业务指导。文物进出境审核机构由国家文物局和省级人民政府联合组建。省级人民政府应当保障文物进出境审核机构的编制、办公场所及工作经费。国家文物局应当对文物进出境审核机构的业务经费予以补助。其后规定了审核专业人员、需要审核的文物范围、审核流程以及相应的责任等。

4. 规范性文件

国家文物局先后制定的有关文物行政执法的规范性文件主要有：《文物安全与行政执法信息上报及公告办法》（文物督发［2012］1 号）《文物保护单位执法巡查办法》（文物督发［2011］21 号）《文物行政执法督察与巡查工作规程》《文物违法案件和安全事故核查、处理工作程序》等。

（二）政策性文件

1. 制定中长期规划、计划的文件

为贯彻落实党的十八大提出的"到 2020 年全面建成小康社会"目标任务，全面推进文物保护利用和传承发展，国家文物局研究制定并印发了《2020 年文物事业发展目标体系》的通知（文物政发［2013］17 号）（以下简称"2020 目标"）。"2020 目标"包括文物管理体系建立健全，各类文物得到全面有效保护，在"五位一体"建设中发挥重要作用，在国际文化遗产领域的影响力显著提升，政策保障切实有力等五大方面。其中对文物执法方面提出的要求是"完善全国文物安全工作部际联席会议制度，健全与公安、海关、建设、工商、旅游等部门联动的文物执法与安全保障机制。推动建立国

家文物督察制度。文物执法效能全面提升。文物保护单位执法巡查实现全覆盖；文物行政违法案件查处率达到 100%。盗窃、盗掘和破坏文物的违法犯罪行为得到有效遏制。"

《国家文物事业发展"十三五"规划》的第六部分"加强文物法治建设"中，专门提出"加大层级监督，强化文物行政执法督察"，构建"国省督察、市县执法、社会监督、科技支撑"的文物执法督察体系。具体要求：充实文物行政执法力量，实现省市县文物行政执法主体全覆盖。规范文物行政执法程序，健全文物行政处罚裁量权基准制度，建立文物行政执法全过程记录制度，建立文物违法案件分级处置、重大案件挂牌督办和约谈通报曝光机制，推广说服教育、劝导示范、行政指导等非强制性执法手段，健全文物行政执法和刑事司法衔接机制，完善文物案件通报、移送标准和程序。提升文物行政执法能力，强化科技、装备在文物行政执法领域的应用，建立文物违法社会监督员制度，形成文物执法领域志愿服务机制。

2. 设定职能任务的文件

《国务院办公厅关于印发国家文物局主要职责内设机构和人员编制规定的通知》（国办发〔2009〕24 号），《国家文物局关于印发〈国家文物局内设机构、主要职责和人员编制实施方案〉的通知》（文物人发〔2011〕11 号）。

3. 指导文物工作的文件

为了进一步加强文物行政执法工作，有利于履行主管部门职责、维护法律权威和文化遗产尊严，有利于提高文物保护意识、团结全社会力量积极参与，有利于树立法治政府的形象、体现为人民群众服务的宗旨，国家文物局下发《关于加强文物行政执法工作的指导意见》（文物督函〔2011〕265 号）。

2012 年 11 月 15 日，国家文物局与 16 家部委联合发布《关于加强和改进文物安全工作的指导意见》（文物督发〔2012〕7 号）。针对一些地区盗窃、盗掘、盗捞、走私文物的犯罪活动突出，文物保护单位火灾事故多发，博物馆安全案件出现反弹，破坏不可移动文物的违法案件时有发生，文物安全形势依然严峻的形势，为全面贯彻落实全国文物工作会议精神，进一步加强和改进文物安全工作。

《国务院关于进一步加强文物工作的指导意见》（国发〔2016〕17 号）针对

文物行政执法要求,一方面强化文物督察,即"完善文物保护监督机制,畅通文物保护社会监督渠道。加强层级监督,依法对地方履行文物保护职责情况进行督察,对重大文物违法案件和文物安全事故进行调查督办,集中曝光重大典型案例,对影响恶劣的要约谈地方人民政府负责人。优化国务院文物行政部门执法督察力量配置"。另一方面,地方各级人民政府要结合综合行政执法改革加强地方文物执法工作,落实执法责任。具体做法是:"加强省级文物行政部门执法督察力量。市县级文物行政部门要依法履行好行政执法职能,也可通过委托由文化市场综合执法队伍或其他综合行政执法机构承担文物执法职能。文物资源密集、安全形势严峻的地方可根据实际需要,设立专门的警务室。文物行政部门要强化预防控制措施,加大执法巡查力度,及时制止违法行为;建立案件分级管理、应急处置、挂牌督办等机制,建设文物执法管理平台。"

(三) 调研报告

2012 年 4~5 月,全国人大常委会执法检查组开展了《文物保护法》执法检查。这次执法检查是《文物保护法》于 1982 年 11 月 19 日颁布实施以来,由全国人大常委会在全国范围内组织开展的第一次执法检查。吴邦国委员长对这次执法检查工作十分重视,明确批示:"我国是历史悠久的文明古国,有着丰富灿烂的文化遗产。全面贯彻落实文物保护法,是继承和弘扬中华民族优秀传统文化、推动社会主义文化大发展大繁荣的必然要求。全国人大常委会这次在全国范围内开展文物保护法执法检查,主要目的就是在党的十七大和十七届六中全会精神指导下,督促、支持各级政府和有关国家机关依法履行职责,改进工作,加强管理,推动我国文物保护事业全面发展。希望检查组精心准备,扎实工作,组织开展好这次执法检查,圆满完成工作任务,为建设中华民族共有精神家园做出积极贡献。"通过执法检查,基本摸清《文物保护法》实施情况,2012 年 6 月 26 日在第十一届全国人民代表大会常务委员会第二十七次会议上全国人大常委会副委员长路甬祥做了《关于检查〈中华人民共和国文物保护法〉实施情况的报告》。报告在列明贯彻实施文物保护法的主要工作及成效后,指出了文物保护法实施中存在的主要问题,并提出了进一步修改完善法律的意见和建议。这次执法检查的重点是文物安全情况,处理文物保护与经济建设、社会发展关系情况，文物流通领域管理情况，执法能力建设和配套法规制定情况。

二、评价方法及说明

本部分介绍每项指标的评价方法是采取定量评价还是定性评价，定性评价的评价主体是上级部门、下级部门、第三方机构还是社会公众，以及每项指标的评价依据。详见表6－1：

表6－1　文物行政执法评价说明

一级指标	二级指标	三级指标	评价方法	评价依据
现代化管理过程	依法行政	法律规范完备度	对规范、标准和制度的制定情况进行定量评价	有关行政执法的法律法规和政府文件；开展的有关执法机制体制课题成果；结合实际需要开展制度建设的进展情况
		法律规范的执行	对法律法规和标准规范的落实情况进行定性评价	有关行政执法的法律法规、政府文件以及"三定方案"中关于行政执法主体和程序的规定
		行政审批	对审批是否及时、准确作出定性评价	有关行政执法的法律法规、政府文件和"三定方案"中关于政府职能的规定
		责任追究	定性与定量评价相结合，评价责任主体是否承担相应责任，是否及时追责，是否罚当其责	追责机制；举报情况；政府关于官员违规、违纪的通报；造成的重大负面影响
	公共服务	法制宣传	由社会公众进行定性评价，通过第三方调查机构从执法后跟踪问效、公布处理结果、社会举报平台几个方面了解公众对文物行政执法的要求和预期	通过舆情收集机制、调查问卷等形式获得的反馈信息
		公共文化设施		
		公众参与		
		群众满意度		

117

续表

一级指标	二级指标	三级指标	评价方法	评价依据
现代化组织建设	领导班子建设	思想政治建设	机关干部职工进行内部民主测评，定性评价	党规党纪相关文件，近年各级党支部召开会议的会议纪要，向机关纪委和党办了解情况
		作风建设		
		党风廉政建设		
		科学民主决策		
	队伍建设	人才培养	对文博队伍建设情况进行定性评价	是否制定人才培养规划；人才培养的落实情况；当前文物管理事业与人才数量的匹配度
		工作生活质量	就文物系统内职工对工作状况满意度进行定性评价	调查问卷
	机构建设	机构设置是否健全	对各级文物行政执法机构的建制情况进行定性评价	有关行政执法的法律法规、政府文件中关于机构设置的规定和要求
		协调机构的设立	对行政执法中的组织、协调和沟通能力进行定性评价，评价国家文物局与其他部委是否建立日常联系，是否形成定期联系制度、是否建立联合执法机制；地方各级文物行政部门或执法机构与地方政府协调配合的有效性、主动性	
	国际影响	对外合作交流	定量评价	与国外文物执法机构、学术团体等进行的合作项目
		条约的签订	定量评价	加入的国际公约，签署的双边协定
		外媒关注度	定量评价	国外媒体对中国文物行政执法工作的报道

续表

一级指标	二级指标	三级指标	评价方法	评价依据
现代化管理手段	信息管理	电子政务综合信息管理平台	文物系统内部人员自评，定性评价	各级文物行政管理部门的政府官方网站和内部电子办公系统；文物执法信息系统和相关平台、数据库；文物行政执法相关文件
		信息数据管理		
		信息公开制度		
		信息安全管理		
	评价机制	评价机制的建立	第三方评估机构进行定性评价	现有评价体系的相关资料
		评价机制的运行		
		评价体系的认可度		
现代化管理意识	危机管理	危机预防能力	第三方评估机构进行定性评价	危机预防预案，面对危机的处置方式
		危机应对能力		
		危机恢复能力		
	责任与伦理	职权是否明晰	上级机构和第三方评估机构进行定性评价	有关行政执法的法律法规、政府文件和"三定方案"中关于政府职能和岗位设置的规定；工作人员的专业背景和学历
		工作胜任能力		
		道德修养		

第四节　文物行政执法现代化试评价

一、评价过程

按照整体设计构想，在构建完成上述评价体系，并根据评价对象细化出三级指标后，要进行个案试评价，以检验评价体系的直接测度和客观评价性。2015 年 10 月 –2016 年 5 月，笔者先后到国家文物局督察司和北京、河北、河南、湖北、陕西、云南等地的文物行政部门调研，向相关同志了解指标所涉及的各项工作进展情况。同时，笔者还走访本领域专家，并向文物系统专家、在校学生、社会公众随机发放调查问卷。此外，笔者还通过登录相关系统了解信息化建设情况，以及公众对文物行政执法的态度和意见。应当说明的是，由于此次试评价中可量化的指标较少，收集到的数据比较有限，所以部分指标项暂时不能以具体分数的形式做出明确结论,只能根据现有材料,以某项指标"做或没做""实现或没实现"评出大致分数。具体评价结果和相关情况说明详见下表:

表6-2 文物行政执法试评价

一级指标	二级指标	三级指标	试评价结果	说明
现代化管理过程	依法行政	法律规范完备度	92分	现行相关法律法规:《文物保护法》《文物保护法实施条例》《文物行政处罚程序暂行规定》《文物安全与行政执法信息上报及公告办法》《文物保护单位执法巡查办法》《文物安全与行政执法信息上报及公告办法》《文物行政执法督察与巡查工作规程》《文物违法案件和安全事故核查、处理工作程序》《长城执法巡查办法》,各省的文物保护条例或办法,有的地方制定了专门办法,如《北京市文物行政部门规范行政处罚裁量权办法(试行)》《甘肃省文物行政处罚裁量权规范办法》《重庆市规范行政处罚裁量权办法》。但水下文物执法等特殊领域法律规范制定有待加强。
		法律规范的执行	72分	2012年7月发布的全国人大常委会执法检查组关于检查《中华人民共和国文物保护法》实施情况的报告中指出:检查中发现,文物执法机构不健全、执法人员偏少、经费不足的现象较为普遍,在基层尤为突出,执法工作难以有效开展。至今,上述情况未有明显改观。
		行政审批	—	未涉及
		责任追究	87分	近年来,文物行政部门对文物违法的责任追究力度不断加大,比如国家文物局2016年8月在全国范围部署开展了为期三年的"文物法人违法案件专项整治行动(2016~2018年)",旨在严格执行《文物保护法》等法律法规,落实《国务院关于进一步加强文物工作的指导意见》中"严格责任追究"的要求,纠正违法行为,加大惩治力度,坚决遏制文物法人违法案件高发态势,切实提升文物工作法治化水平。

续表

一级指标	二级指标	三级指标	试评价结果	说明
现代化管理过程	依法行政	法制宣传	79分	文物部门一贯重视文物法制宣传工作，通过出版图书、拍摄专题片、组织主题活动，开设普法宣传栏、举办培训班、送法到基层等多种途径和形式进行特别宣传。但是根据国家文物局立法后评估调查课题组进行的公众调查问卷结果来看，公众对《文物保护法》了解和熟悉的程度还不够，甚至有相当一部分公众对文物保护并不关心。这说明法制宣传的效果还有待提升。
		公共文化设施	—	未涉及
	公共服务	公众参与	88分	行政执法的公众参与状况主要体现在群众举报方面。目前在国家层面，国家文物局于2015年成立文物违法案件举报中心，并下发《文物违法行为举报管理办法（试行）》，鼓励公民、法人和其他组织举报文物违法行为，并鼓励各级文物行政部门设立奖励经费，对因举报使文物得到有效保护或免于重大损失的，给予举报人精神或物质奖励。地方上，大部分省级文物行政部门在官网上公布了举报电话、信箱等。近年来很多重大文物违法案件线索都来源于群众举报。
		群众满意度	—	没有相关数据，暂不评价
现代化组织建设	领导班子建设	思想政治建设	91分	各级文物行政部门领导干部牢固树立"四个意识"，在思想上、政治上、行动上始终与以习近平同志为核心的党中央保持一致。
		作风建设	96分	因为工作性质，文博干部历来信念坚定，职业素养水平较高。
		党风廉政建设	91分	各级文物行政部门领导干部均能严格遵守政治纪律和政治规矩，不断增强政治定力、纪律定力、道德定力、抵腐定力。
		科学民主决策	93分	各级文物行政部门均健全完善了党组议事规则和决策程序，重大事项均在民主集中制的基础上征求专家和社会群众意见。

续表

一级指标	二级指标	三级指标	试评价结果	说明
现代化组织建设	队伍建设	人才培养	85分	各级文物行政部门定期举办文物行政执法人员培训班和经验交流会，有效提升了执法能力，但是基层的执法人员由于专业背景等因素限制，执法能力相对较弱。
		工作生活质量	82分	根据调查问卷反馈回的结果，调查对象对工作状态基本满意，主要问题集中在福利待遇偏低、上升机制和渠道不通畅、不明朗，工作条件艰苦，往往承受较大社会压力等方面。
	机构建设	机构设置是否健全	80分	全国人大常委会执法检查组关于检查《中华人民共和国文物保护法》实施情况的报告中指出："目前，全国文物行政执法体系基本建立。据国家文物局统计，截至2011年底，县级以上专门文物行政机构有848个，全国已建立各级文物保护管理机构2735个。部分文物资源丰富的市（县）成立了专门的文物执法队伍，多数省（区、市）建立了基层群众性文物保护组织，聘请了文物保护员，有的地方已初步形成了市、县、乡、村四级文物保护网络。"但同时指出基层执法机构的紧张状况："全国县级及县级以上政府设立专门文物行政部门的仅有四分之一左右，县（市）一级大量文物行政管理职能由文管所、博物馆等事业单位代行，全国文物行政管理人员平均每县不足3人。"时至今日，基层执法机构薄弱的情况依然没有得到根本改善。
		协调机构的设立	81分	国家层面，2010年，国务院批准建立全国文物安全工作部际联席会议制度，现有文化部、公安部等16个成员单位参加；国家文物局和国家海洋局建立了我国管辖海域文化遗产联合执法工作机制。地方上，江西省各市、县普遍成立了政府领导为负责人的文物保护管理委员会；河北、浙江、山东、湖北、四川、陕西、甘肃、新疆等地建立了文物安全工作部门协调机制；北京、陕西、河南、甘肃等地还在文物集中区域或者重要文物所在地设立了派出所。但是，据统计，目前只有不到三分之一的省份建立了文物安全省级协同配合机制，大部分市县尚无这一机制。

一级指标	二级指标	三级指标	试评价结果	说明
现代化组织建设	国际影响	对外合作交流	—	未涉及
		条约的签订	—	
		外媒关注度	—	没有相关数据，暂不评价
现代化管理手段	信息管理	电子政务综合信息管理平台	79分	国家和省级文物行政部门基本上建立；市县级文物部门大部分还处于建设过程中，尤其中西部文物行政部门尚未建立。
		信息数据管理	96分	有关文物行政执法的信息数据平台有：文物犯罪信息管理系统，包括文物违法犯罪人员信息库、文物案件信息库、涉案文物信息库和案件分析运用系统，打造全国打击文物犯罪的信息平台。依托于全国文物犯罪信息中心建设的中国被盗（丢失）文物数据信息发布平台也于2017年11月上线。运行效果还有待观察。另外，国家文物局曾设立文物安全与行政执法管理信息系统，用于案件上报、在建工程报备、案例查询统计、执法机构和人员信息统计等，但已于2017年9月停用。
		信息公开制度	73分	国家文物局以督察司成立为契机，在全国建立文物行政执法与安全监管情况公告制度，对各地开展文物行政执法巡查和安全检查情况进行公示，对重大案件处理情况进行通报。已形成长效监督制约机制，警示、威慑了文物犯罪嫌疑人和违法违规行为人，有利于全面加强文物安全工作。 信息公开的平台主要有各级文物行政部门官网、官微，以及文物安全与行政执法管理信息系统。使用情况：国家文物局和省级文物局官网、官微更新比较及时，浏览量较大；文物安全与行政执法管理信息系统包括信息报送、执法机构、政策法规、国保单位、安全信息、资料下载和舆情收集几个板块，其中舆情收集板块可以直接浏览，进入其他板块包括网页下方的"联系我们"需要注册，但是经尝试申请注册没有成功。执法信息在官网和信息系统都有公布，但比较分散，不利于公众及时、集中、有效地了解相关信息。信息系统至2017年9月已停止使用，当时网页显示最近消息时间为2014年5月24日。

续表

一级指标	二级指标	三级指标	试评价结果	说明
现代化管理手段	信息管理	信息安全管理	91分	相关网站、平台均有专门机构负责运行及其安全维护。
	评价机制	评价机制的建立	—	虽然文物行政执法领域开展了全国文物行政处罚案卷评查等评价活动，但是没有形成完整的评价机制。
		评价机制的运行	—	
		评价体系的认可度	—	
现代化管理意识	危机管理	危机预防能力	—	未涉及
		危机应对能力	—	
		危机恢复能力	—	
	责任与伦理	职权是否明晰	87分	根据"三定方案"中的相关规定，国家文物局在文物行政执法方面的工作主要包括：拟定文物行政执法督察和案件查处的有关规定；组织开展文物行政执法督察工作；组织查处文物违法重大案件。地方各级文物行政部门的职责也有明确规定，但是实际操作中仍然存在执法主体权责不明的情况。
		工作胜任能力	73分	与文物违法案件数量保持高位相比，执法人员的数量相对严重不足，相当一部分还是兼职。人员流动性较大，并且很多执法人员没有专业背景，影响了其执法能力。
		道德修养	85分	大部分执法人员能够按照《中国文物、博物馆工作者职业道德准则》要求自律，但也有个别执法人员道德修养不够，不能严格依法履责，执法不严，甚至与违法行为人串通，文物受到损害，也造成了恶劣影响。

注：定性指标中，评价结果为优秀、良好、合格、基本合格和不合格五个等级，对应分值如前文所述，即：优秀（100~90分）；良好（89~80分）；合格（79~70分）；基本合格（69~60分）；不合格（60分以下）。

二、评价结论

上编主要目的是探讨文物管理现代化评价的必要性、可行性，并且初步尝试构建评价体系，所以仅用构建出的评价体系对文物管理中法规管理的文物行政执法现代化水平进行初步评价，以测试评价体系的合理性，加之部分指标数据资料短期内收集困难，或者不涉及，若要计算最终得分，还需相应调整指标和权重，所以评价之后并未最终评分。但从各项评价指标完成情况来看，文物行政执法工作现代化水平总体良好，执法力争及时、到位，注重执法效果和执法宣传；相关法律规范和标准比较完备，注意与其他相关部门的合作与配合；人员培训、业务水平评比也在稳步推进，均取得良好成效。但是，某些方面仍存在不容忽视的问题：信息化建设方面，虽然已经建立了专业系统，但信息公开程度和发布及时性方面还是有待提高；人才培养方面，单薄的执法队伍相对于数量庞大的文物违法案件有时显得力不从心。

根据评价结果，文物行政执法管理在法规制定、领导班子建设和信息数据管理方面表现优秀，这与中央领导和国家文物局对法规管理和思想教育的一贯重视密不可分。而在信息公开制度和评价机制方面分数较低，这体现了宣传与评价方面工作尚没有完全得到重视。这样的评价结果与文物行政执法的实际工作情况基本相符。

目前尚没有形成文物行政执法评价机制，文物行政执法难，是一个现实的问题，总体上人员短缺、经费不足，尤其是基层执法装备与实际需要差距较大。文物行政执法人员面临的执法问题又比较复杂，地方保护主义往往成为违法行为人的庇护伞，暴力抗法的事件又屡屡出现，给执法造成极大的困难。从另一方面看，执法工作本身有风险，工作人员难免产生畏难情绪，从而减损了执法效果。因此，文物行政部门应把文物执法列入重点工作，纳入目标责任考核。同时建立执法工作的评估体系，实行定期的考核奖惩，使文物执法工作有地位、有分量、有成效。此外，在现有工作成果的基础上，应进一步加强执法人员专业培训、强化与相关部门协调配合、重视信息公示公开等方面。

结　语

　　评价体系研究至此基本完成，从指标选取到体系建立再到试评价，虽然没有最终评分，但事实上，文物管理各方面工作都有相通之处，行政执法的现状，某种程度上也反映了文物管理整体的现代化水平。管中窥豹，可见一斑。

　　在评价文物行政执法现代化的过程中，我们遇到一些困难，也发现了一些问题，这些困难和问题，也许在文物管理现代化专项管理和总体评价中是一个普遍情况，值得引起注意。

　　首先是信息获取渠道不畅的问题。信息化是评价工作的重要资料基础和技术基础，但是在评价中部分相关资料缺乏，或是获取渠道太过零散，影响评价效率和效果。建议强化文物信息化建设。文物信息化建设是公共文化服务体系建设的重要组成部分，是利用信息技术保存、分析文物信息并进行传播的有效途径。文物信息化建设有利于将先进的信息技术手段与文物本体信息、文物影像资料等各种资源进行整合。通过建立文物信息数据库，并结合多媒体、网络等数字化手段使文物保护、管理、展示、利用等专业工作逐步实现信息共享，能够最大限度地为文物工作者和观众提供全面、高效、便捷的数字服务。

　　全国文物信息化平台建设应在国家层面建立总平台，在省级层面建立分平台。实施过程可以采取全国统一部署，以县为单位分批上线的方式，整合全国可移动文物、不可移动文物和博物馆所有资源，并将文物保护工程竣工资料、考古工作报告等作为动态信息资源不断进行补充完善，实现"资源利用数字化、公众服务智能化、经营管理信息化、资源整合网络化"。在2017年6月13日召开的全国深化"放管服"改革电视电话会议上，李克强总理为扭转各部门之间信息不互通导致的"信息孤岛"现象定下时间表，要求 2018 年 6 月底前实现国务院各部门整合后的政务信息系统统一接入国家共享平台。文物部门也应以此为契机加强文物信息化建设。

其次是文博人才匮乏的问题。文博人才建设不能满足文物事业发展需要，同时缺乏行业领军型专家人才，不利于行业的深度发展。建议加强队伍建设，提高机构专业化水平。一是对机构进行整合。文物保护管理实施主体在县级层面，针对县级人员数量不足，但无法增加编制扩大力量的实际情况，对县级文物管理机构、博物馆（纪念馆）和专题性文物保护管理所（站）进行资源整合，实行一套班子，几个牌子的综合运行机制，并以此强化领导，提升行政级别。二是打破人才壁垒，在文物部门内部，通过政策调控，实现人才纵向和横向流动、交流，打破长期以来基层人员升职、升级的壁垒，让基层想干事、能干事的同志有进步的通道，也让那些想去基层工作的专业人才打消一辈子沉下去、起不来的顾虑。三是重视人才培养，一方面加快对文物保护修复、水下考古、展览策划、法律政策研究等紧缺人才的培养，基本形成结构优化、适应文物事业发展的人才队伍；另一方面，着力推进文博领军人才、复合型管理人才培养，推出文博领域专家，在国家管理中发出代表行业的声音。

当笔者思考究竟是什么因素阻碍了现代化水平提高，人才？机构？资金？装备？政策？深层因素究竟是什么？在专家调查问卷中，得到了一些启示。在现代化管理过程、现代化组织建设、现代化管理手段和现代化管理意识四项指标中，专家认为管理意识的权重应该最大。这说明什么？说明在过程、组织、手段等比较常规的评价对象之外，管理意识正在得到更多的重视，或者从另一个角度来看，管理意识的现代化正是目前相对欠缺的。所有的行为和做法都源于意识的方向，具备什么样的意识，什么样的价值取向，便决定了事业的方向，事业发展中的取舍，甚至事业的成败。可以说，意识的现代化，也就是人的现代化，是所有物质性的现代化的基础和根本保障。

可以说管理意识是统辖前述三项指标的根本。就文物管理中现代化水平相对薄弱的环节来说，比如机构不健全、专业人才短缺、信息化水平不高、执法不力等方面，既与人的不重视有关、也与人的认识不到位有关。具体说来，诸如：文物工作口头上说起来重要，实际上做起来排不上位，无须专门的管理部门或是专职管理人员的意识，导致特别在县级基层，文物部门与文化、广播、新闻、旅游等部门大范围合并，有的地方甚至连文物管理的兼职人员都没有；搞文物不是个赚钱的行业的意识导致文物领域高素质人才不多，高水平研究人员短缺；文物领域专业性强，自己圈子里搞搞就行了的意识，导致信息公开不到位不及时；对违法法人执法太严会得罪人，日后万一打击报复怎么办，人情面子总要顾及一点的意识，尤其导致对法人违法执法不力。当然，文物管理中最为代表现代化水平的是其法治性和参与性：依法管理的意识促进了文物法律法规持续建设，已基本形成中国特色文物保护法律体系；公共服务的意识使得社会参与水平不断提高，一方面文物管理部门重视调动公众参与到文物保护的过程中来，另一方面公众对参与文物保护的热情增温。可见这同样与人的意识密切相关。虽不能说管理意识就是形成上述现状的全部原因，事情终归是由人来做，决定也好、执行也罢，事事成败，其中人的素养应是根本性原因，是起主要作用的。

下编　文物管理专论

中国特色文物法律体系的形成与发展①

中华人民共和国成立以来，经过 60 余年的文物保护实践和文物法制建设，构建、形成、并不断完善的中国特色文物法律体系，作为中国特色社会主义法律体系的重要组成部分，为文物行政执法，依法保护管理文物提供了重要的法律保障，同时也为在理论上深入研究中国特色文物法治体系奠定了坚实基础。

一、"文物法律体系②" 概念的提出

中国的法律体系是一个由国家全部现行法律，按法律部门分类组合而形成的呈体系化的有机整体。法律体系的理想状态是门类齐全、结构严密、内在协调。可见，法律体系的形成必然要经历一个法律数量不断积累、质量不断提高、结构不断调整的过程。文物法律体系作为法律体系的重要组成部分，同样也经历了这样一个由简单到复杂的形成过程。在《中国大百科全书·文物博物馆》③ "文物" 分支 "文物管理" 中，列有 "中国文物法规" 条目，我国著名文物法律专家李晓东为之作释："中国文物管理的法律依据。包括国家权力机关制定颁布的宪法中有关文物的条款和法律，地方权力机关制定颁

---

① 本篇专论是在笔者《从文物法规到中国特色文物法律体系》一文基础上修改、补充而成。该文原发表于《中国文物科学研究》2014 年第 4 期。

② 中国的法律体系包括宪法、法律和法规三个层次。文物法律体系是中国法律体系的重要组成部分，其构成也应包括上面三个层次。但是考虑到中国文物法律规范大部分是规章和规范性文件，虽然总体层级较低，但专业性、技术性强，对文物保护与管理工作的顺利开展具有重要的意义，所以本文在阐述文物法律体系时，把大量的规章和规范性文件也囊括其中，力争完整展现中国文物法律体系全貌。

③ 《中国大百科全书·文物博物馆》，中国大百科全书出版社，1993 年。

布的地方性文物法规以及国家行政机关制定颁布的条例、办法、规定等规范性文件。"其下分别列有法律、国务院颁布的法令、地方（省级）人大常委会制定公布的地方性文物法规，以及文化部规范性办法等。该条目所列各层级文物法律法规应统属中国文物法规，这可以说是文物法律体系的雏形。

国家文物局于1992年组织编写《中华人民共和国文物法规选编》①，包括法律、行政法规和行政规章三部分，从该书的结构和各部分名称上看，与"中国文物法规"条目相比都有明显变化，但是该书并未收录地方性法规。

李晓东在《中国文物法律体系概谈》② 一文中提到："文物法律体系，从法律渊源的体系来讲，可分为法律、行政法规、地方性法规、行政规章等。它们是文物法学的基本内容。我国的文物法律法规正在不断完善，初步形成了具有中国特色的文物法律体系。"文章较早地从理论层面提出了"文物法律体系"和"中国特色文物法律体系"的概念，并对文物法律体系框架层级和内容进行了初步论述。这也为进一步研究中国特色文物法律体系提供了良好的理论指导。

二、中国特色文物法律体系的形成历程

文物法律体系的形成，离不开文物保护思想的演进，随着人们对文物的认知不断加深，文物保护与管理的手段在不断进化，文物领域的法律法规也逐渐丰富。我国著名文物保护专家谢辰生曾表示：最初文物保护的对象就是指一件件东西（可移动文物）和一个个点（不可移动文物），但还是在保护具体物的范畴。再后来认识到文物保护光搞一个点不行，还要保护与物本身相关的环境，这又是一个发展，从点扩大到周围环境。后来又发展到线路的保护、文物整体的保护，比如历史文化名城保护，不仅仅是一个点，而且包括线，包括面。这些认识的深化，使文物法律法规调整范围随之不断扩大。

中国特色文物法律体系的形成历程以《文物保护法》的制定和修订为标志，

---

① 国家文物局：《中华人民共和国文物法规选编》（第二辑），文物出版社，1992年。

② 李晓东：《中国文物法律体系概谈》，《中国文物报》1995年12月17日、12月24日。

可以分为初创、发展和形成三个阶段。从法的效力等级和法律规范的调整对象两个维度来看，这三个阶段文物法律法规建设情况如下。

（一）文物法律体系初创阶段（1949～1982）

中华人民共和国成立伊始，百废待兴，党和国家十分重视文物保护工作，重视文物法制建设。这一阶段的文物法律法规主要有：国务院及其前身中央人民政府政务院发布的法令、条例，即行政法规；国务院各部委制定的规定、办法，即部门规章；还有中共中央、国务院发布的相关意见、通知，即规范性文件。

意识到中国自近代以来，国力颓弱、战乱频繁、法制式微，以至国门不保，文物流失情况异常严峻，中华人民共和国成立后，"海陆运输均已畅通，为防止此项文物图书继续散佚起见"，中央人民政府于1950年5月24日及时下发政务院令，并颁发《禁止珍贵文物图书出口暂时办法》。同日颁发《古文化遗址及古墓葬之调查发掘暂行办法》，对考古发掘工作作出了比较全面的规定。明确"凡地下埋藏及发掘所得之古物、标本概为国有"（第15条），一方面是为了保护古遗址古墓葬，保护国有文物，另一方面旨在防止非法发掘造成文物流失。

经过逾十年的文物保护管理实践，1961年3月4日，国务院发布《文物保护管理暂行条例》，这是一部有关文物保护与管理的综合性法规，也是对前一段法制建设的总结。"条例公布后，中央人民政府政务院和国务院过去发布的有关文物保护管理的法规，除其中保护稀有生物和古生物化石的规定仍继续有效外，一律废止。"（第18条）"暂行条例"的综合法规性质以及较高的效力等级（行政法规）使其成为文化部等相关部委和地方政府制定相关实施细则时的上位法依据。比如，1964年8月29日，国务院批准文化部颁发《古遗址、古墓葬调查、发掘暂行管理办法》，第一条就明确指出"根据《文物保护管理暂行条例》的规定，制定本办法"。①

---

① 实际上，《古遗址、古墓葬调查、发掘暂行管理办法》经国务院批准并由文化部颁布施行，性质上属于行政法规。本条规定，应从制定主体的角度理解。

本阶段的部门规章主要有文化部、对外贸易部发《文物出口鉴定标准的几点意见》（1960）、文化部发《文物保护单位保护管理暂行办法》（1963）、文化部发《革命纪念建筑、历史纪念建筑、古建筑、石窟寺修缮暂行管理办法》（1963）等。此外，这一阶段的规范性文件主要涉及：综合性文物工作、考古调查发掘；文物保护单位、历史文化名城等方面的不可移动文物管理；文物出口管理、文物市场管理、文物鉴定等方面的可移动文物管理。

此外，《中华人民共和国刑法》（1979）中也规定了两条有关文物方面的罪名："盗运珍贵文物罪"和"故意破坏国家保护的珍贵文物、名胜古迹罪"①。《全国人民代表大会常务委员会关于严惩严重破坏经济的罪犯的决定》（1982）提高了"盗运珍贵文物罪"量刑，对于情节特别严重的，增加了死刑，明显加大打击力度。这些文物刑事法律规范也是中国特色文物法律体系的重要组成部分。

（二）文物法律体系发展阶段（1982～2002）

1982年11月19日，第五届全国人大常委会第二十五次会议通过并公布了《中华人民共和国文物保护法》，这是新中国文化领域的第一部法律，是文物法制建设的重要成果。该法是对文物保护工作的阶段性总结，标志着文物保护管理进一步纳入法制轨道，是文物法制建设新阶段的开始。该法为其后文物法规、规章和规范性文件的制定提供了上位法依据，从而为文物法律体系的进一步发展提供了良好契机。

本阶段，以《文物保护法》为依据，先后制定并公布了《中华人民共和国水下文物保护条例》（1989）、《中华人民共和国考古涉外工作管理办法》（1991）和《中华人民共和国文物保护法实施细则》（1992）等多部行政法规。并且，据不完全统计，本阶段有27个省级人大常委会制定公布了《文物

---

① 1979年《刑法》规定：

第一百七十三条　违反保护文物法规，盗运珍贵文物出口的，处三年以上十年以下有期徒刑，可以并处罚金；情节严重的，处十年以上有期徒刑或者无期徒刑，可以并处没收财产。

第一百七十四条　故意破坏国家保护的珍贵文物、名胜古迹的，处七年以下有期徒刑或者拘役。

保护法》实施条例或办法。值得一提的是，浙江、江苏和昆明、福州、广州、西安、平遥等省市人大根据《文物保护法》第 8 条规定的"保存文物特别丰富、具有重大历史价值和革命意义的城市，由国家文化行政管理部门会同城乡建设环境保护部门报国务院核定公布为历史文化名城"制定公布了本地保护历史文化名城的专门法规。事实上，早在《文物保护法》公布之前，我国对文物保护的认识已逐渐从保护一处处不可移动文物，发展到对一座城市文物的整体保护，并及时更新了文物管理模式。有关历史文化名城的保护思想和做法，在国务院批转的国家基本建设委员会、国家文物事业管理局和国家城市建设总局《关于保护我国历史文化名城的请示》（1982）中，在城乡建设环境保护部下发的《关于加强历史文化名城规划工作的通知》（1983）中都有所体现。直到历史文化名城专门法规出台，这些思想和做法被正式上升为法规。这种从实践中来到法条中去的做法，是法律制定的一种正确打开方式。

规章也比上一阶段更为丰富，以文化部颁布（包括与其他部委联合颁布）的部门规章为例，主要有《古建筑消防管理规则》（1984）、《关于使用文物古迹拍摄电影、电视故事片的暂行规定》（1984）、《革命纪念馆工作试行条例》（1985）、《博物馆安全保卫工作规定》（1985）、《省、自治区、直辖市文物考古研究所工作条例（试行）》（1986）、《博物馆藏品管理办法》（1986）、《纪念建筑、古建筑、石窟寺等修缮工程管理办法》（1986）、《文物商店向国内群众销售文物试行办法》（1987）、《文物出境鉴定管理办法》（1989）、《文物藏品定级标准》（2001）等。从规章的调整对象来看，文物出境鉴定和古建维修工程方面均在原有规章基础上修改制定了新的规章。此外，本阶段的规章还涉及文物古迹的保护、博物馆纪念馆的管理和文物商店的管理，可见纳入法制视野的文物工作领域在不断增加。

本阶段，中国还加入了一系列有关文物保护的国际公约：1985 年加入《保护世界文化和自然遗产公约》，1989 年加入《关于禁止和防止非法进出口文化财产和非法转让其所有权的方法的公约》，1997 年加入《国际统一私法协会关于被盗和非法出口文物的公约》，1999 年加入《关于发生武装冲突情况下保护文化财产公约》及其第一议定书。中国特色文物法律体系中增加了国际公约，这是一个重要变化。

（三）文物法律体系形成阶段（2002～2010）

文物保护实践证明，1982年《文物保护法》确立的基本原则是正确的，既符合中国国情，又与国际社会保护文化遗产的基本要求相一致。如果没有1982年《文物保护法》作保障，中国文物保护和文物事业不可能取得举世瞩目的重大成就。但与此同时，随着改革开放的不断深入，经济社会的迅速发展，特别是社会主义市场经济体制的建立，出现了一些新情况新问题，在文物保护管理中，有些文物保护管理制度和措施，也需要随着形势的发展变化做出新的调整，文物法律法规也需要随之进行调整、完善。2002年新修订的《文物保护法》①应运而生，这是我国贯彻依法治国方略，全面加强文物保护法制建设和进一步完善文物法律体系的重大举措，为在社会主义市场经济体制下，切实加强文物保护管理提供了重要的法律保障，标志着中国特色文物法律体系进入一个新的发展阶段。

2002年《文物保护法》的颁布，为文物法律体系的发展和形成提供了新的上位法依据。同年召开的中国共产党第十六次全国代表大会提出"到2010年形成中国特色社会主义法律体系"，自此国家加快了法制建设进程，文物法律建设也驶入快车道，文物保护法配套法规相继出台。行政法规方面，国务院先后制定公布了《中华人民共和国文物保护法实施条例》（2003）、《风景名胜区条例》（2006）、《长城保护条例》（2006）和《历史文化名城名镇名村保护条例》（2008）等。这些行政法规当然不是朝夕之间形成的，而是经过了一个酝酿发展的过程。以《长城保护条例》的出台为例，长城被认为是中华民族的象征，是我国规模最大的全国重点文物保护单位、世界文化遗产。我国一贯重视长城保护，早在1961年，国务院公布的第一批全国重点文物保护单位中，就有山海关、居庸关、八达岭和嘉峪关等重要地段的长城。1978年，国家文物事业管理局根据中央指示，下发了《关于加强对长城保护的通知》。1981年，国务院办公厅下发《转发文化部和国家文物事业管理局关于长城破

---

① 2002年10月28日第九届全国人民代表大会常委会第三十次会议通过《中华人民共和国文物保护法》并公布，自公布之日起施行。

坏情况的调查报告的通知》。以 2002 年《文物保护法》公布为契机，文化部、国家文物局、公安部、国土资源部、建设部、国家环境保护总局和国家旅游局联合下发《关于进一步加强长城保护管理工作的通知》（2003），提出保护长城是各级政府、各有关部门和全体公民义不容辞的责任和义务，要求理顺保护管理机制、加强基础工作、正确处理长城保护和利用的关系、加强对长城保护维修工程管理、坚决惩处一切破坏长城的违法犯罪活动。经过长期实践摸索，针对长城保护中的突出问题，制定一部长城保护的专门法规显得迫切且可行，《长城保护条例》应运而生。该条例旨在加强对长城的保护，规范长城的利用行为。另外，上一阶段的名城保护思想在本阶段又有所发展，保护范围由"名城"扩展到对价值较高的古村镇的保护，在各省核定公布历史文化村镇基础上，2003 年起又开展了中国历史文化名镇（名村）的评选和命名工作，2008 年 4 月 2 日，国务院第三次常务会议通过《历史文化名城名镇名村保护条例》，旨在加强历史文化名城、名镇、名村的保护与管理，继承中华民族优秀历史文化遗产。

本阶段的部门规章主要有《文物保护工程管理办法》（2003）、《文物行政处罚程序暂行规定》（2004）、《博物馆管理办法》（2005）、《古人类化石和古脊椎动物化石保护管理办法》（2006）、《文物进出境审核管理办法》（2007）、《文物认定管理暂行办法》（2009）等。值得一提的是，强化行政执法是本阶段的一个特点，2002 年《文物保护法》及其《实施条例》中进一步明确了文物行政部门行政执法的职责和任务，据此，国家文物局于 2003 年下发《关于进一步加强文物行政执法工作的通知》，对执法队伍、执法力度、执法程序和执法监督等方面都提出了具体要求，翌年，《文物行政处罚程序暂行规定》出台，明确、具体地规范了文物行政处罚行为。

地方性法规、政府规章方面，本阶段全国 31 个省、自治区和直辖市都制定了实施《文物保护法》的细则或办法，总计一百余件。比如《北京市实施〈中华人民共和国保护法〉办法》（2004）、《天津市文物保护条例》（2007）。其中各地针对本地区某一处或某一类型文物制定一项专门法规或规章的做法比较多见，比如《承德避暑山庄及周围寺庙保护管理条例》（2003）、《安徽省皖南古民居保护条例》（2004）、《包头市五当召文物保护条例》（2009）等。

本阶段有关文物保护的国际性法律文件主要包括中国于 2003 年加入的《联合国打击跨国有组织犯罪公约》，还包括中国与美国、意大利、澳大利亚、埃及等 13 个国家签署的防止盗窃、盗掘和非法进出境文化财产的政府间双边文件。越来越多的国际条约的签署，说明中国政府保护文物的手段更加多样化，更加重视文物保护的国际深度合作，参与国际事务、更多国际表达的意识更为强烈。

2011 年 3 月 10 日，第十一届全国人大四次会议上，全国人大常委会委员长吴邦国庄重宣布：党的十五大提出到 2010 年形成中国特色社会主义法律体系的立法工作目标，如期完成。中国特色社会主义法律体系已经形成。中国特色文物法律体系是中国特色社会主义法律体系的重要组成部分，因此，中国特色文物法律体系也告形成。

三、文物法律体系的中国特色

判断分析一种法律体系的特色，不能单纯把目光局限在体系本身，科学的方法是跳出体系，深入研究该法律体系形成的历史背景和社会土壤是怎样的状态。法律体系必须要服从其所诞生的社会本身的需要。中国特色社会主义法律体系如此，文物法律体系亦如此。

（一）与中国特色社会主义法律体系共同的中国特色

中国特色文物法律体系是中国特色社会主义法律体系的重要组成部分，所以，社会主义法律体系的中国特色也可以认为是文物法律体系的特色。

首先，中国特色社会主义法律体系的形成与西方立法发展相比较，呈现出鲜明的阶段性。中华人民共和国成立以后，法制建设初具规模，经过"文化大革命"期间的反复，1978 年党的十一届三中全会吸取"文化大革命"的教训，提出"有法可依、有法必依、执法必严、违法必究"的法制建设方针。此后，中共中央和全国人大都把立法工作和法制建设作为重要工作来抓。1982 年 12 月，第五届全国人大常委会提出："立法要从我国的实际情况出发，按照社会主义法制原则，逐步建立有中国特色的独立的法律体系。"1997 年党的十五大报告提出："加强立法工作，提高立法质量，到二○一○年形成有中国特色社会主义法律体系。"2002 年党的十六大报告再次重申这一目标。2003 年李鹏委员长在第十届全国人大一次会议上所做的工作报告中宣布以宪法为核心的中国特色社会主义法律体系已经初步形成。2007 年党的十七大报告提出"中国特色社会主义法律体系基本形成。"2011 年第十一届全国人大四次会议上吴邦国委员长宣布中国特色社会主义法律体系已经形成。可见,中国特色社会主义法律体系是坚持党的领导、人民当家做主、依法治国有机统一,紧紧围绕党和国家工作大局,有计划、有重点、有步骤地开展立法工作,仅仅用几十年时间形成的。①

此外,中国特色社会主义法律体系的其他特征也是十分鲜明,体现了中国特色社会主义的本质要求、体现了改革开放和社会主义现代化建设的时代要求、体现了结构内在统一而又多层次的科学要求、体现了继承中国法制文化优秀传统和借鉴人类法制文明成果的文化要求、体现了动态、开放、与时俱进的发展要求。②

(二) 自身独有的中国特色

1. 文物的概念

现行《文物保护法》中用列举的方式对什么是文物作出了界定,文物法律视野中的"文物"包括了可移动和不可移动的一切历史文化遗存,年代上不仅限于古代,还包括了近代、现代,直到当代。保护现当代文物即保护同时代文物,"这是一种新的理念和价值取向,开辟了新中国保护同一时代文物的历史。这种保护理念及其实践,在世界保护文化遗产的历史上是罕见的,具有鲜明的时代特点和中国特色"③。中国保护同时代文物的理念和对文物的定义与其他国家和国际公约中以年限对文物进行定义的普遍做法不同。

---

① 吴邦国:《全国人大常委会工作报告》,中国网络电视台:http://news.cntv.cn/china/20110310/102525_ 5. shtml,2017 年 4 月 29 日最后访问。

② 王兆国:《关于形成中国特色社会主义法律体系的几个问题》,新华网:http://news.xinhuanet.com/legal/2010 - 11/15/c_12774013_2. htm,2017 年 4 月 29 日最后访问。

③ 李晓东:《中国特色文物保护与文化自信》,《中国文物科学研究》2010 年第 2 期。

表述上，日韩等国家的法律中将文物称为"有形文化财"，《关于禁止和防止非法进出口文化财产和非法转让其所有权的方法的公约》（1970）中称为"文化财产"，《保护世界文化和自然遗产公约》（1972）中称为"文化遗产"。

根据我国现行《文物保护法》，文物具有历史、艺术和科学价值，即文物的三大价值，这往往被视为判断某物是否属于文物，以及文物价值大小的标准。而其他国家的相关法律和相关国际公约中涉及文物价值时往往会提到"宗教"因素，以及其他一些价值。比如《关于禁止和防止非法进出口文化财产和非法转让其所有权的方法的公约》中将"文化财产"定义为"每个国家，根据宗教的或世俗的理由，明确指定为具有重要考古、史前史、历史、文学、艺术或科学价值的财产"。

2. 文物工作的方针和原则

制定工作方针和原则是我国开展文物工作的传统，现行《文物保护法》规定了文物工作十六字方针，引航文物管理，配套法律规范也都体现了方针思想。事实上，文物工作十六字方针经历了一个逐渐演变的过程：中华人民共和国成立初期，根据周恩来和陆定一的意见，形成了一个具体的工作方针，即"重点保护，重点发掘；既对基本建设有利，又对文物保护有利"，通称"两重两利"方针。1987年国务院《关于进一步加强文物工作的通知》（即"101号文件"）中提出了一个全面的方针，即"加强保护、改善管理、搞好改革，充分发挥文物的作用，继承和发扬民族优秀的文化传统，为社会主义服务，为人民服务，为建设具有中国特色的社会主义作出贡献。"1992年全国文物工作会议上提出"保护为主，抢救第一"的方针，几年后又提出"有效保护，合理利用，加强管理"的工作原则，此后一段时期内，工作方针和工作原则并用。这种情况在《国务院关于加强和改善文物工作的通知》（1997）中也有所体现。[①] 这种方针和原则并用的状态一直持续到2002年修订《文物保护法》。2002年《文物保护法》中将原有方针和原则有机结合，最终形成

---

① 1997年3月30日，《国务院关于加强和改善文物工作的通知》中提出："继续坚持'保护为主，抢救第一'的方针，贯彻'有效保护，合理利用，加强管理'的原则"。

"保护为主，抢救第一，合理利用，加强管理"的文物工作十六字方针，并一直使用至今。

3. 文物的保护管理模式

现行《文物保护法》规定：国务院文物行政部门主管全国文物保护工作。地方各级人民政府负责本行政区域内的文物保护工作；县级以上地方人民政府承担文物保护工作的部门对本行政区域内的文物保护实施监督管理。可见，中国文物保护管理的基本模式是：属地保护管理和分级保护管理相结合。比如，不可移动文物保护管理中采用文物保护单位制度。根据法律规定，不可移动文物可分为全国重点文物保护单位、省级文物保护单位、市级和县级文物保护单位，以及尚未核定公布为文物保护单位的不可移动文物。这些不同等级的不可移动文物，分别由国务院、省级人民政府、设区的市和自治州、县级人民政府，以及县级人民政府文物行政部门核定公布，相关修缮、保养、迁移、重建等工作也是根据不同保护等级，经相应级别的政府和文物行政部门批准后实施。

可移动文物方面，根据法律规定可分为珍贵文物和一般文物，其中珍贵文物分为一级文物、二级文物和三级文物。博物馆、图书馆和其他文物收藏单位对收藏的文物，必须区分文物等级，设置藏品档案，建立严格的管理制度，并报主管的文物行政部门备案。县级以上地方人民政府文物行政部门应当分别建立本行政区域内的馆藏文物档案；国务院文物行政部门应当建立国家一级文物藏品档案和其主管的国有文物收藏单位馆藏文物档案。

四、中国特色文物法律体系的发展与完善

虽然说中国特色文物法律体系已在2010年基本形成，但这绝不意味着文物法律建设已经大功告成。法律是社会实践和实际工作的总结和提升，随着社会的发展，实践中总会出现新情况、新问题，实际工作总会产生新需要，法律也应该与时俱进，随之更新，应该继续坚持立改废释并举，增强法律法规的及时性、系统性、针对性、有效性。中国特色文物法律体系始终是一个动态的、开放的、发展的体系，文物法律建设只有进行时，没有完成时。确切地说中国特色文物法律体系基本形成是一个阶段性成果，同

时也是法治纵深发展的起点。今后，应该将文物法律建设的重点转移到法律体系的发展完善上来。

（一）文物法律体系之完善

《文物保护法》是中国特色文物法律体系的核心法律，是文物管理的重要依据，自 1982 年颁布以来，随着社会经济形势的变化，文物工作中新情况的涌现，《文物保护法》经过几年的酝酿，做出全面修订，并于 2002 年公布实施。2012 年 4 月至 5 月，全国人大常委会执法检查组在全国范围内开展了文物保护法执法检查。31 个省递交了自查报告。2012 年 6 月 26 日，在第十一届全国人民代表大会常务委员会第二十七次会议上，全国人大常委会副委员长路甬祥作了关于检查《中华人民共和国文物保护法》实施情况的报告。

报告指出，《文物保护法》贯彻实施中仍然存在诸多问题：一是对文物保护的认识有待进一步提高，文物安全形势依然严峻；二是文物执法能力需要进一步增强；三是文物流通领域亟需加强监管；四是文物专业人才匮乏，文物保护科技水平有待提升；五是文物保护的法律法规有待进一步完善等。报告建议，一要增强依法保护、科学保护文物的意识，营造全社会保护文物的良好氛围；二要依法履行职责，切实保障文物安全；三要健全完善管理体制，加强文物保护能力建设；四要健全监管制度，规范引导文物流通秩序；五要加强专业人才队伍建设，提升文物保护科技水平；六要促进合理利用，努力使文物保护成果更好更多地惠及民众；七要进一步完善文物保护法律制度。报告明确提出，随着我国经济社会快速发展，现行《文物保护法》在一些方面已同文物工作实际不相适应，建议将其列入全国人大常委会立法规划，在调查研究基础上，及时修改完善。此后，《文物保护法》的修订先后列入第十二届全国人大常委会立法规划和国务院立法工作计划。

此外，《文物保护法》出于加大文物违法犯罪打击力度的需要，于 1991 年作出第一次修正；又因细化行政审批、简政放权、放管结合、优化服务等形势需要，先后于 2007 年、2013 年、2015 年和 2017 年作出相应修正。

同时，随着对文物的认识不断深刻，新的文物保护利用理念和方式的诞生，文物专项管理中也出现了新问题新情况，早年制定的《水下文物保护管理条例》《长城保护条例》《考古涉外工作管理办法》《文物保护工程管理办法》等早已无法满足变化了的实践，应适时作出相应修订。目前《水下文物保护管理条例》《长城保护条例》已经启动修订工作。同时，上述两部行政法规，以及《博物馆条例》，因其保护对象的特殊性、重要性，应当考虑在适当时候升格为法律。

应该看到，现行文物保护法律制度仍然存在不足、欠缺甚至空白，应根据我国现实国情和文物保护工作特点，结合国内外文物保护立法实践和成功经验，系统收集整理我国文物保护法律法规实施情况、实施国际公约情况，以体系思维，依据每项制度的适用情况，研判健全和完善各项法律制度的必要性和可行性，分步骤、有针对性地开展行政法规、地方性法规、规章等配套法规的专项研究。本书认为，在文物认定、文物所有权、考古管理、文物利用、世界遗产管理、历史文化街区保护、大运河保护、流失文物调查追索、文物进出境管理等领域，都存在制定配套法规的必要性。

（二）文物法律体系之发展

自中国特色社会主义法律体系如期形成后，全面推进依法治国的总抓手就开始由建设中国特色社会主义法律体系转向建设中国特色社会主义法治体系。党的十八届四中全会提出全面推进依法治国的总目标是"建设中国特色社会主义法治体系，建设社会主义法治国家"。党的十九大报告再次强调"科学立法、严格执法、公正司法、全民守法深入推进，法治国家、法治政府、法治社会建设相互促进，中国特色社会主义法治体系日益完善，全社会法治观念明显增强。"

以追求法律部门齐全、各部门基本法律齐备、配套法规完备为目标的法律体系，开始丰富化、立体化，向法治体系进化。如果说法律体系是法律的规范体系，法治体系则是法律的运行体系，习近平同志深刻阐述了建设中国特色社会主义法治体系的科学内涵，即在中国共产党领导下，坚持中国特色社会主义制度，贯彻中国特色社会主义法治理论，形成完备的法律规范体系、高效的法治实施体系、严密的法治监督体系、有力的法治保障体系，形成完善的党内法规体系。应围绕这些方面，全方位完善中国特色社会主义法治体系。

由此，中国特色文物法律体系也应着力向中国特色文物法治体系发展转变，在本着上下有序、内外协调、科学规范、运行有效的原则继续完善现有文物法律规范的同时，还应下大力气狠抓文物行政执法，健全文物执法督察和社会监督，强化文物法制宣传，注重文物法治人才培养等各项工作。从"法律体系"到"法治体系"的飞跃，体现了我们党对法治建设规律认识深化，也意味着法治建设步入新时代、新阶段、新征程。文物法律体系的发展，与文物管理现代化的历程相伴，是文物管理现代化的重要组成部分。在全面依法治国新时期，应抓住机遇，乘势将中国特色文物法律体系、法治体系向更科学、更完备的层次推进。

中国博物馆事业发展现状研究[①]

——以《博物馆条例》为视角

2015 年 3 月 20 日，我国博物馆行业第一部行政法规《博物馆条例》（以下简称《条例》）正式施行。《条例》根据全面深化改革、全面依法治国的新要求和我国博物馆事业发展的实际，针对亟待解决的一些重要问题做出了明确规定，为规范博物馆监督管理、加强行政执法提供了法律依据，对于推动我国博物馆事业可持续健康发展具有重要意义。

一、《博物馆条例》的立法意义

（一）《博物馆条例》的出台背景

中华人民共和国成立以来，发展包括博物馆在内的文化事业，是国家进行社会主义文化建设的长期政策，这一政策在宪法中有明确规定[②]。《文物保护法》（2002）和《文物保护法实施条例》（2003）对馆藏文物的保护管理作出了明确的规定。文化部、国家文物局在不同时期先后制定了一批博物馆专项法律文件，主要有：《省、市、自治区博物馆工作条例》（1979）、《博物馆安全保卫工作规定》（1985）、《博物馆藏品管理办法》（1986）、《美术馆工作

---

① 本篇专论曾以《简论〈博物馆条例〉的立法意义和执法难点》为题收录于《文物工作研究——聚焦 2015》，（刘曙光、柴晓明主编，文物出版社，2017 年。）收于本书时作适当修改和补充。

② 《中华人民共和国宪法》第二十二条：

国家发展为人民服务、为社会主义服务的文学艺术事业、新闻广播电视事业、出版发行事业、图书馆博物馆文化馆和其他文化事业，开展群众性的文化活动。

国家保护名胜古迹、珍贵文物和其他重要历史文化遗产。

暂行条例》（1986）（"暂行条例"第二条规定"美术馆是造型艺术的博物馆"）、《文物藏品定级标准》（2001）、《博物馆管理办法》（2005）等。

为了贯彻落实法律法规，促进文化文物事业的发展，有效发挥博物馆功能，规范博物馆管理，国家文物局在总结部门规章《博物馆管理办法》实施情况的基础上，广泛征求省级文物部门、主要博物馆、部分专家以及国务院有关机构等多方面意见，形成《博物馆条例（送审稿）》（以下简称送审稿）。2007 年 12 月 24 日，文化部部务会议上原则通过该稿，并于 2008 年 1 月 11 日报国务院法制办审议。①

但是，就在送审稿报送国务院法制办前后，一系列中央、国务院相关文件相继出台，引发博物馆事业管理的社会情势发生重大变化。2007 年 8 月 21 日，中办、国办联合下发《中共中央办公厅、国务院办公厅关于加强公共文化服务体系建设的若干意见》（中办发〔2007〕21 号）提出了建立覆盖全社会的公共文化服务体系的新要求；送审稿报送国务院法制办当月的 23 日，中共中央宣传部、财政部、文化部、国家文物局四部委联合下发《关于全国博物馆、纪念馆免费开放的通知》（中宣发〔2008〕2 号），要求"2009 年，除文物建筑及遗址类博物馆外，全国各级文化文物部门归口管理的公共博物馆、纪念馆，全国爱国主义教育示范基地全部向社会免费开放"；2011 年 3 月 23 日，中共中央、国务院下发《关于分类推进事业单位分类改革的指导意见》，提出加强事业单位改革，建立健全法人治理结构。由于此前报送的草案中并没能体现上述社情、国情、政策的重大变化，导致送审稿一直处于不断修正完善过程中而难以出台。

"十二五"期间，我国博物馆事业驶入发展的快车道，截至 2015 年底，全国博物馆总数达 4692 家，其中国有博物馆 3582 家，非国有博物馆 1110 家；免费开放博物馆 4013 家；平均 29 万人拥有 1 家博物馆。博物馆类型也从综合性、考古类博物馆占主体，发展到各专业门类博物馆百花齐放。博物馆体制也更为灵活多样，从过去国有博物馆几乎一统天下，发展到目前非国有博物

---

① 《文化部关于报送〈博物馆条例（送审稿）〉的请示》（文物报〔2008〕7 号），内部文件。

馆占据逾五分之一席位。博物馆数量逐年增加、类型日渐丰富、体制更为多元，形成中国特色博物馆体系新格局。尽管我国博物馆建设取得了较大成效，但应该看到，与当前经济社会发展水平和人民群众日益增长的精神文化需求相比，我国人均博物馆数量相对于发达国家仍然较少；博物馆管理运行整体还不够规范，尤其是非国有博物馆问题较多；博物馆的公共服务能力还不能完全适应社会需要；在促进社会参与、充分利用社会资金等方面，也存在比较突出的问题。这一成绩与问题交错共存的新形势，对博物馆法规建设提出了更高要求。

时代正在呼唤效力等级更高、内容更为丰富完善、更符合时代要求的全新博物馆法律规范。在促进文化大发展大繁荣、建立公共文化服务体系的大背景下，在中央依法治国的统一部署下①，国务院法制办主导修改，国家文物局配合，历经近十年打磨，《博物馆条例》终于在 2015 年 2 月 9 日得以正式公布，博物馆管理规范的效力等级提高到了行政法规层级。

《条例》之立，是"为了促进博物馆事业发展，发挥博物馆功能，满足公民精神文化需求，提高公民思想道德和科学文化素质"。如果说一部法律是一张网，立法目的便是其纲。纲举则目张。立法目的不仅仅是永远都写在法律第一条的一句话，更是一部法律的灵魂，法律因为拥有明确的立法目的而面貌清晰，其后的条款才能因循展开。细观本条，不难看出，《条例》的直接立法目的是"发挥博物馆功能"，"满足公民精神文化需求，提高公民思想道德和科学文化素质"，这正是博物馆教育、研究、欣赏功能的体现；最终目的是为了"促进博物馆事业发展"。而"公民"二字体现了博物馆作为公共文化机构而为公众服务的功能。

《条例》适应了博物馆改革和发展的需要，进一步完善了博物馆管理制度体系，有利于发挥博物馆社会服务功能，对博物馆行业的规范有序、繁荣发

---

① 2014 年 10 月 23 日中国共产党第十八届中央委员会第四次全体会议通过了《中共中央关于全面推进依法治国若干重大问题的决定》。《决定》在提到立法的重点领域时指出：立法重点包括建立健全坚持社会主义先进文化前进方向、遵循文化发展规律、有利于激发文化创造活力、保障人民基本文化权益的文化法律制度。而博物馆的研究、教育与欣赏功能，涉及人民基本文化权益，应属于立法重点领域。

展提供了有效法治保障。纵观《条例》全文，隐现历史印迹，折射时代特色，破解实际问题，以行政法规的较高效力层级为博物馆事业的顺利发展扬起法制风帆，为博物馆行业的科学管理保驾护航。同时也应意识到，《条例》的出台固然是一个良好的开端，宏观法律框架已然构建，但法律的生命在于执行，《条例》之有效贯彻还有赖于具体实施细则的出台。

（二）《博物馆条例》的立法特色

《条例》紧扣时代脉搏，应博物馆事业发展需要而生，无论是在条款规定上还是立法技术方面，都具有一些突出的特点，取得了新的发展。具体体现在以下几个方面：

1. 明确了博物馆的定义和范围

《条例》第二条定义条款中对博物馆下了明确定义，即"以教育、研究和欣赏为目的，收藏、保护并向公众展示人类活动和自然环境的见证物，经登记管理机关依法登记的非营利组织。"从这项规定中，可以看出博物馆概念由目的、功能、程序和性质等四个方面要件构成。其中目的要件是"教育、研究和欣赏"，功能要件是"保护并向公众展示人类活动和自然环境的见证物"，程序要件是"经登记管理机关依法登记"，性质要件是"非营利组织"。

《国际博物馆协会章程》[①] 中关于博物馆的定义是"博物馆是一个为社会及其发展服务的、非盈利的永久性机构，并向大众开放。它为研究、教育、欣赏之目的征集、保护、研究、传播并展出人类及人类环境的物证。"从博物馆定义角度来看，《条例》与国际章程衔接，吸纳其相关内容，并且首次在国内法规中明确提出设立博物馆的目的。

应该注意的是，《条例》对博物馆的适用范围还有一个限制性规定，即《条例》第四十五条规定的"本条例所称博物馆不包括以普及科学技术为目的的科普博物馆"。如此，通过正面和反面两方面的规定，清晰准确地界定了《条例》中所称博物馆的内涵和外延，明白无误地表达了《条例》的适用范

---

① 《国际博物馆协会章程》，国际博物馆协会第二十一届全体大会 2007 年 8 月 24 日在维也纳通过。

围，理解上不致产生偏差，为《条例》的贯彻执行奠定了良好的基础。

2. 突出了博物馆的公共文化服务功能

公共文化服务体系建设是满足人民群众基本精神文化需求的主要途径，是建设社会主义文化强国的基础工程，是全面建成小康社会的重要内容。党的十八大以来，以习近平同志为核心的党中央，将加快构建现代公共文化服务体系纳入全面深化改革全局。2015 年初，中共中央办公厅、国务院办公厅印发《关于加快构建现代公共文化服务体系的意见》和《国家基本公共文化服务指导标准》，对构建现代公共文化服务体系做出了全面部署。2017 年 3 月 1 日，《中华人民共和国公共文化服务保障法》正式施行，明确规定博物馆属公共文化设施。可见，博物馆是公共文化服务事业的重要组成部分，《条例》也在诸多条款中体现了博物馆的公共文化服务功能，强调了博物馆的公益性，这也是《条例》的亮点之一。

首先，《条例》第三条规定"博物馆开展社会服务应当坚持为人民服务、为社会主义服务的方向"，坚持"二为方向"，是我国文化文物工作中一贯坚持的原则，比如，《省、市、自治区博物馆工作条例》第二条规定"博物馆工作应⋯⋯坚持为工农兵服务、为社会主义服务的方向"；《美术馆工作暂行条例》第三条规定"美术馆在各级政府文化部门的领导下，要坚持为人民服务，为社会主义服务的方向"。现行《宪法》中也在第二十二条中规定了国家发展为人民服务、为社会主义服务的图书馆博物馆文化馆和其他文化事业。

其次，《条例》第四条明确规定国家鼓励社会力量依法设立博物馆，吸引社会资本投入公共文化领域，进一步推进简政放权，优化服务改革。同时，《条例》第五条要求博物馆行业组织应当依法制定行业自律规范，旨在培育和规范文化类社会组织，引导此类社会组织依法依规开展公共文化服务。上述规定有利于提升公共文化服务发展动力。

最后，《条例》第四章规定的是博物馆社会服务方面内容，本章规定是博物馆公共文化服务功能的集中体现。全章共计 11 条，数量上占《条例》总条款数的四分之一强，突出了博物馆的社会服务功能。在向公众开放方面，《条例》对开放的起始日期（自取得登记证书之日起 6 个月内向公众开放）和开放的时段（在国家法定节假日和学校寒暑假期间应当开放）均有强制性规定。

同时强调展陈主题和内容的科学导向性，并要求将相关材料进行报备。《条例》还规定了博物馆要将其开放时间、收费情况和优惠项目等诸事项进行公示公告。此外，本章还特别注意未成年人文化权益的保障与保护。比如，第三十条第二款规定："陈列展览的主题和内容不适宜未成年人的，博物馆不得接纳未成年人。"第三十二条规定："博物馆应当配备适当的专业人员，根据不同年龄段的未成年人接受能力进行讲解"，第三十三条第三款规定博物馆未实行免费开放的，应当对未成年人实行免费或者其他优惠。

3. 提倡建立并完善博物馆的法人治理结构

近年来，中共中央和国务院文件多次要求包括博物馆在内的文化事业单位要积极探索建立并努力完善法人治理结构，以确保公益目标的实现。这是实现政事分开、管办分离、转变管理体制的重大举措，是引进社会力量依法设立博物馆、加强博物馆社会监督的有效保障。法人治理结构包括决策机构、执行机构和章程准则三个部分，这些在《条例》中均有所体现。比如《条例》第十一条规定设立博物馆应当制定章程，此处并未区分国有博物馆和非国有博物馆。（而《博物馆管理办法》第十一条要求非国有博物馆在设立时提交博物馆章程草案）。该条还规定章程内容中应包括博物馆的组织管理制度，涉及理事会或者其他形式决策机构的产生办法、人员构成、任期、议事规则等。《条例》第十七条强调"博物馆应当完善法人治理结构，建立健全有关组织管理制度"。这些条款高度呼应并集中体现了党的十八届三中全会通过的《中共中央关于全面深化改革若干重大问题的决定》和国务院相关文件精神，为进一步深化博物馆制度改革提供了法律依据。

4. 注意与其他法律法规的衔接

纵观《条例》全文，会发现其中有相当一部分条款系援引其他法律法规规定，比如：第六条第二款："依法设立博物馆或者向博物馆提供捐赠的，按照国家有关规定享受税收优惠"；第九条："对为博物馆事业做出突出贡献的组织或者个人，按照国家有关规定给予表彰、奖励"；第十二条："国有博物馆的设立、变更、终止依照有关事业单位登记管理法律、行政法规的规定办理"；第十四条："藏品属于古生物化石的博物馆，其设立、变更、终止应当遵守有关古生物化石保护法律、行政法规的规定"；第十八条："博物馆专业技术人员按照国家有关规定评定专业技术职称"；第二十条："博物馆接受捐赠的，应当遵守有关法律、行政法规的规定"；第二十六条："博物馆终止的，应当依照有关非营利组织法律、行政法规的规定处理藏品；藏品属于国家禁止买卖的文物的，应当依照有关文物保护法律、行政法规的规定处理"；第二十七条："博物馆藏品属于文物或者古生物化石的，其取得、保护、管理、展示、处置、进出境等还应当分别遵守有关文物保护、古生物化石保护的法律、行政法规的规定"；第三十三条第二款："博物馆未实行免费开放的，其门票、收费的项目和标准按照国家有关规定执行"；等等。上述法律条款属于准用性规则，即条款本身并未规定具体的行为模式，适用时援引或参照相关规定。与之前的博物馆法规相比，《条例》中的准用性规则明显更多，这也体现出其在制定时已经十分注意与其他相关法律法规的衔接问题，避免法律冲突和重复性规定，采取这一立法技术也使《条例》本身更为简洁、紧凑，重点突出。

二、《博物馆条例》主要内容

（一）治理结构

《条例》第十七条规定："博物馆应当完善法人治理结构，建立健全有关组织管理制度"。中共中央、国务院《关于分类推进事业单位改革的指导意见》（中发［2011］5号）明确提出要进一步理顺政府与事业单位的关系，"探索建立理事会、董事会、管委会等多种形式的治理结构，健全决策、执行和监督机制，提高运行效率，确保公益目标实现。"同年，为了贯彻落实文件精神，国务院办公厅印发《分类推进事业单位改革配套文件的通知》（国办发［2011］37号），其中第四项是《关于建立和完善事业单位法人治理结构的意见》。《意见》全面阐述了关于建立和完善法人治理结构的基本原则、总体要求、主要内容和组织实施等方方面面，对公益服务事业单位的治理结构和管理制度做出明确规定，为改革指明了方向。《意见》为事业单位建立法人治理结构设计了三个关键点，即理事会、管理层和章程准则。其中，理事会是单位决策监督机构的主要组织形式，根据国家法律和单位章程履行职责，接受政府监管和社会监督，其构成广泛，产生方式多样；管理层是理事会的执行机构，对理事会负责，根据理事会决议独立处理日常工作，由单位行政负责人及其他主要管理人员组成；章程规范了理事会和管理层的运行规则，以及单位各项制度，草案由理事会通过，并向登记管理机关报备。

《中共中央关于全面深化改革若干重大问题的决定》提出，要加快事业单位分类改革，加大政府购买公共服务力度，推动公办事业单位与主管部门理顺关系和去行政化，建立事业单位法人治理结构，明确不同文化事业单位功能定位，建立法人治理结构，完善绩效考核机制，推动公共博物馆等组建理事会，吸纳有关方面代表、专业人士、各界群众参与管理。纵观几次中央文件，对于事业单位法人治理结构改革从初步探索，到全面阐述，再到"明确不同文化事业单位功能定位"，思想愈加成熟，要求愈加明确，意味着事业单位法人治理结构改革全面铺开。

这一有关事业单位的重大改革精神，在《条例》中也得到体现。《条例》明确要求设立博物馆应当制定章程（第十一条），这对于推进博物馆管理体制机制创新具有重要的作用。章程中应当明确规定举办单位与理事会、理事会与管理层的关系，包括理事会的职责、构成、会议制度，理事的产生方式和任期，管理层的职责和产生方式等。[①] 无论是国有博物馆还是非国有博物馆，作为决策机构的理事会，吸收社会人士代表、服务对象或其他利益相关方代表担任理事，使其构成社会化、多元化，是博物馆开放性、公益性的重要体现和保证。随着我国博物馆理事会制度的全面推进，加之《条例》中已有明确规定，可以预见，国有博物馆的法人治理结构即将加速建设。

为了做好法人治理结构的改革工作，2012年中央编办登记管理局在全国范围内开展试点工作，确定了35家事业单位作为直接联系的法人治理结构建设试点单位。本次试点，旨在探索一种全新的事业单位管理体制和运行机制，在体制上实现政事分开、政资分开、管办分离的法人治理结构形式，充分调动举办单位、事业单位法人以及事业单位员工的积极性，将事业单位法人治

---

① 国家文物局：《博物馆条例释义》，中国法制出版社，2015年，第56页。

理结构建设推向深入，使事业单位各项事业能够更好地发展。

　　试点单位包括两家博物馆，分别是陕西汉阳陵博物馆和云南省博物馆。以汉阳陵博物馆为例，2015 年 2 月 2 日，该馆理事会、监事会正式成立，通过了《汉阳陵博物馆章程》，开启了法人治理结构下的全新管理模式。根据章程，理事会、管理层和监事会之间的关系为：理事会是领导核心，负责重大事项的决策；管理层是执行机构，负责执行理事会的各项决策；监事会是监督机构，负责对理事会、管理层履职情况的监督。理事长和外部理事的认真履职是理事会制度高效运转的重要保障。汉阳陵博物馆的理事长由陕西省文物局副局长兼任，具有理事会召集和行政管理的双重职能，能够对汉阳陵博物馆发展提供较大支持。外部理事中，不乏博物馆行业专家、资深旅游管理专家和驻地政府代表，可以从不同角度为汉阳陵博物馆发展提供思路和必要支持。理事、监事参与决策，指导管理层实现科学规范管理，取得了实际效果。

　　目前，广东省博物馆、湖北省博物馆、内蒙古博物院、湖南省博物馆、贵州省博物馆、青岛市博物馆等一批国有博物馆已经陆续成立了理事会，并通过了博物馆理事会章程，开始向法人治理的方向迈进。

　　实际上早在民国时期成立的博物馆，就曾组建董事会或理事会，开始尝试采用法人治理的管理模式。比如，1914 年（民国三年）3 月成立的中华博物院，由私人团体组建，性质相当于今天的非国有博物馆。中华博物院采用董事会治理模式，起草了《中华博物院组织大纲》。再比如 1925 年 10 月 10 日成立的故宫博物院，其筹备单位—清室善后委员会起草了《故宫博物院临时组织大纲》《故宫博物院临时董事会章程》《故宫博物院临时理事会章程》等文件，确立了故宫博物院的法人治理结构。还有隶属于河南省教育厅的河南博物馆，1927 年（民国十六年）6 月建馆。由河南省教育厅颁布的《河南博物馆组织条例》（1931 年 1 月 20 日）就明确规定"本馆设理事会"，以决议重要事项。以上列举的三家民国时期的博物馆既有公立的，又有私立的；既有中央级别的，又有地方一级的，从其章程、组织大纲或组织条例中可以看出，均采用的是法人治理结构。这些博物馆在法人治理方面的经验和实践值得今天的博物馆学习和借鉴。

（二）藏品管理

藏品是博物馆赖以生存的物质基础，藏品安全是博物馆藏品管理的重要目标。《条例》对藏品来源、建档、安全管理措施、移交、处置等工作做出明确细致的规定。比如，《条例》第二十一条规定："博物馆可以通过购买、接受捐赠、依法交换等法律、行政法规规定的方式取得藏品，不得取得来源不明或者来源不合法的藏品。"藏品来源真实合法是博物馆的道德底线，是一个负责任的文化机构应该坚守的职业准则。博物馆不得取得来源不明或者来源不合法的藏品，接受捐赠应当遵守有关法律、行政法规的规定。这是一条国际公认的博物馆收藏原则。《国际博物馆协会章程》及其《职业道德准则》都要求博物馆不得收藏来源不合法或是来源不明的物品。《关于禁止和防止非法进出口文化财产和非法转让其所有权的方法的公约》（1970）中也提到缔约国博物馆应保证根据普遍公认的道义原则汇集藏品，并要求缔约国采取必要措施防止本国领土内的博物馆获取来源于另一缔约国非法出口的文化财产。

《条例》第二十二条规定："博物馆应当建立藏品账目及档案。藏品属于文物的，应当区分文物等级，单独设置文物档案，建立严格的管理制度，并报文物主管部门备案。"藏品登录是博物馆藏品管理中的一项基础工作。本条规定与国际准则是一致的，比如《国际博物馆协会职业道德准则》（2004）指出："确保博物馆临时或永久接受一切物品得以恰当、全面地做出记录，以利于证明出处、鉴定断代、记录状况并进行处理，是一项重要的专业职责"。完整规范的博物馆账目和档案，能够真实反映博物馆藏品管理全过程，有利于防止博物馆资产流失，有利于维护国家文化安全。《博物馆藏品管理办法》（1986）、《文物藏品档案规范》（2009）、《馆藏文物登录规范（WW/T 0017 – 2013)》（2013）等一系列法规文件和技术规范的出台，为藏品登录工作的有效开展提供了技术支撑。

（三）社会教育

《条例》第三十四条第一款规定："博物馆应根据自身特点、条件，运用现代信息技术，开展形式多样、生动活泼的社会教育和服务活动"。博物馆教育是博物馆的核心要素之一，也是博物馆社会性、公益性的具体体现。我国也在逐渐培育博物馆教育的现代理念。现代博物馆教育越来越提倡分众化教育，即把教育对象细分为不同群体，再根据不同群体的特点和需求制定个性化的教育内容。国家十分重视青少年博物馆教育。比如在《国务院关于深入推进义务教育均衡发展的意见》（国发〔2012〕48号）中就明确指出，博物馆等机构要积极开展面向中小学生的公益性教育活动。管理部门也要努力创造条件。国家文物局于2014年印发的《关于开展"完善博物馆青少年教育功能试点"申报工作的通知》中也提出了馆校联合、逐步推进的思路，即具有良好博物馆青少年教育工作基础的国有博物馆与本地区教育部门、中小学建立合作关系，以此探索实现博物馆教育资源利用最大化的有效途径和手段并向全国推广。《关于加快构建现代公共文化服务体系的意见》（中办发〔2015〕2号）提出"将中学生定期参观博物馆、美术馆、纪念馆、科技馆纳入中小学教育教学活动计划"。在上述倡导青少年博物馆教育的大环境下，《条例》针对青少年教育做出了具体规定①，将中央和国家文件中关于学校和博物馆合作、博物馆建立教学实践基地等要求进一步上升为法规。这些文件和规定有力推动了博物馆教育的发展，也为博物馆教育最终纳入国民教育体系提供了前所未有的机遇。

事实上，在做好青少年教育的同时，博物馆的学前儿童教育功能也不容忽视。这一点上我国大部分博物馆还做得不够。我国著名教育家陶行知曾强调六岁前教育的重要性："儿童学者告诉我们凡人生所需要的重要习惯、倾向、态度多半可以在六岁以前培养成功。"因此，学前儿童是一个特殊群体，应该引起博物馆教育工作者的重视。博物馆应努力提供适合学前儿童的教育设施和项目内容。比如，更低一些的橱窗玻璃，以便让孩子们自己就能轻松地看到展品；开设幼儿活动专区，或者专属学前儿童的博物馆网站；与家长

---

① 《博物馆条例》第三十五条："国务院教育行政部门应当会同国家文物主管部门，制定利用博物馆资源开展教育教学、社会实践活动的政策措施。地方各级人民政府教育行政部门应当鼓励学校结合课程设置和教学计划，组织学生到博物馆开展学习实践活动。博物馆应当对学校开展各类相关教育教学活动提供支持和帮助。"

和幼儿园相配合，变身为家庭教育和幼儿园教育的辅助场所，等等。另外有条件的博物馆还可以专门招聘一些熟悉幼儿教育的工作者或者是志愿者，帮助博物馆学前教育取得更大的成效。

成立于 1988 年的美国史密森早教可谓博物馆学前儿童教育的典范，其教育理念和实践都值得我们学习。史密森早教中心联合国家自然历史博物馆，面向 3 个月 ~6 岁的低龄孩童开设家庭工作坊。工作坊设置在美国国家自然史博物馆的早教教室，面向所有家庭开放。它由具备早期儿童教育和博物馆教育经验的工作者带领，旨在通过有计划的活动鼓励孩童的创造力，提升他们的读写和批判思考能力，并使参与者分享经验。工作坊围绕某一主题展开，每个主题持续四个星期，每次活动在两个小时左右，包含博物馆参观与教室活动形式。同时，工作坊将这部分儿童按 3 ~18 个月、19 个月 ~3 岁及 3.5 岁 ~6 岁细分，根据他们不同的身心发展阶段推出有针对性教育项目。[①]

（四）经费保障

《条例》第五条第一款规定："国有博物馆的正常运行经费列入本级财政预算；非国有博物馆的举办者应当保障博物馆的正常运行经费。"这意味着从法规层面，明确了国有博物馆和非国有博物馆经费保障的责任主体，即国有博物馆的正常运行经费由同级政府财政承担，非国有博物馆的正常运行经费由举办者负责。鉴于博物馆的公益属性，国家鼓励博物馆通过多种途径充分利用社会资金以实现自身可持续发展（《条例》第五条第二款）[②]。《条例》第六条明确对捐赠采取税收优惠的鼓励政策，即 "依法设立博物馆或者向博物馆提供捐赠的，按照国家有关规定享受税收优惠"。

《条例》中的这些规定，也反映出我国博物馆的正常经费来源从单一财政投入为主向多元投入发展。过去国有博物馆的经费来源，除了占主要部分的国家投入，也有门票收入和文物复仿制等其他收入。《文物保护法实施细则》

---

① 蒋臻颖：《我国博物馆学前儿童教育问题探析——以史密森早教中心为例》，《博物馆研究》2015 年第 2 期（总第 130 期）。

② 《博物馆条例》第五条第二款："国家鼓励设立公益性基金为博物馆提供经费，鼓励博物馆多渠道筹措资金促进自身发展。"

（1992）规定："各级文物行政管理部门所属的文物事业企业单位的收入，应当全部用于文物事业，作为文物保护管理经费的补充，不得挪作他用。"博物馆对社会资金的利用在国际上非常普遍，即使是国有博物馆，比如法国的罗浮宫、英国的大英博物馆，社会资金在其整个资金构成中也占据不可小觑的比例。国外的博物馆往往通过出售门票、争取和接受捐款、投资、开展经营、收取会员费等多种途径利用社会资金。

为给博物馆吸收社会资金提供有效保障，《条例》明确了博物馆捐赠者的税收减免制度①，以刺激社会资金进入博物馆。这也是国际社会通行做法。比如美国目前的文化促进政策中，占据最大份额的就是对公益捐赠实施免税的政策，这种间接支持政策极大影响了美国的文化发展模式。再比如有着官方背景的旧金山亚洲艺术馆，市政府只承担水电费和市政府聘用员工的薪水，其他运行费用都是依靠社会捐赠。

《条例》还提出博物馆可依法享受税收优惠。但这里要明确的是，税收激励机制根源于博物馆作为非营利组织的公益性，所以对博物馆进行税收减免优惠首先要区分经营性收入和非经营性收入，有必要制定相关标准规范，以明确哪些收入可以免税、哪些收入可以抵扣、哪些收入依然应当依法纳税。

---

① 《博物馆条例》第六条第二款："依法设立博物馆或者向博物馆提供捐赠的，按照国家有关规定享受税收优惠。"其中提到的"国家有关规定"主要包括：

A. 《关于进一步完善文化经济政策的若干规定》（国发［1996］37号）第二条"为鼓励社会力量资助文化事业，纳税人通过文化行政管理部门或批准成立的非营利性的公益性组织对下列文化事业的捐赠，在年度应纳税所得额3%以内的部分，经主管税务机关审核后，在计算应纳税所得额时予以扣除：（一）对国家重点交响乐团、芭蕾舞团、歌剧团和京剧团及其他民族艺术表演团体的捐赠。（二）对公益性的图书馆、博物馆、科技馆、美术馆、革命历史纪念馆的捐赠。（三）对重点文物保护单位的捐赠。"

B. 《中华人民共和国公益事业捐赠法》（1999）第二十四、二十五、二十六、二十七条，分别针对公司和其他企业、自然人和个体商户以及境外主体三种不同的捐赠主体规定了相应的税收减免。

C. 《中华人民共和国企业所得税法》（2007）第九条："企业发生的公益性捐赠支出，在年度利润总额12%以内的部分，准予在计算应纳税所得额时扣除。"

D. 《中华人民共和国个人所得税法》（1980年制定，2011年第六次修正）第六条第二款："个人将其所得对教育事业和其他公益事业捐赠的部分，按照国务院有关规定从应纳税所得中扣除。"

（五）文创产品开发

《条例》第三十四条规定："国家鼓励博物馆挖掘藏品内涵，与文化创意、旅游等产业相结合，开发衍生产品，增强博物馆发展能力。"文化创意产品，又可简称为文创产品，可以说是艺术衍生品的一种，它利用原生艺术品的符号意义、美学特征、人文精神、文化元素，对于原生艺术品进行解读和重构，通过设计者自己对于文化的理解，将原生艺术品的文化元素与产品本身的创意相结合，进一步形成一种新型文化创意产品。文创产品规模化后逐渐形成一种新兴产业，即文化创意产业。早在2006年发布的《国家"十一五"时期文化发展规划纲要》中就已明确提出了国家发展文化创意产业的主要任务，全国各大城市也纷纷提供相关政策支持以推动文化创意产业的发展。文化创意产业在我国甫一萌发便迅速蓬勃发展。本条旨在鼓励利用博物馆馆藏资源开发文创产品，促进文化传承传播和博物馆自我发展，深入发掘馆藏文化资源，推动文化创意产品开发，有利于激发沉淀的文化资源真正活起来，传承弘扬优秀传统文化；有利于促进文化文物单位转变理念、提高效能，提升服务能力，丰富服务内容，实现自我优化。博物馆+文化创意产业，博物馆商业经营，将形成新的经济增长点，是我国供给侧改革的重大举措，将在稳增长、促消费中发挥重要作用。

2016年5月11日，国务院办公厅转发文化部、国家发展改革委、财政部、国家文物局《关于推动文化文物单位文化创意产品开发的若干意见》（国办发［016］36号）（以下简称《意见》）提出，要充分调动文化文物单位积极性，发挥各类市场主体作用，加强文化资源梳理与共享，提升文化创意产品开发水平，完善文化创意产品营销体系，加强文化创意品牌建设和保护，促进文化创意产品开发的跨界融合。强调加强文化资源开放和共享，鼓励文化文物单位与社会力量深度合作，鼓励社会力量参与文化创意产品研发、生产和经营。

《意见》鼓励具备条件的文化文物单位采取合作、授权、独立开发等方式开展文化创意产品开发。还针对部分地方财政对文化创意产品开发收入实行收支两条线的问题，明确文化文物事业单位文化创意产品开发取得的事业收入、经营收入等按规定纳入本单位预算统一管理，可用于加强公益服务、藏品征集、继续投入开发、人员绩效奖励等。并提出按照试点先行、逐步推进的原则，在国家级、部分省级和副省级博物馆、美术馆、图书馆中开展试点，允许试点单位通过知识产权作价入股等方式投资设立企业，从事文化创意产品开发经营。

2016年12月，国家文物局公布了92家全国博物馆文化创意产品开发试点单位名单，这些试点单位将在实践中探索多元化的文化创意产品开发模式，探索建立既符合相关政策要求又适应市场规律的收入分配制度，探索建立有效的激励机制。2017年1月，文化部公布了7家确定的文化文物单位文化创意产品开发试点单位名单，还公布了55家备案的文化文物单位文化创意产品开发试点单位，至此，自《意见》印发以来文化部、国家文物局确定或备案了154家试点单位。文化部办公厅、国家文物局办公室下发通知，开展《意见》落实情况阶段性总结工作。通知积极鼓励、支持各试点单位开拓创新、大胆探索、并给予政策措施保障，健全合理的容错纠错机制。通知提出将在2017年上半年派工作组赴地方督查，适时选择试点成效显著的地方召开现场会，进一步总结推广试点经验，推进下一阶段工作。在有关资金安排中对真抓实干，试点成效显著的地方和单位予以资金扶持，加大激励支持力度。对工作落实不力，特别是已有明确试点政策仍然不执行的地方和试点单位，将采取现场督导、通知进京约谈等形式点对点调度督促，传导压力，促进各地试点单位把责任扛在肩上，改进工作、落实政策、切实打通政策落实的"最后一公里。"

在让文化遗产活起来的大背景下，文化创意产品从文化文物单位的角度来说是"文化的传播"，从旅游的角度来说是"满足游人购物的需要"；从市场的角度来说是"企业生产行为"。因此在文博单位占有资源，企业占有市场的现实状况下，发展之路就是"文化遗产＋"，让文人加商人，变文物资源为文化产品和商品，形成产业链，实现文化传播、民众受益、经济发展的多赢局面。

国家层面的博物馆文化创意产品开发经营试点工作正在逐步展开，但是实践中已经有一些博物馆在文创实践中取得了良好的经验值得借鉴和学习。

比如南京博物院专门设立了文化创意部，2012 年 9 月成立了江苏省博物馆商店联盟。秉持"博物馆文化创意产品是陈列展览和社会服务的组成部分，博物馆商店是历史文化宣传的窗口"的理念，积极探索如何让文物走向寻常百姓家。南京博物院文创商店共有典藏、书籍、文具等七大类产品，兼顾艺术性和实用性，尽可能满足各个层次消费者需要。博物院还通过举办创意大赛、授权第三方文创开发等形式丰富创意产品。此外，博物馆商店联盟，采用先进的连锁管理运营模式和市场营销理念，依据共同的章程、规则，最大程度降低设计、开发成本，引领全省博物馆文创产业的发展。①

三、《博物馆条例》的实施建议

《条例》执法工作首先涉及法的适用问题，《条例》实施后，《博物馆管理办法》是否还能适用呢？《博物馆条例》与《博物馆管理办法》的效力等级相比，前者属于行政法规，是上位法，后者属于部门规章，是下位法。根据"上位法优于下位法"的法律适用的基本原则，应优先适用《条例》。但是，值得注意的是，《博物馆管理办法》并没有因为《条例》的实施而被完全废止。根据规定，法律的废止有以下几种情况：

1. 法律本身规定了有效期限，期限结束，该法即自动终止；

2. 法律为某一特定情况而制定，一旦该情况消失，即应废除该法；

3. 以新法取代旧法。有的新法未明文规定废止旧法，但依"新法优于旧法"的原则，新法或者完全代替旧法，或者仅废止旧法中与其相抵触的部分。

《条例》中并没有明确规定废止《博物馆管理办法》，该管理办法中也未规定有效期限和废止条件。因此，《博物馆管理办法》中不与《条例》产生冲突的条款，依然有效。具体到《条例》执法过程中的一些难点问题，本书认为有以下几个方面：

（一）备案制度的确立与落实

《条例》第十二、十三、十四、十五条分别规定了国有博物馆和非国有博

---

① 李民昌：《立足文物资源，创意传承文化——南京博物院文化创意实践》，《中国文物报》2016 年 8 月 16 日，第 3 版。

物馆的设立、变更、终止的登记和备案，无论何种类型博物馆，均要求"向馆址所在地省、自治区、直辖市人民政府文物主管部门备案。"而据《博物馆管理办法》规定，博物馆的设立、变更、终止均应报省级文物行政部门审核。（《博物馆管理办法》第十、十六、十七条）可见，从《办法》到《条例》，从"审核"到"备案"的转变，可以说是在简政放权大趋势下，博物馆行政管理的一种适时地深度调整。

但是《条例》中并没有进一步规定备案的具体程序、内容和要求，在尚无配套法规的情况下，难免会给实践操作带来很多不确定性。为此，国家文物局于《条例》实施当日印发的《关于贯彻执行〈博物馆条例〉的实施意见》中，第二部分"国家大力发展博物馆事业，鼓励支持社会参与博物馆建设"，对博物馆备案制度作出更为具体的规定。规定具体为："要按照博物馆行业标准和规范，依法分类开展博物馆的备案工作。国有博物馆按属地原则实行分级登记管理，由上级主管部门批准成立后，依法办理事业单位登记，并由举办者向省级文物主管部门提出备案。省级文物主管部门应向符合备案条件的出具'博物馆备案确认书'并及时向社会公告；对不符合备案条件的，应依据专业标准，出具具体的指导意见，并协助其整改完善。申请设立非国有博物馆的，举办者应当向省级文物主管部门备案；并凭省级文物主管部门出具的确认书依法办理法人登记手续；不符合备案条件的，省级文物主管部门应出具明确的文字意见。"

2004 年 7 月 1 日《行政许可法》施行以后，很多审批制转变为备案制，现代行政法视野内，备案一般被认为不具有创设权利的审批或许可性质，而是具有信息收集、信息披露、存档备查功能的行政公务行为，也就是备案并不能产生实质上的法律效果。而根据上述国家文物局《实施意见》，若国有博物馆设立备案不符合条件，主管部门协助整改完善。可见国有博物馆设立备案属于监督意义的备案。但是整改后仍未达到备案条件的，将怎样处理？《实施意见》中并未明确。而对于非国有博物馆设立备案，更是明确规定"省级文物主管部门出具的确认书依法办理法人登记手续"。这里的"确认书"成为后续办理法人登记手续的前置条件，实则是许可性质的备案。可见，若根据《实施意见》中的规定，条例中的"备案"并不完全符合备案制的本质。因此，条例中的博物馆备案制度还需通过相关配套法规措施，比如制定《博物馆备案管理办法》，进一步明确和落实。

（二）理事会制度面临的挑战与对策

博物馆建立理事会制度的主要目的是要确立博物馆决策层（多以理事会形式）的决策地位，把行政主管部门对博物馆的具体管理职责交给决策层。但是就国有博物馆运行现状来看，财权、人事权都在政府，政府深度参与博物馆管理，甚至文物行政部门官员与博物馆领导经常性交换，所以对国有博物馆来说，有业内人士认为诸如理事会任免本馆馆长、副馆长基本是不现实的。博物馆即使成立了理事会，制定了章程，也对博物馆的实际管理并无多大影响。

至于理事会的职责，通过查阅几家国有博物馆的章程，发现各博物馆章程中规定的理事会职责范围略有不同。比如《湖北省博物馆理事会章程》中规定理事会可行使的职权有：审议湖北省博物馆发展战略、规划和重大改革发展举措；审议湖北省博物馆年度工作计划；审议湖北省博物馆年度财务预决算方案；审议湖北省博物馆年度运行评估报告；审议其他临时重大事项。湖北博物馆理事会的职权比较简单，其职权范围基本与原有的领导班子职能相仿，未能体现出理事会的社会功能。相比之下，《广东省博物馆章程》中规定的理事会基本职责更为符合理事会的社会性、决策性、独立性等特性，其职责包括：确定本馆的使命、宗旨，并保障其实现；拟定及修订本馆章程，确定理事会议事规则；拟定本馆事业发展规划并监督执行；任免举办单位提名的本馆馆长、副馆长；审议和批准本馆的财务预决算；审议和批准本馆内部薪酬分配方案；审议本馆内设和分支机构设置方案；审议决定本馆理事会成员的聘任和解聘；沟通协调本馆与社会各界的关系，争取政府、社会对本馆事业的支持；负责筹措本馆事业发展资金；监督管理层执行理事会决议；本届理事会任期届满前三个月负责组建下届理事会，并报举办单位审核批准。根据章程，广东省博物馆理事会有权任免本馆馆长、副馆长，并承担协调对外关系、筹措发展资金等责任。可谓权力更大，社会性更强。《青岛市博物馆章程》中关于理事会职权的规定也大体如此，但是对于馆长、副馆长人选只有提名权，没有任命权。《内蒙古博物院章程草案》中规定的理事会职责相对较弱，通篇皆是诸如"确保""鼓励""提出意见和建议"之类的用词，可见该理事会主要承担咨询、指导等初级功能，并无"审议"职能，尚不能体现理事会的决策机构性质。

非国有博物馆的理事会制度执行情况，从 2014 年发布的《民办博物馆规范化建设评估报告》中可见一斑：在"根据章程成立理事会；理事中社会代表性人士不少于 1/3；理事会按照章程规定有效开展活动"这一指标中，16.1% 的博物馆没有得分，14.4% 的博物馆只获得 8 至 25 分（百分制），37.6% 的博物馆获得 33 至 50 分（百分制），即超过三分之二的博物馆在理事会管理方面存在明显问题。非国有博物馆在法人治理方面缺乏基本组织构架，往往设有决策机关、执行机关和监督机关的明确分工。

目前来说，我国博物馆理事会制度是改革的方向，但只能说刚刚启动，尤其是国有博物馆，已经制定博物馆章程的还不算多，并且章程中关于理事会职责的规定也多有不同。从曾经的行政管理向法人治理转变是我国博物馆管理制度的重大变革，这种变革是一项重大工程，不可能朝夕间完成。我国博物馆理事会制度从建立到完善，要经历一个循序渐进的过程，绝不能急躁冒进，还要根据博物馆的不同地域、不同性质和不同特性来分级别分阶段的开展理事会制度建设。首先要转变观念，去行政化，将博物馆管理与政府剥离，努力减弱直至消除博物馆（尤其是国有博物馆）的行政化色彩；其次是增进博物馆的社会化，一方面要求博物馆提供公共文化服务，另一方面鼓励社会参与博物馆的建设、管理、监督，并且使之制度化。

同时，对于非国有博物馆，是否都登记为法人值得商榷。实际上，鉴于非国有博物馆之间的条件差异显著，可以依据《民办非企业单位登记管理暂行条例》第十二条和《民办非企业单位登记暂行办法》第二条的规定，对于个人出资且出资人担任负责人，仅有数名职工的非国有博物馆，如个人收藏展示馆，可以作为民办非企业单位（个体）登记；对于两人或两人以上合伙举办但尚不具备法人条件的非国有博物馆，可以作为民办非企业单位（合伙）登记；对于两人或两人以上举办，或由企业事业单位、社会团体和其他社会力量举办的，或由上述组织与个人共同举办的，且具备法人条件的非国有博物馆登记为民办非企业单位（法人）。这样可以实现对非国有博物馆的分类分级管理。上述想法是否可行，有赖于文物部门和民政部门深入交换意见并充分沟通。

政府层面，除了下发各种推进博物馆理事会制度改革的通知、指导意见，也应该结合各地实际情况和试点中取得的经验甚至教训，发布诸如《国有博物馆章程范本》之类的具体指导措施，鼓励各地结合实际情况开展多种模式探索，健全博物馆法人治理结构，提升博物馆治理水平。

（三）博物馆的资金困境与破解

目前我国国有博物馆的资金来源渠道实际上仍然比较单一，并且不平衡。国有博物馆资金来源主要包括国家财政拨款、博物馆自身的业务性收入，以及来自企业、个人、社团的社会捐赠。其中国家财政拨款主要是用于博物馆的人员工资、办公经费以及其他事业性支出，博物馆若要扩大规模、发展事业还需寻求其他增收渠道，比如业务性收入和社会捐赠。博物馆业务性收入，包括文物复仿制、文创产品开发，举办培训班、开设餐厅等，但是博物馆的经营项目受地域和经济发展的影响收入状况差别较大，有的博物馆经营状况很好，有的则几乎没有业务性收入。社会资金的利用方面问题更为突出，博物馆普遍缺乏系统谋划，相当多的社会捐赠由偶然性因素促成，社会资源利用取向属于内向型。甚至当笔者询问某国有博物馆负责人其利用社会资金的情况时，竟然用"讳莫如深"四个字作为回应。

非国有博物馆资金状况同样堪忧。国家文物局组织开展的 2014 年非国有博物馆运行评估中，资产来源信息一栏，共有 524 家博物馆填报，其中有 244 家的资产 100% 来自于举办者投入，占填报博物馆总数的 46.6%；而举办者投入资产占总资产比例 50% 以下的则仅有 142 家，占总数的 27.1%，可见举办者投入资产仍然是非国有博物馆最重要的资产来源。这说明许多非国有博物馆长期依赖甚至依附举办者存在，造血机能差，财务状况不佳。这一资金状况导致不少非国有博物馆的馆舍基本靠租用或借用，甚至频繁迁址，很难拥有较稳定的观众群；难以实现理想化的自我管理和独立运营，法人治理结构无法有效运行。

针对目前博物馆普遍面临的资金问题，政府和博物馆应共同努力破解困局。首先从政府层面来说：一方面，博物馆作为公益性非营利组织，其健康有序发展、拓展资金渠道离不开政府的引导、保护和监督，政府应当对博物馆拓展资金渠道有重点、有倾向性的给予财政支持，尤其对那些中小型博物馆来说，更是迫切需要的。另一方面，制定并完善相关法律政策。这方面可以借鉴国外一些做法。比如美国的所得税、遗产税和赠与税中都有明确的慈善减税项目。《国内税收法》将艺术博物馆视为慈善组织，规定可以享受到美国政府对其特殊的税收优惠政策，包括免除财产税，免除艺术品进出口税和进口增值税，对艺术博物馆来说最大的优惠是能够接受金钱、实物或艺术品捐赠，这部分捐赠同时从捐赠者应税额中扣除，受捐赠的博物馆也免交联邦所得税。得益于这些税收优惠政策，美国艺术博物馆获得更多来自私人捐赠的藏品，远超过博物馆使用政府资助的预算经费购买的藏品。[1] 反观我国《公益事业捐赠法》（1999），虽涉及社会捐赠，但只是提出了一些原则性框架，还需进一步制定具体的操作细则。

其次，从博物馆自身来说：一方面要健全和完善多元化的社会服务体系，增强公共服务意识，举办有特色的展览、建设优良的展陈设施、提供人性化服务。另一方面，加大宣传力度，多与政府有关部门沟通，争取资金支持；加强与社会各界的交流，通过吸收博物馆会员、给捐赠者荣誉性"回赠"、联合举办展览等活动，获得长期固定的社会捐赠。

（四）文创经营的提出与落地

目前博物馆搞文创，普遍面临规模小、种类不多、相对滞后、创意不足、缺乏市场运作经验、经营效率低的困局。博物馆如何搞文创经营？在我国现行体制内，国有博物馆一般属于公益一类事业单位，实行收支两条线，也就是所有的收入都要交给财政，预算支出要先向财政部门申报，再由财政统一

---

① 李妍：《美国税收政策如何助力艺术博物馆的发展》，《中国博物馆》2016 年1 期。

划拨。博物馆如果设立公司来搞文创，在现有的事业单位管理制度下，将会面临不少阻力甚至是尴尬。比如，公司员工是用本博物馆人员还是重新招聘？如果是本博物馆人员去公司任职，那么原有的事业单位编制是不是要保留？如果公司盈利，是不是要与博物馆分成？可是按照现行的事业单位收支两条线政策，博物馆即使因公司盈利而分成，那么取得的这部分收入也不能直接用于发放职工工资和福利。公司员工的收入能不能借激励机制而随之提高？如果提高，那么没来公司的其他博物馆人员会不会有意见？有的博物馆能够很好地解决上述问题，但是更多的博物馆恰恰正面临这些困扰。有的博物馆成立了公司，但是被要求三剥离：人员、经费、业务剥离，如此，博物馆何来积极性？

而本应比国有博物馆更有活力、更有创造性的非国有博物馆，在文创经营方面的表现也无法令人满意。在 2014 年非国有博物馆运行评估中发现，多数非国有博物馆创意能力不足。在参评博物馆中只有 61.0% 的馆开展了文化产品开发。而其产品的销售情况也并不理想，在 435 家填报了销售额数据的博物馆中，有 206 家销售额为 0，占总数的 47.4%，其余大部分馆销售额都在 100 万元以下，100 万元以上的 39 家，仅占总数的 9%。

在现有体制下，如何增强博物馆自身造血能力？人事和分配是首要解决的问题，需要主管部门加快制定更明细的、切实可行的配套政策。另外在博物馆资源的艺术授权、文创产业的运作模式及相关激励机制的谋划等方面，要及时做好政策引导、规范和支持。

（五）博物馆的道德守候

博物馆藏品的真实可靠和来源合法是博物馆应当坚守的道德底线和职业准则。《条例》第二十一条规定："博物馆可以通过购买、接受捐赠、依法交换等法律、行政法规规定的方式取得藏品，不得取得来源不明或者来源不合法的藏品。"第三十九条规定了相应的法律责任，即博物馆取得来源不明或者来源不合法的藏品，或者陈列展览的主题、内容造成恶劣影响的，由省、自治区、直辖市人民政府文物主管部门或者有关登记管理机关按照职责分工，责令改正，有违法所得，没收违法所得，并处罚款；情节严重的，由登记管理机关撤销登记。当前，博物馆藏品问题备受关注，尤其是非国有博物馆的藏品问题更是饱受诟病。据国家文物局 2014 年发布的《民办博物馆①规范化建设评估报告》显示，近九成民办博物馆不合格，文物藏品真假不清和来源不明情况普遍存在。在评估申报材料中，各博物馆对"藏品真实可靠，有鉴定证明"指标项所要求的来源和真实性证明附件几乎都是空白。比如前些年炒得沸沸扬扬的"冀宝斋事件"正是这一问题的写照。

冀宝斋博物馆位于河北省冀州市。该市着力打造"九州之首"的文化品牌，2010 年冀宝斋博物馆"应运而生"。冀宝斋博物馆，作为一个村级博物馆，号称收集了 4 万多件重量级的文物，顶着国家 3A 旅游景区的头衔；同时也是河北省省级科普基地、河北省少先队实践教育基地和衡水市爱国主义教育基地，冠冕堂皇地供学生们前来参观、接受教育。2013 年 7 月，一篇《少年 Ma 的奇幻历史漂流之旅》的博文，因为披露这家博物馆尽毁三观的藏品，一时间将这家村办博物馆推到媒体的聚光灯下。"冀宝斋事件"曝光之后，不几日，当地民政局撤销为其颁发的民营非企业单位注册登记证，冀宝斋博物馆闭馆整顿。

但是，同年 8 月，一个"专家鉴定团"前往冀宝斋博物馆进行正名鉴定，并现场录制视频。鉴定团中不乏原故宫博物院和国家博物馆退休研究员、上海社科院博士生导师、中国收藏家协会某委员会负责人等。一位从国家博物馆退休的研究员表示："冀宝斋博物馆里真东西不少，有国家级文物，不到代的东西不少，但属于标注错误，如果说四万件文物一件真的没有，那是缺乏起码常识的。"故宫博物院和国家博物馆于 9 月 4 日分别发表声明：除非书面授权，在职、离退休人员参加社会鉴定活动的，均属于个人行为。从而撇清了与此次鉴定活动的关系。

国家文物局也于当年的 7 月 12 日在其官网发布消息称将组织开展民办博物馆规范化建设评估工作，其中包括藏品真实可靠、有鉴定证明、来源合法等藏品管理指标。其成果便是上文提到的《民办博物馆规范化建设评估报

---

① 《博物馆条例》中使用的"非国有博物馆"与原博物馆管理工作中所称的"民办博物馆"存在一定区别，前者侧重于资产属性，后者侧重于管理者属性。

告》。评估结果也显示，目前非国有博物馆藏品的真实性、合法性问题确实相当严峻。

2016年，某高校接受校友的文物捐赠筹建博物馆一事成为网络热点，并引发争论，其争论焦点也是藏品真假问题。这就是所谓的"北师大文物捐赠事件"，基本情况是：2016年7月，北京师范大学宣布接受校友香港商人邱季端向母校捐赠的6000件"中国古代陶瓷精品"，并在此基础上建立"北师大邱季端中国古陶瓷博物馆及北师大中国古陶瓷与中国古代文明研究院"。北京师范大学校长也表示："清华有清华简，北师大就有京师瓷"。此新闻一经公布，即刻引起文博界、教育界、收藏界以及陶瓷研究等领域强烈反响，业内纷纷质疑这批陶瓷的真实性。国家文物鉴定委员会委员、上海博物馆研究员许勇翔在接受媒体采访时公开指出这批陶瓷器疑似赝品。许研究员的言论被视为文博专业人士的首次发声。但是随之而来的是网络上大量流传的针对此次发声的反驳文章，甚至夹杂对许研究员的人身攻击。随着事件的持续发酵，当事人终于也按捺不住，捐赠者直接呛声："我都还没捐，何来赝品？"根据《条例》第十二条规定："国有博物馆的设立、变更、终止依照有关事业单位登记管理法律、行政法规的规定办理，并应当向馆址所在地省、自治区、直辖市人民政府文物主管部门备案。"北京市文物局针对"北师大文物捐赠事件"公开表示：目前尚未收到任何单位和个人关于设立该博物馆的备案申请，也未接待任何单位和个人的相关咨询。

2016年8月2日，由国家文物局主管的《中国文物报》上，刊登了一则"言论"——《博物馆接受文物捐赠要依法合规》。文章指出："博物馆对社会公众的捐赠，应履行必要的程序。这既是对受赠者负责，也是对捐赠者负责，更是对博物馆作为公共文化机构所负社会责任的真实担当。"这篇文章可以看作行业内官媒针对这一事件的首度发文。8月29日，该报再度发文《正本清源，还古陶瓷收藏领域一片碧水蓝天——采访中国古陶瓷学会实录》，并被国家文物局官网转载。采访有"五问"，包括学会的作用、对文物收藏热点问题的看法、古陶瓷鉴定基本原则、古陶瓷鉴定的主要手段，以及对私人博物馆的藏品和私人向国有文物收藏机构捐赠藏品鉴定的建议。此次转载，某种程度上可看作是作为国务院文物行政部门的国家文物局，在"北师大文物捐赠事件"引燃一个多月后的正面回应。对此,网友看法不一。① 但此文也遭到了某些网友的逐条反驳。《实录》一文,被署名为"十万八千种"的网友在其新浪博客上发表长篇评论文章——批驳。时至今日,尚未见到北师大方面对于此事件的回应。

与上述事例中提到的藏品真实性问题并存的还有藏品合法性问题。震惊全国的新中国文物盗掘第一大案"红山大案"中的部分涉案文物就流向了非国有博物馆。"对于文物,一些古玩店和私人博物馆的经营者只管真假、不问来源;对于一些明显涉嫌倒卖的出土文物,盗墓者、文物贩子、收藏者相互之间也心照不宣,极力为一些涉案文物披上'合法'的外衣。"一位办案人员如是说。此外,值得警惕的是,所有这些博物馆藏品事件背后,始终有一个影子若隐若现,这就是所谓的"国宝帮"。这些人自诩为国藏宝,实则控制文物赝品的产销,形成庞大的产业链条,利用各种手段,不断输出和获取不正当利益。甚至将腐败的触角伸向部分文博专家和文物部门工作人员。

针对上述问题,博物馆应当坚守藏品来源正当、合法的道德底线,博物馆作为具有社会教育功能的非营利组织,若馆藏被赝品充斥,将如何开展社会教育、青少年教育?中华优秀传统文化还如何传承?如果这样的博物馆再通过种种途径,评为青少年教育基地,更将严重妨碍年轻一代知识体系的构建。所以,博物馆应当加强藏品管理、保护及利用工作,不断完善藏品管理的机制与手段,为博物馆的健康发展打下良好基础。

行业组织应当充分发挥行业引领作用。《条例》第八条规定:"博物馆行业组织应当依法制定行业自律规范,维护会员的合法权益,指导、监督会员的业务活动,促进博物馆事业健康发展"。行业组织要进一步规范行业管理制度,加强自律,自查自纠,对违反职业道德的会员,应及时警告甚至进行清理。行业学会、协会应利用其人才和专业优势,积极配合政府的治理工作。相关从业人员也应洁身自好、加强专业学习,用过硬的专业知识和高尚的职

---

① 有的网友表示支持,参见《国家文物局发表文章再次震慑国宝帮死硬分子》,雅昌论坛:http://bbs.artron.net/thread-4338315-1-1.html;有的网友表示不认同,参见《评〈中国文物报:正本清源,还古陶瓷收藏领域一片碧水蓝天——采访中国古陶瓷学会实录〉》,十万八千种的博客:http://blog.sina.com.cn/s/blog_8c8373590102wtux.html。

业道德还中国文物和传统文化本来面目，坚决与一些心怀叵测的"伪专家"或"搅局者"做斗争。

管理部门应当加强对博物馆的监督管理。《条例》规定各级人民政府文物主管部门负责博物馆监督管理工作。其他有关部门，诸如公安、司法、教育、工商、广电等，在各自职责范围和行政区域内负责博物馆管理工作。虽然《条例》规定博物馆设立由审批制改为备案制，博物馆在设立上取得了更多主动权和灵活性，但政府部门在博物馆设立运营方面仍扮演监管者角色，要主动引导，常抓不懈，守土有责，守土尽责。相关部门联合行动，多管齐下，依法进行治理，为博物馆界营造一片净土。建立健全博物馆藏品来源管理的法律政策，继续推进博物馆运行评估制度以及非国有博物馆规范化评估制度，并落实到各项行动中。对非国有博物馆建设本身给予鼓励，对违法违规行为坚决打击，并加强社会和舆论监督。

总之，《博物馆条例》虽然有个别条款还不那么完美，但它的出台无疑具有很强的现实指导意义。无论是从行业标准化角度、还是从教育低龄化角度，无论从服务社会化角度还是从各类型博物馆机会均等化角度，《条例》都可以说是为将来一段时期内我国博物馆事业的发展指明了方向。然而，法律的生命在于执行，正如上文列举的执法过程中面临的几多困境，涵盖了博物馆设立、组织架构、资金来源、经营活动及道德伦理等多个方面，这些都值得相关部门和主体细细思索。与此同时，不得不说的是，面对上述法规执行中存在的一些困难，现实中还往往存在或多或少误区。比如博物馆理事会制度的建立，再比如博物馆发展文创产业。国家开会布置任务，地方开会落实任务，从会议到会议，如何能把文件精神真正落到实处？多少年的体制运行，多少年的思维定式，若要改变，绝非一时一日之功，就好像是一辆满载货物的大车，直行向前，如果突转方向盘，被强大的惯性拉扯，很可能侧翻。那么又是什么造成这样的状况？本书认为可能有以下两个方面的原因：一方面国家在制定政策时候没有就可行性、必要性进行充分调研论证，也没有想好具体的配套政策，而是等着地方摸着石头过河；另一方面，从地方上来说，国家文件肯定要落实，但是，任何可能触动现行体制机制的动作，都担心动了既得利益奶酪而不好收场，避之唯恐不及；或者害怕不小心第一个吃了螃蟹而裹足不前。所以说很多改革，很多转型问题，不能是下发一个文件，出台一个政策就能解决了的。过分迷信集权意识，很危险，在强调公众参与、强化公共服务意识的博物馆改革领域，操作起来也会比较困难。面对改革，我们要做好打持久战的准备，做好战略规划，制定配套政策，提前谋划人、财、物的安排。

中国文物市场业态对策研究①

一、从古玩市场到文物市场

（一） 文物一词的演变

在汉语中，"文物"一词早已出现，但其内涵和外延却因时代、地域的不同呈现很大的区别。最初的含义是礼乐典章制度的物化，主要指礼器类物品，如：《左传·桓公二年》"夫德，俭而有度，登降有数，文物以纪之，声明以发之；以临照百官，百官于是乎戒惧而不敢易纪律"，还有《后汉书·南匈奴传》中的"制衣裳、备文物"，当时"文物"一词的范围较现代的要小，也可以说我们尚不能从现代文物概念的角度去理解当时的"文物"一词。到了唐代，"文物"指已故的杰出人物和前代的遗物，如唐代诗人骆宾王诗云："文物俄迁谢，英灵有盛衰"；杜牧有诗："六朝文物草连空，天淡云闲今古同"，这时候"文物"一词已经与现代文物的内涵有近似的部分，开始包括前代遗物。及至宋代中叶，金石学兴起，遂把青铜器、石刻以及其他一切古代器物称为"古器物""古物"。降至明、清，甲骨、简牍、印章、封泥、瓦当皆成了金石学研究的对象，统称为"古董""骨董"或"古玩"。

现代意义上的"文物"概念出现于 20 世纪 30 年代。民国时期称为"古物"，如 1930 年南京国民政府颁布的《古物保存法》第一条明确规定："本法所称古物指与考古学、历史学、古生物学及其他文化有关之一切古物而言。"该法中的"古物"的内涵比过去的"古董""古物"要广泛。但纵观整部法

---

① 本篇专论节选曾以《拨开文物市场的重重迷雾》为题，发表在《光明日报》2016年 12 月 9 日 "文化遗产周刊"。

律，这里的"古物"还是主要限定在可移动文物，外延至不可移动文物。同一时期的部分文献中也用"文物"一词。如1935年北平市政府编辑出版了《旧都文物略》，同年成立了专门负责研究、修整古代建筑的"北平文物整理委员会"。这里"文物"的概念已包括古建筑等不可移动的文物。20世纪40年代，中国共产党在颁布的文件中也用到"文物"一词。如一些解放区成立了文物管理委员会，颁布了诸如《东北解放区文物古迹保管办法》《关于文物古迹征集管理问题的规定》等文物保护法令。当时"文物""古物"两词基本混用，包括古器物、古建筑、古旧图书、文献以及革命文物等。

中华人民共和国成立后，所有文物保护法律文件中，全部沿用"文物"一词。现行《文物保护法》中用列举的方式给"文物"范围做出了明确的规定，即，"具有历史、艺术、科学价值的古文化遗址、古墓葬、古建筑、石窟寺和石刻、壁画；与重大历史事件、革命运动或者著名人物有关的以及具有重要纪念意义、教育意义或者史料价值的近代现代重要史迹、实物、代表性建筑；历史上各时代珍贵的艺术品、工艺美术品；历史上各时代重要的文献资料以及具有历史、艺术、科学价值的手稿和图书资料等；反映历史上各时代、各民族社会制度、社会生产、社会生活的代表性实物。"从中可以看出，这里所说的文物包括了可移动的和不可移动的一切历史文化遗存，在年代上，不仅限于古代，还包括了近代、现代（当代）。

一些工具书中，也对"文物"作出定义。如《中国大百科全书·文物博物馆》指出"文物"是人类社会历史发展进程中遗留下来的、由人类创造或者与人类活动有关的一切有价值的物质遗存的总称。《辞海》中对于"文物"的解释是：文物是留存于社会上或是埋藏于地下的人类文化的遗物。

（二）古玩市场的形成

元至元元年（1264），元世祖忽必烈在北京南郊海王村建琉璃窑厂，明代又扩大了规模。后来明朝一些在京城官员退休后择居海王村，平日里交流琴棋书画等文玩。明嘉靖年间在此地建了省籍会馆，寄居在会馆的进京举子也带来家乡的文玩与海王村居民一同赏鉴交流。至清雍正年间，海王村一带已形成颇具规模的古玩市场，并逐渐形成古玩行。1909年，北京古玩行成立商会，管理古玩市场。①

古玩行在不断地市场实践中逐渐形成了各类行规、行话。比如买到假货，叫作"打眼"，不能找卖家退货，损失由买家自认，权当交学费；商铺之间的交易行为称为"窜货"，议价方式习惯于"袖筒内议价"；高端古玩的交易采用"封货"的办法，即买家一起密封投标，当众折标，出价高者得标。可见，当时古玩的交易价格常常是保密的，这与现代文物市场中常见的公开拍卖、公开竞标的情形大相径庭。

当时政府对古玩市场基本没有限制，不限制哪些人哪些店铺不能参与交易，不限制哪些古玩不能交易，也没有考虑交易的古玩是不是出土的，所谓"好东西不论出处"。古玩市场基本上交由行会凭行规管理。

有行会有行规，古玩市场按照既有逻辑大体运转正常，直到鸦片战争后，这种平衡被打破，古玩市场出现了恶性发展。战争使清朝门户洞开，许多国外的古董商、文物贩子涌入中国，通过古玩店铺大量搜集、贩运中国文物，有的甚至出资指使中国古玩商盗掘古墓葬、石窟寺等。"帝后礼佛图"浮雕②被盗卖出国，便是一例。当时的大古玩商岳彬，勾结美国人普艾伦③，双方签订"合同"④（见下页图1），约定以五年为期，岳彬盗凿河南洛阳龙门石窟宾阳洞中北魏著名浮雕"帝后礼佛图"出售给普艾伦。现在这块著名的浮雕被分置两地，一块陈列在美国纽约市博物馆，一块陈列在美国堪城纳尔逊艺术馆⑤。

---

① 方裕谨：《宣统元年北京古玩行商会成立档案选编》，中国第一历史档案馆。
② 魏宣武帝即位后，为其父孝文帝和其母文昭太后做功德，于河南洛阳南郊龙门山开凿石窟，称宾阳洞。壁上一共四层浮雕，层层绝美。尤其是第三层的浮雕，刻的是孝文帝和文昭皇后的供养行列，这就是著名的"帝后礼佛图"浮雕。该浮雕不仅是北魏石雕的极品，也是中国石雕艺术的极品。
③ 普艾伦（Alan Priest），1928年出任纽约大都会艺术博物馆远东部主任。
④ 在1952年"三反五反"运动中，这份合同从岳彬家里被搜出。为了掩人耳目，合同上把浮雕称为石头平纹人围屏像，普艾伦分3次付款，共计1.4万银洋。合同的最后强调，双方同意，各无反悔，空口无凭，立此合同为证，落款时间是民国廿三年，也就是1934年。同时在岳彬家里发现的还有因为凿碎了又粘对不上而留下的两大箱石块。这些都成为岳彬盗卖国家珍贵文物的罪证。
⑤ 老外：《北京琉璃厂史话杂缀》，《文物》1961年第1期。

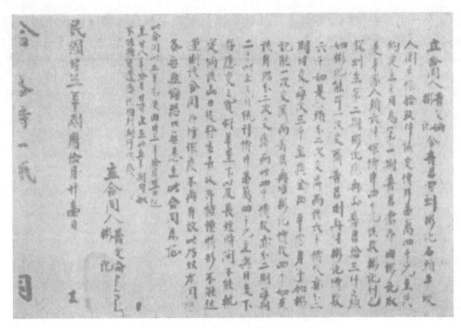

图1　普艾伦与岳彬签订的合同

（三）清末民国的古物管理

鸦片战争后西方列强入侵，对中国文物大肆掠夺和破坏，加之西方探险家以考古的名义挖掘文物、私自携带文物出境，当时海关无力监管，大量的中国文物，包括很多珍贵文物，流出国境。事实上，当时政府也颁布或试图颁布保护文物的法律，清光绪三十二年（1906），清政府设立民政部，拟订《保存古物推广办法》，并通令各省执行。清光绪三十四年（1908）颁布的《城镇乡地方自治章程》有涉及"保存古迹"的条款。民政部于宣统元年（1909）8月草拟了《保护古迹推广章程》并报请清廷批准颁行。该法对文物的概念和范围做了规定，即"周秦以来碑碣、石幢、石磬、造像及石刻、古画、摩崖、字画之类"。并且，要求各省督抚对文物详细查清，咨报民政部存案备核、严禁倒卖文物、违者科以重罚，并处地方官失察之罪；各省创设博物馆，以收藏文物，妥善保护。但是，在清末那段政权飘摇、饱受外侮的特殊时期，在民众甚至政府官员又普遍只是将文物作为私人玩物，而不是民族符号、历史记忆的情况下，加之上述法律本身存在着诸多局限和不足，这些法律几乎都没能执行。但是上述法律的出台毕竟对防止文物流失、唤醒国民的文物保护意识，以及后世文物法律的制定起到了一定启蒙作用。

北洋政府初期，因没有关于限制文物出口的法律，当时中国文物走私现象十分严重，为了扭转这一局面，以防数年之后国家留贻悉为外国吸收，北洋政府决定立法对文物出口加以限制。1914年6月14日，北洋政府大总统发布限制古物出口令，"嗣后关于中国古物之售运，应如何区别种类，严密稽察，规定惩罚之处，着内务部会同税务处分别核议，呈候施行。并由税务处拟定限制古物出口章程，通饬各海关一体遵照。"1927年3月26日，北洋政府再度发布大总统令，"著税务处妥订禁止古物出口办法，饬令海关切实稽查"。

1916年3月，内务部颁发《为切实保存前代古物古迹致各省民政长训令》，同年10月，该部又颁发《保存古物暂行办法》，通令各省对待古物应"一面认真调查，一面切实保管"。该办法将古物大致分为五类，据此设定了五项条款。规定对上述各类古物以政府保护修葺为主，并为之备案，严禁出口。

值得一提的是，1912年12月和1913年12月，税务处曾两度函请内务部拟定限制古物出口章程，1927年8月内务部也致函税务处建议制定禁止古物出口章程，北洋政府也曾责成内务部会同税务处拟定禁止古物出口章程，但由于时局动荡，此类章程最终没能出台。

南京国民政府时期开始全面制定文物法律，从而开启了文物保护的法制化进程。1930年6月7日，南京国民政府公布民国第一部保护文物法规《古物保存法》，计14条，对古物范围、保存机构、登记造册、采掘执照、出口管制以及主管机构的组织诸方面做出了概括性、原则性的规定。为了便于执行，1931年7月3日，南京国民政府行政院又公布《古物保存法施行细则》，计19条，着重规定私有重要古物登记、古物采掘和古物流通。其后，国民政府以此为据，又陆续颁布《采掘古物规则》（1935）、《古物出国护照规则》（1935）、《外国学术团体或私人参加采掘古物规则》（1935）、《暂定古物之范围及种类大纲》（1935）、《古物奖励规则》（1936）、《非常时期保管古物办法》（1936）。它们是国民政府颁布的第一批文物法规，涉及文物的概念和认定、文物分类、考古挖掘、出口许可、登记管理等几个方面，对中华人民共和国的文物法律制度建设产生了深远的影响。但遗憾的是，时值战乱，社会动荡，内忧外患，这些规定在执行效果上大打折扣。

（四）中华人民共和国文物市场管理

1949 年以后，旧时的古玩、古物改称为"文物"，古玩市场也随之改为"文物市场"。系列用以规范、监管文物市场的法规政策相继出台。现行《文物保护法》明确规定出土（水）文物属于国家所有，而国有文物是禁止买卖的。只有经批准的文物商店和经营文物拍卖的拍卖企业可以从事文物的商业经营活动（第 55 条第 4 款），其经营活动由文物行政部门依法进行管理。

文物商店应当由省级文物行政部门批准设立（第 53 条第 1 款），拍卖企业经营文物拍卖的，应当取得省级文物行政部门颁发的文物拍卖许可证（第 54 条第 1 款）。省级文物行政部门应当建立文物购销、拍卖信息与信用管理系统。文物商店购买、销售文物，拍卖企业拍卖文物，应当按照国家有关规定作出记录，并于销售、拍卖文物后三十日内报省级文物行政部门备案（第 57 条第 1 款）。文物商店不得销售、拍卖企业不得拍卖文物保护法规定的禁止买卖文物①。并且，法律禁止设立中外合资、中外合作和外商独资的文物商店或者经营文物拍卖的拍卖企业（第 55 条第 3 款）。

目前在全国很多地方都存在的旧货市场中的地摊、商铺也做文物生意，或者是文物赝品的生意。这类市场曾经在 20 世纪 90 年代初被列为文物监管物品市场②，也曾属于法律认可的市场，2002 年《文物保护法》对文物经营

---

① 《文物保护法》第 51 条规定：

公民、法人和其他组织不得买卖下列文物：

（一）国有文物，但是国家允许的除外；

（二）非国有馆藏珍贵文物；

（三）国有不可移动文物中的壁画、雕塑、建筑构件等，但是依法拆除的国有不可移动文物中的壁画、雕塑、建筑构件等不属于本法第二十条第四款规定的应由文物收藏单位收藏的除外；

（四）来源不符合本法第五十条规定的文物。

② 《国家文物局、国家工商行政管理局、公安部、海关总署关于加强文物市场管理的通知》（［92］文物字第 209 号），1992 年 5 月 3 日发布。

主体进行了严格限定，文物监管品市场的说法自此在文件上成为历史，但是这类旧货市场仍然客观存在。

二、中国文物拍卖市场经营业态分析

中国文物艺术品市场在国民经济发展中具有不可替代的作用，并已经成为世界文物市场的重要组成部分。由于文物商店正处于转型期，有很多不确定因素以及旧货市场经营数据的不可获得性，因此，本书将主要关注中国文物艺术品拍卖市场。1992 年 10 月 11 日，北京广告公司、北京拍卖市场、北京对外文物交流中心和荷兰国际贸易咨询公司在北京联合举办了一场国际拍卖会，后被称为"92 北京国际拍卖会"。这是中华人民共和国成立以来首场真正意义上的文物拍卖会，促成专业性文物拍卖企业产生。中国文物艺术品拍卖市场开启了新纪元。"92 北京国际拍卖会"后，中国文物艺术品的经济价值和国际地位得到进一步提升，中国文物艺术品拍卖市场也开始走上了规范化、法治化的道路。1995 年 6 月中国拍卖行业协会成立（以下简称中拍协），2000 年 7 月中拍协艺术品拍卖专业委员会成立。截至 2016 年 12 月 31 日，全国具有文物拍卖资质的拍卖企业有 451 家，与 2009 年的 240 家相比，增长近一倍，行业规模呈持续增长态势。①

（一）中国文物拍卖的相关法律制度

1997 年 1 月 1 日正式实施的《中华人民共和国拍卖法》是规范拍卖活动的专门法律，确立了中国拍卖企业、拍卖活动、拍卖行业协会、拍卖师及相关监管部门的地位和职能。明确了从事文物拍卖的必要条件，确认了文物拍卖的合法性。该法第 8 条规定："依照法律或者按照国务院规定需经审批才能转让的物品或者财产权利，在拍卖前，应当依法办理审批手续。委托拍卖的文物，在拍卖前，应当经拍卖人住所地的文物行政管理部门依法鉴定、许可。"

---

① 参见《中国文物艺术品拍卖市场统计年报》，商务部流通业发展司、文化部文化市场司、国家文物局博物馆与社会文物司（科技司）、中国拍卖行业协会 2017 年 8 月联合发布。

现行《文物保护法》及其《实施条例》对文物拍卖经营行为有更为具体的规定，包括拍卖企业的文物拍卖许可、文物拍卖企业设立主体限制、文物拍卖标的审核、文物拍卖结果备案、优先购买权行使等方面。

2003 年 6 月 19 日，国家文物局出台《文物拍卖管理暂行规定》，对文物保护法律法规中有关拍卖的条款做出较为细致的规定，包括文物拍卖标的的禁止性规定，文物拍卖企业的审批和年检程序，国家优先购买权行使方式，还对当时新兴的互联网拍卖模式做出规定。在国务院提出简政放权的大形势下，2016 年 9 月 28 日，国家文物局遵循放管结合、优化服务的改革方向，制定并公布《文物拍卖管理办法》，《文物拍卖管理暂行规定》同日废止。《办法》旨在厘清政府与市场的关系，加强文物拍卖管理，确保文物安全，支持守法诚信企业做大做强，营造良好文物拍卖环境，推动文物拍卖活跃有序发展。与之前的规定相比，《办法》做出了一些改变：规定文物拍卖企业及专业人员信用信息记录；不再区分第一、二、三类文物拍卖经营范围；不再对互联网文物拍卖资质进行专门审批。

2009 年底，商务部公布了《文物艺术品拍卖规程》（SB/T 10538 - 2009），并于 2010 年 7 月 1 日正式实施，这是中国拍卖行业恢复发展 20 多年来的第一部行业标准。《规程》确定了文物艺术品拍卖的基本原则，即遵循公开、公平、公正、诚实信用的原则，遵循有利于历史文化遗产保护与传承的原则，还规定了文物艺术品拍卖的主要程序与基本要求。为拍卖企业规范运作提供标杆，为社会监督拍卖行为提供参考。

2011 年 6 月 15 日，为促进中国文物艺术品拍卖市场规范健康发展，尤其是解决行业发展中的诚信问题，中拍协制定并发布《中国文物艺术品拍卖企业自律公约》。自律公约遵循的基本原则是：遵纪守法、诚信透明、标准服务、公平竞争，公约企业承诺将按照拍卖规程规范运作，不知假拍假，不假拍等。仅一年时间，就有 152 家拍卖企业申请成为自律公约成员单位，这 152 家基本涵盖了全国文物艺术品拍卖的主流企业。[1] 诚信对文物艺术品来说是至

---

① 参见：中国拍卖行业协会网站：http://www.caa123.org.cn/frontnc06NewsContentAction.do? ID = 3277&method = previewContent. 2016 年 3 月 15 日最后访问。

关重要的，一旦遭遇诚信危机，有时打击可能是毁灭性的。建设一个诚信有序的文物艺术品拍卖市场正逐渐成为共识。此外，商务部正在尝试建立文物艺术品拍卖市场诚信档案信息库，建立违法违规企业和人员黑名单制度，研究将买受人恶意拖欠或拒付货款的行为纳入人民银行征信管理。2017 年 11 月 4 日，第十二届全国人大常委会第三十次会议修改了《文物保护法》，增加了"省、自治区、直辖市人民政府文物行政部门应当建立文物销售、拍卖信息与信用管理系统"的条款规定。文物市场信用管理被纳入法律管理范畴。2017 年 11 月 1 日起施行的《拍卖监督管理办法》（国家工商行政管理总局令第 91 号）明确规定从事拍卖活动，遵循公开、公平、公正、诚实信用的原则；规定竞买人之间、竞买人与拍卖人之间不得有恶意串通行为，委托人在拍卖活动中不得参与竞买或者委托他人代为竞买等。

（二）近十年中国文物艺术品拍卖市场经营概况

近年来随着我国经济的中高速增长，文物艺术品拍卖市场发展迅速，2009 年中国书画作品屡破亿元大关，文物艺术品拍卖进入"亿元时代"。市场持续向好，金融资本涌入，各拍卖公司也积极征集高价拍品，至 2011 年达到高峰，成交额① 553.53 亿元，跃入国际前列。值得关注的是，2011 年度海外回流文物的成交率远高于平均值，成交价也相对较高。2012 年受国内外经济形势和投资环境的影响②，文物艺术品拍卖市场投机性交易大幅收缩，文物艺术品拍卖成交额迅速大幅回调。但是与此同时，本年度收藏性交易的"刚性需求"作用凸显，保证了文物艺术品拍卖市场底盘的基本稳定，尤其是书画、古籍和碑帖的学术价值与市场价格进一步吻合，所以这一年是文物艺术品拍卖市场去伪存真、回归理性、回归文化价值的一年，是正常健康的调整年，长远来看有利于文物艺术品拍卖市场发展。当前，中国经济正在进入以调整结构、增速放缓为特征的新常态，投资资本离场，中国文物艺术品拍卖

---

① 按照《拍卖术语》（行业标准）的定义，此处提到的成交额不含买方佣金。

② 2012 年国内法律政策环境有所调整，一方面海关对文物艺术品进境施加更为严格的管控，文物艺术品拍卖企业的海外业务受到严重影响；另一方面，国家林业局 2011 年 11 月要求禁止拍卖犀角、虎骨和象牙等制品。

市场也进入新常态，近五年全国文物艺术品拍卖总成交额基本稳定在 300 亿元的规模，这或许是中国经济新常态下文物艺术品拍卖市场的基本规模。（详见图 2）

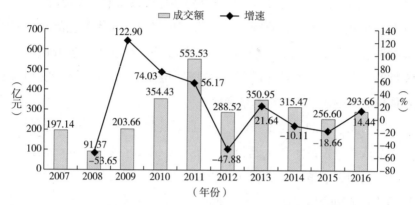

图 2　2007 - 2016 年中国文物艺术品拍卖成交额趋势图（数据来源：中拍协）

此外，2015 年文物艺术品网上拍卖首次出现成交价过亿元的拍品。文物艺术品拍卖联手"互联网 +"，网络拍卖、微信拍卖等新兴拍卖方式正在成为传统拍卖的重要补充，为市场注入了新的活力。

（三）中国文物市场存在的问题

如今的文物市场看起来红红火火，文物交易额屡创新高；却难掩乱象。目前市场的参与主体包括文物拍卖公司、文物商店、古玩店、文化公司、民间文物收藏者、文物掮客、鉴定专家；国有和非国有博物馆；文物行政部门、工商行政管理部门、司法部门、海关、文物进出境审核管理机构。市场上流通的文物有来自单位或个人合法收藏的文物，有盗窃、盗掘、盗捞的文物，有的就是文物仿品（俗称假货、赝品）。繁荣的表象下，拍假、假拍、非法交易、走私、虚假鉴定等暗流涌动，文物违法犯罪案件仍呈高发态势；文物资源大量流失，甚至严重威胁国家文化、文物安全。如何破解市场乱象，考验着政府的管理智慧和执政能力。

第一，违法文物、假文物充斥市场。目前，古玩城、旧货市场中的不少地摊、商铺也涉嫌文物经营。在这类市场中交易的"文物"，确实有民间合法收藏的文物，但是在古玩旧货市场上买卖文物是不被法律允许的。因为，法律认可的文物市场经营主体只有经批准的文物拍卖企业和文物商店。此外，通过盗掘、盗捞和盗窃等非法手段获得的文物，以及捡拾的出土文物，法律也是禁止买卖的，擅自买卖检拾的出土文物还可能被追究刑事责任。

其实，在上述地方出售的所谓"文物"更多的是现代工艺品。卖家将其当作文物出售，严重扰乱了市场的正常交易秩序，破坏了市场诚信。这种售卖假文物的行为，不但触犯《消费者权益保护法》，还涉嫌欺诈，交易金额较大的可能构成诈骗罪，将承担刑事责任。

第二，引发争议的"免责条款"。个别无良的文物拍卖企业受利益驱动，明知是赝品或者对拍品不作认真甄别，便拿去拍卖。这种行为严重损害竞买人的利益，也损害了整个拍卖行业的声誉。如果拍到赝品的买受人找拍卖公司索赔，拍卖公司会搬出法律条款搪塞："拍卖人、委托人在拍卖前声明不能保证拍卖标的的真伪或者品质的，不承担瑕疵担保责任。"（《拍卖法》第61条第2款，"免责条款"）虽然《拍卖管理办法》中规定"拍卖企业、委托人明确知道或应当知道拍卖标的有瑕疵时，免责声明无效"，但如何证明"明知"或"应知"是困难的。

上述免责条款在实践中引起广泛争议，《拍卖法》的一位起草者认为这是多年形成的行规，也是国际惯例，能有效维护拍卖市场秩序。但更多人认为这是在"容恶"，难道法律在保护拍卖假文物的企业吗？《消费者权益保护法》中第24条规定"经营者提供的商品或者服务不符合质量要求的，消费者可以依照国家规定、当事人约定要求经营者退货、更换或修理。"拍卖企业拍假的行为甚至可能构成《刑法》第266条规定的诈骗罪。中拍协表示，对这种情况，一经核实，会将拍假的文物拍卖企业开除出协会组织。

第三，文物鉴定乱象丛生。文物鉴定可谓文物交易的关键环节，但目前文物鉴定机制、标准和人员的匮乏，是导致文物市场混乱的重要原因。

一般来说，鉴定专家大致可分体制内专家和体制外专家。体制内专家指在文物管理部门、博物馆、科研机构等机关事业单位有编制的专业人员，这些人能有机会见到很多真东西（大多是馆藏文物），加之公务人员的身份，一般认为其鉴定结论的权威性大些。但是文物类别丰富，术业有专攻，文物造假又花样频出，专家也可能"走眼"。同时也发生过诸如博物馆售票员打着单位的旗号冒充专家的情况。体制外的专家或是民间专家，有的的确是自学成才，实践中炼出火眼金睛的"行家"，但也有不懂装懂的"砖家"，更可恶的当然是那些明知是假却忽悠人，以此获取不义之财者。

面对文物鉴定种种乱象，在文物行政部门内部有不同观点：一方认为应加强市场监管力度，培育健康市场体系，保证国家文物安全，保障文物爱好者的鉴赏需求；另一方认为，市场有自我调整、自我修正的能力，让市场的终归市场，政府不宜干预过多。

同时，广大的民间收藏者有更多的诉求：希望打破体制内文物鉴定专家的话语权垄断；希望得到文物行政部门的认同；希望法律进一步放宽民间文物交易渠道，等等。

文物进出境审核机构的专业人员顾虑重重：文物行政部门希望他们参与社会鉴定，引导营造良好鉴定环境。可这些专业人员认为鉴定站是文物行政执法机构，他们的鉴定工作只能对公，不应该、也不愿意卷入文物市场的鉴定纷争，多少担心遭到社会上鉴定人员及利害关系人的报复。

三、中国文物市场业态发展的科学之路

文物是不可再生的文化资源，必须以国家的名义进行特别保护，在保证文物安全与满足人民群众文物鉴赏收藏需求之间，二者权衡，本书认为前者是首要的。进入市场的文物应当被看作是限制流通的特殊商品，文物流通应当归口管理、许可经营。文物市场不能等同于一般市场，政府，尤其是文物行政部门应该承担必要的管理责任，资质认定、标的备案等管理工作都不能放松，不能以市场可以自我调节为借口管理缺位。破解市场种种乱象，还需政府与各方一道努力。

首先，强化法规制度建设，明确市场交易基本原则和运行机制。传统古玩行里买卖双方一般都是行家，形成不找后账的行规。但现代文物市场上普通大众成为购买群体的主流，买卖双方的文物鉴赏水平严重不对称，为此应对适用《拍卖法》的"免责条款"增设限制条款，实施拍卖合同备案跟踪，倡导社会主义商业诚信。2016 年 10 月 31 日公布的《文物拍卖管理办法》明

确规定：省级人民政府文物行政部门应对文物拍卖标的组织开展实物审核，取代过去图片审核的方式，此举也可有效遏制文物"拍假"现象。

其次，高度重视社会文物鉴定问题，整合现有文物鉴定资源，规范民间收藏文物鉴定行为。2014年，国家文物局批准七家文博单位面向社会公众开展民间收藏文物鉴定试点工作，探索建立民间收藏文物的鉴定人员、程序、标准、结论的科学管理模式和符合国情的文物鉴定体系。[①] 2016年3月公布的《国务院关于进一步加强文物工作的指导意见》（国发〔2016〕17号）要求："切实加强文物市场和社会文物鉴定的规范管理"。国家文物局正在集中力量抓紧制定民间收藏文物鉴定评估的标准和办法，以对社会文物鉴定正本清源。一套完整的鉴定标准、权威的鉴定机构和具有社会公信力的鉴定专家，是诊治文物鉴定痼疾、促进社会文物鉴定健康发展所迫切需要的。

第三，构建市场信用体系，是一个很严肃，很必要，很值得做的功课。古玩行中有个"老理儿"叫"无信不立"，要求行业中的人要戒贪、要自我约束。从"搂货"（店铺之间代销，不用写收条字据，双方恪守信用）这一行话就能看出来古玩行是一个内部联系十分紧密的领域，"诚实守信"被大部分古玩商看作立身之本。《文物保护法》要求省级文物行政部门建立拍卖信息与信用管理系统；《文物拍卖管理办法》提出建立文物拍卖企业及文物拍卖专业人员信用信息记录，并向社会公布；商务部正在尝试建立违法违规拍卖企业和人员黑名单制度；中拍协倡导《中国文物艺术品拍卖企业自律公约》。这些做法都是建立信用体系的制度保障。同时要充分利用行业协会的力量，建立文物市场经营者的信誉约束机制，引导其自律。人心的转变，可能会比强硬执法取得更明显的效果。

第四，文物部门要与工商、公安、海关、税务等部门加强配合，联合打击虚假鉴定、恶意欺诈等违法犯罪行为，同时守好国门，严防文物走私出境。充分发挥群众的力量，尝试建立举报制度，使破坏文物市场秩序的行为人无处藏身。

---

① 《7家文博单位开展民间收藏文物鉴定试点工作》，国家文物局网站：http://www.sach.gov.cn/art/2014/10/24/art_722_114266.html，最后访问于2016年12月20日。

　　第五，畅通"官民"沟通渠道，消除芥蒂、共同捍卫文物市场的健康繁荣，确保文物安全。比如，对出土（水）文物，民间总有一种说法，提议国家允许民间收藏者享有对这类文物的占有权，为国藏宝。但是国家法律明文规定这类文物属于国有，禁止民间交易。面对这类民间声音，相关的政府部门最好通过某种渠道正面回应，以正视听。沉默和回避不利于疏解民间不满，市场就有可能不理会法律政策按照自己的逻辑运行。

　　第六，加强文物类节目管理，提倡介绍文物鉴赏知识、宣传中华优秀传统文化的节目，弱化文物价格评估环节，引导民间理性收藏。

　　最后，需要声明的是，本书认为目前中国文物市场还远未成熟，尚处于一个解构、重组、转型的阵痛期，涉及方方面面的权利、义务以及各种利益博弈、情感纠葛，不是建章立制就能起到立竿见影的效果，培养诚信尚需假以时日。这个过程可能会比较漫长，所以，对文物市场的成熟我们应保持足够的耐心。毕竟罗马城不是一天建成的，长城也不是一天筑起来的。

文物进出境管理与中国流失文物追索之路

一、中国文物进出境管理制度

（一）文物进出境法律法规

中国现行的文物进出境法律法规覆盖了中国法律体系的各个效力等级，从不同层次、不同角度对文物进出境管理作出规定。2002 年《文物保护法》是中国文物工作的基本依据，专设"文物出境进境"章节，确立了现行文物进出境管理的基本原则和制度，加强了文物进出境审核机构的组织建设和专业人员的培养、考核、资质管理。2003 年出台的《文物保护法实施条例》，对文物进出境审核机构、责任鉴定员①、审核程序等做了详细规定，包括文物进出境审核机构的职能、人员构成和审核程序，文物出境展览的审批时限、限制和禁止性规定，以及对标识的保护性规定等。

2007 年文化部公布并实施的《文物进出境审核管理办法》，是根据《文物保护法》及其《实施条例》制定的部门规章，对我国文物进出境审核管理做出全面具体的规定。一方面机构的定位更加明确，规定文物进出境审核机构是文物行政执法机构，依法独立行使职权，并对其工作人员的任职资格、任职限制和岗位职责做出了详细规定。另一方面，对文物进出境审核管理范围进行了调整，与《文物出境鉴定管理办法》（1989 年）相比，增加了 1949年以后的内容，同时加大了对近现代文物和民族民俗文物的保护力度。值得一提的是，该办法还特别规定了在"文物进出境审核机构审核文物过程中，

---

① 《国务院关于取消一批职业资格许可和认定事项的决定》（国发〔2016〕5 号），2016 年 1 月 20 日发布。根据决定，文物进出境责任鉴定员属于取消的专业技术人员职业资格许可和认定事项。

发现涉嫌非法持有文物或文物流失问题的，应立即向公安机关和国家文物局报告"（第 15 条）；"违反本法规定，造成文物流失的，依据有关规定追究责任人的责任"（第 17 条）。这样的规定，符合文物进出境审核机构作为文物行政执法主体的性质，也反映了文物进出境审核在打击文物犯罪、防止文物流失、流失文物调查追索方面的积极作用，同时也为文物部门和公安机关在文物保护工作中协同配合提供制度保障。

此外，其他一些部门法也对文物进出境问题作出了相应规定。比如《中华人民共和国海关法》（2014）中第 40 条明确规定"国家对进出境货物、物品有禁止性或者限制性规定的，海关依据法律、行政法规、国务院的规定或者国务院有关部门依据法律、行政法规的授权作出的规定实施监管。"据此，海关应对禁止或限制进出境的文物实施依法监管。并且，1993 年 3 月 1 日起施行的《中华人民共和国禁止、限制进出境物品表》（海关总署第 43 号令）将"珍贵文物及其他禁止出境的文物"列入禁止出境物品，将"一般文物"列入限制出境物品。

1997 年《中华人民共和国刑法》设第 151 条"走私文物罪"，指的是单位或个人违反海关法规和文物保护法规，运输、携带、邮寄国家禁止出口的文物出境的行为。犯走私文物罪可以处五年以上十年以下有期徒刑或者无期徒刑，并处罚金；情节特别严重的，处十年以上有期徒刑或者无期徒刑，并处没收财产；情节较轻的，处五年以下有期徒刑，并处罚金，以设定刑事责任的方式对文物进出境进行管理。

（二）文物进出境规范性文件

上述先后出台的法律法规和部门规章，基本构成了中国特色文物进出境管理法规体系。文物进出境法律法规中关于文物进出境管理的各主要方面，都已配套相应文件。具体如下：

1. 关于文物进出境审核机构设置。2008 年 11 月 3 日，国家文物局下发《关于审定文物进出境审核机构资质的通知》，授予北京、天津、河北、上海等 14 个国家文物出境鉴定站文物进出境审核资质，并更名为"国家文物进出境审核管理处"。山西、辽宁、四川三个国家文物出境鉴定站因不符合规定条件被暂停国家文物出境鉴定的工作职能。经过整改，国家文物局于 2010 年、2011 年先后下文恢复了这三家鉴定站的文物进出境审核机构资质。后又新增了内蒙古和西藏两个管理处，至此，全国共计 19 家文物进出境审核机构。

2. 关于专业人员的管理与培养。为了提升文物进出境审核水平，培养合格文物鉴定人员，确保文物进出境审核机构足额配置专职文物鉴定人员，守护好"文化国门"，国家文物局十分重视专业人员的培训、考核与管理工作。近些年来，由国家文物局主办、省文物局承办的全国性专业培训班已成为固定动作，每期班围绕陶瓷类、书画类等某一类文物，请本方向的国家文物鉴定委员会专家和其他专家为来自各省文物进出境审核机构和国有文博单位的学员们集中讲解，答疑解惑，取得良好效果。在对专业人员的选拔、考核方面，2016 年 1 月 20 日之前，文物进出境责任鉴定员作为一种职业资格由国家文物局通过考试的形式予以认定。随着国务院下发文件取消这一职业资格许可和认定，国家文物局转变管理理念和管理方式，2017 年起开展文物进出境鉴定人员内部考核工作，以此加强文物进出境责任鉴定人员队伍建设和岗位管理。

3. 关于审核文物的范围。相关的法规和文件主要有：文化部《古人类化石和古脊椎动物化石保护管理办法》、国土资源部《古生物化石管理办法》、国家文物局和国土资源部联合下发的《关于进一步明确古生物化石保护管理工作的通知》、国家文物局《关于加强古建筑物保护和禁止古建筑构件出境的通知》。以上文件对不同类型文物的进出境管理做出了细化。

4. 关于进出境文物审核标准。2007 年国家文物局颁布《文物出境审核标准》，这是国家文物局三年来广泛听取各界意见，在专家的参与下，修订而成的文物出境新标准。将此前国家文物局陆续颁发的一系列关于古生物化石、古籍图书、古建筑构件、1949 年后已故著名书画家作品限制出境等方面的规定一并收纳其中。该标准规定"以 1949 年为主要标准线。凡在 1949 年以前（含 1949 年）生产、制作的具有一定历史、艺术、科学价值的文物，原则上禁止出境。其中，1911 年以前（含 1911 年）生产、制作的文物一律禁止出境"。比如古猿化石、古人类化石以及与人类活动有关的第四纪古脊椎动物化石，新发现的重要的或原作已毁损的石刻等拓片，甲骨，历代官印，包括玺、印、戳记，封泥，竹简、木简等。"少数民族文物以 1966 年为主要标准线。

凡在 1966 年以前（含 1966 年）生产、制作的有代表性的少数民族文物禁止出境。""凡有损国家、民族利益，或者有可能引起不良社会影响的文物，不论年限，一律禁止出境。""未列入本标准范围之内的文物，如经文物进出境审核机构审核，确有重大历史、艺术、科学价值的，应禁止出境。"

5. 关于文物进出境审核文件、火漆印章和专用章。国家文物局于 2009 年 4 月下发《关于启用 2009 年版文物进出境审核文件和火漆印章的通知》，公布了文物出境许可证、文物复仿制品证明、文物禁止出境登记表、文物临时进境审核登记表和文物出境审核申请表等五种文物进出境审核文件，并对如何使用作出说明。同时提出换发 2009 年版文物出境火漆印章、文物复仿制品出境火漆印章和文物临时进境火漆印章。同年 5 月，国家文物局下发启用"国家文物局文物进出境审核专用章"的通知，配合前述通知中公布的文物进出境审核文件使用。2016 年 9 月 16 日，国家文物局下发《关于运行国家文物进出境审核管理系统的公告》（文物博函［2016］1557 号），要求自 2016 年 11 月 1 日起，各国家文物进出境审核管理处使用电子标签和纸质标签作为文物进出境标识，从而代替了使用多年的火漆印章。

6. 关于文物出境展览。国家文物局于 2005 年 5 月 27 日公布《文物出境展览管理规定》，对国家和省级文物行政部门、国家文物局指定的从事文物出境展览的单位、境内各文物收藏单位在境外举办各类文物展览作出规范，涉及国家和省级文物行政部门的相关职责、文物出境展览的审批和结项、出境展览文物的出境及复进境、文物出境展览的展品安全、文物出境展览人员的派出，以及罚则。2010 年 4 月 7 日，国家文物局颁发《秦俑出国（境）展览管理暂行规定》，规定秦始皇陵范围内出土的陶兵马俑出国（境）展览的，除应当遵守《文物进出境审核管理办法》和《文物出境展览管理规定》外，同时适用本规定。为了对秦俑进行特殊保护，该暂行规定对参展的秦俑数量、对外合作主体和参展期限都作出了明确严格的规定。

（三）文物进出境相关国际条约

20 世纪 80 年代开始，中国先后加入了一些有关文物保护和文物进出境管理方面的国际公约，比如《关于禁止和防止非法进出口文化财产和非法转让其所有权的方法的公约》（以下简称《1970 年公约》）、《国际统一私法协会关于被盗或者非法出口文物的公约》《1954 年海牙公约》及其《议定书》等（详见下表）。同时，在《1970 年公约》的框架下，我国积极与美国、瑞士、意大利、印度、秘鲁等 20 个国家签署了防止文物非法进出境政府间双边文件（详见附录 C）。这些国际公约和双边文件，都已经成为中国特色文物进出境管理法规体系的重要组成部分。可见，我国文物进出境管理的法律法规一直在与时俱，日臻完善。

表 1　中国参加有关文物保护国际公约情况一览表

公约名称（中英）	签订日期地点	生效日期	中国参加情况
保护世界文化和自然遗产公约 Convention for the Protection of the World Cultural and Natural Heritage	1972. 11. 16 巴黎	1975. 12. 17	1985 年 12 月 12 日交存批准书；1986 年 3 月 12 日对中国生效。
禁止和防止非法进出口文化财产和非法转让其所有权的方法的公约 Convention on the Means of Prohibiting and Preventing the Illicit Import Export and Transfer of Ownership of Cultural Property	1970. 11. 14 巴黎	1972. 4. 24	1989 年 9 月 25 日，国务院批复接受；1989 年 11 月 28 日交存接受书；1990 年 2 月 28 日，对中国生效。
国际统一私法协会关于被盗或者非法出口文物的公约 UNIDROIT Convention on Stolen or Illegally Exported Cultural Objects	1995. 6. 24 罗马	1998. 7. 1	1997 年 5 月 7 日交存加入书，并提出保留声明①；1998 年 7 月 1 日对中国生效。
《关于发生武装冲突时保护文化财产的公约》及其《议定书》The Hague Convention for the Protection of Culture Property in the Event of Armed Conflict，and its protocol	1954. 5. 14 海牙	1956. 8. 7	1999 年 10 月 31 日第九届全国人民代表大会常务委员会第十二次会议决定我国加入；2000 年 1 月 5 日交存加入书；2000 年 4 月 5 日，该公约及其第一议定书对中国生效。

①　我国在加入《国际统一私法协会关于被盗或者非法出口文物的公约》时，做出三点声明：（一）中国加入本公约不意味着承认发生在本公约以前的任何从中国盗走和非法出口文物的行为是合法的。中国保留收回本公约生效前被盗和非法出口的文物的权利；（二）根据公约第三条第五款的规定，中国关于返还被盗文物的申请受 75 年的时效限制，并保留将来根据法律规定延长时效限制的权利；（三）根据公约第八条向中国提出的对文物返还或者归还的请求，可以直接向中国法院提出或者通过中国文物行政主管机关转交中国法院。

续表

公约名称（中英）	签订日期地点	生效日期	中国参加情况
联合国打击跨国有组织犯罪公约 United Nations Convention Against Transnational Organized Crimes	2000.11.15 日内瓦	2003.9.29	2000 年 12 月 12 日签署；2003 年 8 月 27 日，第十届全国人民代表大会常务委员会第四次会议批准，并声明对公约第 35 条第 2 款关于通过仲裁和国际法院解决争议条款做出保留；2003 年 9 月 23 日递交批准书；2003 年 10 月 23 日公约对中国生效。公约同时适用于澳门特别行政区；2006 年 10 月 27 日适用于香港特别行政区。

二、文物进出境管理工作现状

（一）管理实践

国家文物进出境审核工作由国家文物局负责，指定文物进出境审核机构承担文物进出境审核工作。根据《文物进出境审核管理办法》，文物进出境审核机构由国家文物局和省级人民政府联合组建，属行政执法机构。目前，我国共有 19 个国家文物进出境审核管理处，分别位于内蒙古、辽宁、北京、天津、河北、河南、山东、山西、陕西、上海、江苏、浙江、安徽、湖北、福建、广东、云南、四川和西藏。目前，文物进出境审核管理机构的性质主要有以下三种：

1. 拥有独立法人地位的事业单位。北京、广东、浙江、福建、安徽、河南、山西、四川、西藏等 9 家管理处为所在省级文物（文化）行政部门的直属处级事业单位，有独立的编制和财权。

2. 挂靠省级文物（文化）行政部门下属事业单位。天津、上海、陕西、辽宁、河北、江苏、云南、山东、内蒙古等 9 家管理处挂靠于所在省级文物（文化）行政部门下属的省文保中心、省博物馆、鉴定中心，与所挂靠事业单位合署办公，没有独立法人地位、编制和财权。

3. 挂靠省级文物（文化）行政部门。湖北管理处挂牌于湖北省文物局，日常管理由文物安全鉴定处负责，没有独立法人地位、编制和财权。

文物进出境审核机构的人员配置也参差不齐，70% 以上的机构为 5 ~ 10人，少部分为 5 人以下或 10 人以上。大部分鉴定人员是专职人员，其中 9 家审核机构的鉴定人员存在兼职现象。各地文物进出境审核机构的责任鉴定人员人数为 2 ~ 11 人不等。

国家文物进出境审核机构除了承担文物进出境审核工作，90% 以上还同时承担国有馆藏文物鉴定、定级、征集和涉案文物鉴定、拍卖标的审核等相关工作。各单位每年开展的进出境审核工作量随地域不同显示出较大差异，大致可分为四个梯度：第一梯度为 90 ~ 100 次，如上海、广东管理处；第二梯度为 30 ~ 50 次，如天津、江苏管理处；第三梯度为 10 ~ 30 次，如辽宁、浙江、福建、河南、陕西管理处；第四梯度为 0 ~ 10 次，如内蒙古、河北、四川、西藏、云南管理处。

海关作为国家进出境监督管理机关，依照有关法律、行政法规，监管进出境的运输工具、货物、行李物品、邮递物品和其他物品，征收关税和其他税、费，查缉走私，并编制海关统计和办理其他海关业务。监管禁止出境文物和打击走私文物犯罪，是海关进出境监管和查缉走私工作的重要内容。

近年来，文物、海关部门积极适应科技发展的新形势，充分利用信息、网络等现代科学技术，提高文物进出境管理效率和管理水平。国家文物局开发了文物进出境审核信息管理系统（详见下页图 1），并自 2016 年 11 月 1 日起投入使用。海关部门先后推出了 H915、H986、H2000 等多套通关系统，在提升海关工作能力和管理效率的同时，切实加强了对文物进出境的监管。

（二）存在的问题与争论

目前中国文物进出境法律法规的重点是文物出境管理，而对于文物进境的管制仅限于对临时进境文物（包括文物入境展览）的申报与审核的管理。现行《文物保护法》第六章章名是"文物出境进境"，但在内容上仅规定了文物出境的申报与审核程序，并未涉及外国文物的进境管理，从而形成了"自由入境、严格出境"的文物进出境单向管理制度。现行《刑法》设置

图1　国家文物进出境审核信息管理系统

"走私文物罪"的目的也仅限于惩治违反海关法规、逃避海关监管,非法携带、运输、邮寄国家禁止出口的文物出国(边)境的行为,而没有涉及非法携带外国文物进境。这是现行文物进出境管理法律法规存在的一个重要问题。国际社会已对中国不对称的文物进出境制度提出批评,一些国家利用各种国际场合公开指责我国不严格履行公约、不遵守公约义务,有的国家还以此为理由,拒绝或拖延同中国建立互惠的文物执法合作关系。可以预见,对现行《文物保护法》文物进出境管理制度的改革越晚,我国所面临的国际压力就越大,相关工作就越被动,

关于中国不对称的文物进出口管制及违法惩罚制度问题,有的学者认为,这种做法不仅有违相关国际公约的规定,同时在实践中会产生负面效果:不少走私出境的文物,在堂而皇之地入境后,反而漂白了身份,这在一定程度

上加剧了文物犯罪。还有学者撰文指出根据《1970 年公约》，我国应承担禁止进口从来源国非法出口文物的义务，并承担条约义务，据原主缔约国的要求，采取适当措施收回并归还进口的此类文化财产，并对负有责任者予以惩处或行政制裁。① 也有学者提出，我国既然已经加入《1970 年公约》，那么在保护本国文物的同时也应该履行国际义务，目前条件下，比较可行的做法是在文物法律规范中作出文物进境管理的相关规定即可。

但是据了解，国家文物局的态度依然是鼓励文物进境。因为大量的进境文物都是中国文物，中间可能会夹杂一些外国的流失文物，但是如果为了防止个别外国流失文物入境，我国需要建立一整套文物边境控制体系，此外，最好在每个海关安排一位文物进出境审核人员，以提高非法进境文物的验出率，但是这些措施将会消耗大量的行政成本。考虑到这样的付出与成效之间不成正比，所以暂时还没有将制定文物进境管理法律提上日程。

这一观点与当年在《1970 公约》制定过程中美国曾表达的担心有一定相似之处。《1970 年公约》起草文件资料显示，公约草案最初的文本是禁止一切非法出口的文化财产入境，但是美国担心，这样的禁止性规定会对边境控制体系造成巨大的人力及财力负担，同时也与当代频繁的跨国人员及货物往来现状以及贸易自由制度相违背。受此观点影响，在正式通过的公约文本中，禁止非法出口文物条款的表述变为："本公约对有关国家生效后，禁止进口从本公约另一缔约国的博物馆或宗教的或世俗的公共纪念馆或类似机构中窃取的文化财产，如果该项财产业已用文件形式列入该机构的财产清册"。（第 7 条第 2 款）加拿大学者卡梅隆（Cameron）对这一规定的改变原因有不同看法："执行本法（即加拿大《文化财产进出口法》）无须在边境专门设立严格的文化财产进出境审核制度。其一，拟进境的文化财产是否从其原属国合法出口，这是进口商要查清的问题；其二，本法仅旨在为公约另一成员国就非法进口至加拿大的文化财产提出书面追索及返还请求时提供法律依据。"

---

① 邢志远、李晨：《UNESCO 公约框架下文物进境管制法规的建立与完善》，《国际博物馆（中文版）》2014 年 Z1 期。

三、国外文物进出境法律制度

为了保护本国文物资源，保障本国文化安全，防止本国文物的流失，同时为了避免或解决文物在国际上非法流转所带来的种种问题，许多国家，不论是通常意义上的文物出口国还是文物进口国，都纷纷通过立法对文物进出境进行管理，并且采取措施对流失文物进行追索。以下甄选几个具有代表性的国家作简要介绍：

（一）美国

美国是文物艺术品市场大国，其长期的态度是不限制私人文物艺术品的买卖行为，也正是这个态度使得美国的许多博物馆或私人拥有一流的艺术收藏品。二战以来，除了颁布为数不多的禁止濒临危殆的文物进境限令或是因为政治因素的禁运外，美国很少有联邦法律限制文物的进出境。但是随着文物犯罪日益增加，拥有世界第一大文物艺术品市场的美国，开始正视文物国际非法转移问题，采取措施保护本国及外国被盗或和非法出境文物。

1972 年美国签署《1970 年公约》之后，又于 1983 年通过了《文化财产公约实施法案》（*Convention on Cultural Property Implementation Act*，CPIA），目的是防止对文化财产的考古掠夺和非法贩运，保护那些无论对原主国还是对全世界都有重要意义的文化财产，并加强与其他国家在这方面的合作。

根据 CPIA，缔约国可向美国提出限制进境其易受掠夺的考古学或人种学材料的请求，CPIA 赋予美国总统是否施加进境限制的决定权。是否采取限制措施，取决于缔约国能否证明其文化财产正处于被掠夺的危险境地，并且已经按照《1970 年公约》采取了相应的保护措施。同时，进境限制一般只适用于与美国签订双边或多边协议的国家。其中，CPIA 要求双边协议国家同时也应是缔约国，而多边协议国家，并不要求一定是缔约国，但要求其他协议国家也应对该文化财产采取对等的限制措施。（19 U. S. C. 2602a）

CPIA 规定，在特定的危急情况下，美国可采取紧急措施限制文化财产进境，无论申请国家是否与美国签订双边协议。所谓"危急情况"，是指对了解人类历史具有重大意义的新发现的物质种类、来自极具文化价值的遗址的物

195

品以及某种独特文化或文明的遗存等正处于被掠夺、摧毁、驱散或分裂的危急境地，或受此威胁。申请进境限制的缔约国首先要证明上述危急情况的存在，同时总统还要考虑文化财产咨询委员会（Cultural Property Advisory Committee，CPAC）的建议，进而决定是否采取进境限制措施。一般情况下，进境限制自缔约国提出申请之日起五年后终止。但是，总统可根据当时情况决定将限制时限再延长三年。如果在限制措施的有效期内，美国与申请国达成了协议，则进境限制将在协议存续期间继续有效。（19 U.S.C. 2603）

在美国签订的双边或多边协议中，或危急情况下采取的进境限制措施中都附一个限制进境的文化财产清单，并予以公布。清单中的文化财产只有在附出口国颁发的有效文书证明该文化财产出境没有违反本国法律的情况下，才能允许进境到美国。（19 U.S.C. 2606）

CPIA 生效后，或是《1970 年公约》对缔约国生效后（以较后生效的日期为准），任何被盗文化财产，如果业已列入缔约国博物馆、宗教或世俗的公共纪念馆或类似机构财产清册中，一律禁止进境到美国。（19 U.S.C. 2607）

美国的海关法中也有关于文物进出境限制的规定。在美国法典第 19 编第 11 章的第 2091—2095 条对前哥伦布时期（哥伦布到达美洲以前）纪念物、建筑雕塑或壁画的进境作出规定。该章首先提出以规章的形式颁布一份前哥伦布时期的纪念物、建筑雕塑或者壁画的清单，规章生效后清单中的文物从原主国出境的，都不得被进境到美国，除非收货人能够提供原主国政府证书。非法进境到美国的上述文物将被扣押没收，优先归还原主国，但前提是原主国遵守有关归还文物的附加条件，并承担归还相关费用。

（二）英国

英国文化媒体及体育部于 2003 年制定《文物出境（管理）命令》（*The Export of Objects of Cultural Interest〈Control〉Order 2003*）（2009 年修订），规定任何文物出境都须依法申请相应的出境许可证，否则相关人员将受到相应罚款处罚或是刑事指控。根据该项法令，海关享有目的地证明查询权，即如果认为必要，任何携带文物出境的人都应该在海关税务司规定时间内提供货物运送目的地证明，如无法提供将被控有罪，缴纳相应罚款。

2003 年 12 月 30 日，为实施《1970 年公约》而制定的《文物交易犯罪法案》（*Dealing in Cultural Objects〈Offences〉Act*）正式生效。本法所指的文物是具有历史、建筑或考古意义的物品，该法将"非法挖掘物；从具有历史、建筑或考古意义的建筑物或构造物中被移除的物件，或从具有历史、建筑或考古意义的遗址遗迹中的被移除物"定义为污点文物（tainted cultural object），并上述移除或挖掘行为是发生在英国还是在其他国家在所不问，行为是触犯了英国还是其他国家的法律也没有限制，对建筑物、构造物的位置也没有要求。任何在明知或认为某物是污点文物的情况下，进行不诚实交易，包括进出口污点文物的行为，都被认为是犯罪，行为人将被英国刑事法院处以 7 年以下监禁或一定数额罚金。涉嫌进出口污点文物的由海关部门进行调查，并视情况予以扣押。在此之前对此类文物的保护仅适用 1968 年的《盗窃法》（*The Theft Act 1968*），《文物交易犯罪法案》显然扩大了文物的保护范围，通过认定"污点文物"并限制其进境，有效打击文物非法贸易，保障文物流失国权益同时也遏制了国内非法文物交易。

同时，英国专门对战乱国家文物进境作出限制。比如 2003 年《伊拉克（联合国制裁）命令》（*The Iraq〈United Nations Sanctions〉Order 2003*）第 8 条规定禁止进境非法转移的伊拉克文化财产，其中非法转移文化财产特指自 1990 年 8 月 6 日起从伊拉克非法转移的历史、文化及考古学类文化财产；2014 年《出口管制（叙利亚制裁）命令》（*The Export Control〈Syria Sanctions〉〈Amendment〉Order 2014*）第 11c 条规定执行与叙利亚文化财产相关物品的贸易制裁，禁止进境非法转移的叙利亚考古、历史、文化及宗教性质的文化财产，除非提供有效证据证明文化财产是在 2011 年 3 月 15 日之前从叙利亚合法出境的。

（三）德国

二战后，联邦德国于 1955 年制定了《文化财产保护法》，该法沿革 1919 年法律精神，确认以制定财产清单的形式防止文物外流。2007 年，德国加入《1970 年公约》并于同年制定《文化财产归还法》，但是这部归还法案执行效果并不理想。为了更有效地保护德国的文化财产，打击非法文物交易，联邦议会于 2016 年 6 月 23 日以绝对多数通过了新的《文化财产保护法》（以下简称新法），联邦参议院于 7 月 8 日表决批准。

新法目标在于明确和加强文化财产的进出境贸易审查和德国境内的文化财产交易，具体包括保护对国家文化财产免于外流的保护，文化财产的进境和出境，文化财产的流通，对非法进境文化财产的返还，对非法出境文化财产的返还，以及在国际借用中的返还承诺。

根据新法，德国禁止出境文化财产有：已启动国家珍贵文化财产登录程序但尚未做出最终决定的文化财产；非法进境的文化财产；做了保证的文化财产；因非法进出境被扣留的文化财产。国家文化财产暂时性出境的（即出境时间少于 5 年），所有人或其委托的第三人必须向文化财产所在地的最高州立机关申请授予出境许可。国家文化财产长期性出境的（即出境时间大于 5 年），所有人或其委托的第三人必须向联邦文化和媒体最高管理局申请授予出境许可。其他文化财产出境，凡是达到一定价格和年限的，必须依法取得出境许可。

新法对于非法出境的本国文化财产，规定通过一定程序提出返还。如果对欧盟成员国提出返还要求，德国主管文化和媒体的最高联邦当局在与文化财产非法出境前长期所在的州最高主管机构协商后，根据该成员国的规定对非法出境到该成员国领土的文化财产提出返还要求。如果对公约缔约国提出返还要求，德国外交部在与主管文化和媒体的最高联邦当局取得一致后提出对非法出境到缔约国领土的文化财产的返还要求。在主管文化和媒体的最高联邦当局提出返还要求之前，还应与文化财产非法出境前长期所在的州最高主管机构进行协商。

为了更广泛地解决因纳粹迫害被掠夺文化财产的返还问题，2003 年，德意志联邦政府和地方政府联合设立了返还顾问委员会。委员会的顾问由政界人士、资深法官或相关领域专家组成，包括联邦共和国前总统、联邦议院前议长、前宪法法院院长、知名美术史、哲学史、法律哲学史、历史学及哲学教授等与所涉事件相关领域的权威。委员会的主要职能是在公立藏品机构、原所有人和收益人之间就因纳粹迫害掠夺文化财产引起的纠纷进行居中调解或仲裁，解决冲突主要依靠委员会顾问的道德裁断。通过分析委员会做出的仲裁案例，大致可以看出其"道德评判"一般倾向于犹太人方，考虑到这个委员具有浓厚的官方色彩，某种程度上反映出德国政府对于返还二战期间犹太人被掠文化财产的态度。

（四）加拿大

为了履行《1970 年公约》，加拿大于 1975 年制定了《文化财产进出口法》（*Culture Property Export and Import Act*），该法于 1977 年生效。该法由加拿大遗产部负责实施，遗产部得到了加拿大海关、加拿大执法机构以及加拿大文化和遗产社团的支持与密切协作。根据该法规定，将《1970 年公约》缔约国非法出境的文物进境到加拿大是违法的，相关文物若在入关时被查获，或执法机关在文物进境后即获得相关消息，则文物应被查扣。否则，加拿大执法机关只有在收到出口国提出的正式请求后，才会启动调查程序，并查扣非法进境文物。文物进口商应履行适当的调查责任，否则可能面临没收有关文物并处罚金或监禁的惩罚。事实上，加拿大文物进境管控并不是十分严格，有相当一部分非法出境文物是在进境后依申请而启动调查及查扣程序的。此外，根据该法，加拿大政府可以通过检察长向法院起诉，要求将非法进境文物归还其来源国。

《文化财产进出口法》规定了文物出境许可证制度。具体说来，该法规定了出境管制的文物范围，要求此类文物出境，必须申请暂时或永久出境许可证。如果主管部门认定一件文物具有极高的重要性或国家级重要性，并且可能永久出境，则可能会推迟发放出境许可证，以便使加拿大文化机构（如博物馆和画廊）有机会购买该文物，以此保证其仍然留在加拿大。如果在规定的推迟期内，仍无人购买，方可以允许出境。

（五）瑞士

瑞士于 2003 年通过了《文化财产国际转让法》（*Federal Law on the Transfer of cultural Assets*），旨在加强文化财产进出境管理，返还非法进境文化财产，防止文化财产被盗窃、掠夺以及国际非法转移，为保护人类的文化遗产作出贡献。

该法中文化财产和文化遗产的范围与《1970 年公约》一致。一般情况下，瑞士并不禁止文化财产的出境，但对于瑞士文化遗产而言具有特别重要意义且进行了联邦登记的联邦财产，禁止永久性出境。除非经有关机构授权，因科研、维护、展览或类似目的，可允许暂时出境。

该法认为，若违反《1970 年公约》缔约国与瑞士签订的文化财产进出境和返还双边协议而进境的文化财产，属于非法进境，协议国家可以根据双边协议向瑞士法院起诉申请返还，但要证明该文化财产对于其国家的文化遗产具有重大意义，并且是非法出境。法庭认定应予返的，申请国要承担为保护、维护和返还该文化财产所采取必要措施而所需的费用。善意取得的文化财产也必须返还，但善意取得人可以获得申请国的相应补偿。补偿额的大小根据购买价格以及必要的保管和维护经费确定。申请国自有关部门发现该文化财产所在地及占有人身份之日起一年内提出申请，申请的最长有效期是自该文化财产非法出境之日起 30 年。但是，经登记的联邦和州的文化财产，视为"不可流转物/非交易物"，既不能因时效取得，也不能因善意占有取得，提出返还申请也不受时间限制。

该法规定瑞士可对在他国境内因突发情况处于危险境地的文化财产的进出境或者国际贸易采取临时管制。

该法要求，只有在文化财产交易当时能够确定该文化财产不属被盗、丢失或是非法出境，才能被转移。交易当事人应向主管部门汇报交易情况和其他事项。博物馆、图书馆、档案馆等联邦机构不得接受或展出盗窃、盗掘、拾获或是非法出境的文化财产，一旦发现这种情况，应立即向主管部门报告。

该法还对故意进出口、销售、分发、接受被盗或丢失的文化财产；占用发掘物；非法进口文化财产或出口联邦登记的文化财产，或在进出口时作不实说明等行为规定了相应的罚金和刑期。

（六）澳大利亚

澳大利亚是世界上为数不多的对外国文物进境实行全面限制的国家之一。该国于 1986 年颁布《可移动文化财产保护法》，并在 2014 年作出修订。该法第 14 条是关于文物非法进境的规定：1. 如果一件受外国保护的文化财产从该国出境，违反了该国相关法律，且该文化财产已被进口，则该文化财产应被没收；2. 如果某人进口文化财产时明知该文化财产是受出口国保护的文化财产且出口违反该国有关法律，行为人是自然人的，应处以 10 万澳元以下罚款或 5 年以下监禁，行为人是法人的处以 20 万澳元以下罚款。但是根据该法第 41 条，澳大利亚联邦在没有收到出口国政府的返还请求之前，不得对相关行为人或财产采取搜查、查封、扣留、没收、逮捕等措施。

（七）意大利

意大利拥有十分丰富的历史、考古及艺术资源，意大利政府历来十分珍视本国的文化遗产资源，认为这些宝贵的遗产是国家和民族的骄傲，保护文化遗产是政府不可推卸的责任，比如意《宪法》第 9 条明确规定："意大利共和国负责对国家的艺术、文化遗产和自然遗产进行保护。"

意大利现行的文化遗产保护方面的法律是颁布于 2004 年的《文化与景观遗产法典》①，由历年颁布的有关文化和环境遗产法律汇编而成。法典第二部分第一编第五章规定了文化财产进出境问题，包括文化财产的出境、进境、从欧盟成员国领土出境和非法出境的文化财产的归还等几个方面。

法典明确规定了禁止永久性出境和允许临时性出境的文化财产范围，同时强调了在任何情况下都不得出境的文化财产：a. 在运输过程中或在不利的环境条件下容易受到损坏的文化财产；b. 构成博物馆、美术馆、艺术画廊、档案馆、图书馆、艺术或文献学收藏的决定性和不可分割的主要收藏品的文化财产。

根据法典规定，允许永久出境且需报批的文化财产主要有：a. 具有文化价值，属于过世艺术家作品，且生成时间超过 50 年的物品，不管属于谁所有；b. 属个人所有的具有文化价值的档案和单份文件；c. 生成时间超过 25 年的照片及其底片和铸模、电影摄影作品的样品、音像材料或动画系列图像，以及事件的口头或文字记录；d. 超过 75 年的运输工具；e. 由法律认定的第一次世界大战历史遗迹。任何人希望从意大利永久出口上述文化财产的，必

---

① 国家文物局编译：《意大利文化景观法典》，文物出版社，2009 年。

须向主管部门申报并提交相关文化财产，并说明每件文化财产市场价值，以获得自由流转证书，证书有效期三年，文化遗产部和出口主管部门所在的大区有权强制性收购相关文化财产。如果是临时出口文化财产的，当事人应按程序向出口主管部门申请临时流转证书。文化财产进境的，当事人应提供文化财产的鉴定文件及原产地证明，以取得出口主管部门核发的证书。如果是向欧盟成员国领土以外出口法典附件 A 所涉文化财产的，应该照《欧共体条例》（EEC Regulation）第 2 条的要求，取得由出口主管部门核发的出境许可证和自由流转证书。文化遗产部应将已核发的出境许可证汇总并列单保存，如有变化，应在两个月内通知欧共体委员会。

关于文化财产返还，法典界定了返还文化财产的范围，即被请求国现行法律认定为国家文化遗产，不论这一认定是在文化财产从请求国出境之前或之后作出；还对"非法"作出解释，即违反《欧共体条例》或请求国国家文化遗产出境法律的文化财产临时出境期满后仍未返还的，以及文化财产临时出境违反相关程序（第 71 条第 2 款）规定的。

对于从欧盟成员国领土非法出境的文化财产，法典提出可通过仲裁和诉讼的方式返还，并且在归还诉讼中，法院还可要求请求国对相关当事人按公平标准补偿。如果是从意大利领土非法出境的文化财产，应由文化遗产部在外交部的协同下，在相关文化财产被发现的欧盟成员国法院提起归还诉讼。

（八）日本

1950 年 5 月 30 日颁布的《文化财产保护法》（法律第 214 号）是日本文物法律中最重要的法律之一，历经多次重大修订，最近一次修订是在 2014 年 6 月 13 日。该法将文化财分为有形文化财、无形文化财、民俗文化财、纪念物、文化景观和传统建筑群等 6 类并分别作出定义，并规定指定、登录等重要制度。1954 年 6 月 29 日制定《关于国宝或重要文化财的变更现状、出境及重要有形民俗文化财的出境许可申请等规则》（文化财保护委员会规则第 3 号），又于 2005 年 3 月 28 日以文部科学省令第 11 号作出修正。根据上述法律法规，日本重要文化财原则上禁止出境，除非文化厅厅长出于国际文化交流或其他特殊需要的考虑，认为确有必要，并发放出境许可证。国宝或重要文化财以及重要有形民俗文化财出境，应经文化厅厅长许可。未经文化厅厅长许可而将重要文化财出口者，处 5 年以下有期徒刑或拘役或者 100 万日元以下罚金；未经文化厅厅长许可而将重要有形民俗文化财出口者，处 3 年以下有期徒刑或拘役或者 50 万日元以下罚金。其他登录有形文化财出境，应至少提前 30 天按文部科学省令向文化厅厅长提交申请。

2002 年，日本制定《文化财产非法进出境管控法》，旨在采取有效措施防止从《1970 年公约》缔约国博物馆、公共纪念馆或类似机构盗窃的文化财产非法进境，以及返还这类文化财产，落实公约精神。但该法的适用范围有限，只涉及从《1970 年公约》缔约国中被盗文物的返还问题，并不包括从以上国家非法出境文物的限制与归还。

根据《文化财产非法进出境管控法》，当接到缔约国的博物馆、公共纪念馆或类似机构有关文化财产被盗的通知后，日本的文教科技部便会按相关规定将上述被盗文化财产指定为"特定外国文化财产"。任何人意图进口特定外国文化财产的，都应取得官方的进境许可证，当然这种情况下，许可证几乎不可能颁发。该法规定被盗的外国文化财产所有人自文化财产被盗之日起 10 年内可申请返还，突破了《日本民法典》中有关追索被盗财产 2 年的时效规定。但是，如果被盗的外国文化财产已经在进口日本后被指定为"特定外国文化财产"，申请返还有效期便不限于 10 年。如果该文化财产得以返还，原所有人应向善意购买人补偿购买价金。

（九）韩国

1962 年 11 月 10 日，韩国颁布《文化财产保护法》，这是韩国文物保护最重要的综合法律，历经多次修正，基本上能及时反映韩国对文化遗产的最新观点。最近一次修正是在 2016 年。《文化财产保护法》中规定"文化财"指人为或自然形成的在历史、艺术、学术及景观等方面具有很高价值的国家、民族乃至世界遗产，包括有形文化财、无形文化财、纪念物、民俗文化财。韩国负责文物进出境管理的国家机构是文化财厅和文化财鉴定官室，文化财鉴定官室分布在各个机场、海关，由文化财厅安全科直接领导，经费和物资由文化财厅统一拨付。

　　根据《文化财产保护法》，文化财厅设置文化财委员会，负责调查并审议关于文化财保护、管理及利用事项，委员由文化财厅厅长聘任。国家指定文化财出境由文化财委员调查审议，原则上国宝、宝物①、天然纪念物②、重要民俗文化财禁止出境，但是因为展览或其他国际文化交流活动，并且2年内运回国内的，经文化财厅厅长许可的情况除外。此种例外情况下，应该在出境前5个月按照文化体育观光部令规定，向文化财厅厅长提交出境许可申请书。可向文化财厅厅长申请延长在国外的滞留期，延长期不得超过2年。具体审核标准由文化体育观光部令规定。另外，国家指定文化财提取或剥制天然纪念物标本，以及以在特定设备中进行研究或观看为目的增殖的天然纪念物，只有得到文化财厅厅长许可，才可出境。

　　未指定或未登记的文化财中属于动产的文化财，称为一般动产文化财。一般动产文化财出境的由文化财鉴定官鉴定，参照国家指定文化财出境标准，具体程序由文化体育观光部令规定。

　　在市道知事管辖范围内、且未被指定为国家指定文化财的文化财，若市道知事判定其有保存价值，则可将其指定为市道指定文化财。市道指定文化财出境参照国家指定文化财出境管理规定。

　　《文化财产保护法》第八章"国外所在文物"章集中规定了有关海外流失文物的保护、返还。所谓"国外所在文物"是指流失国外的，现在韩国领土之外的文物。该法规定国家全面负责国外所在文化财的保护、返还与利用，并且要确保与之相关的组织与预算。文化财厅厅长或地方自治团体负责人负责统筹国外所在文化财的现状、保存、管理状态，出口过程的调查研究工作，并可要求博物馆、韩国国际交流财团、国史编纂委员会及各大学等相关机构提供所需材料及信息，以上相关机构应予以协助。关于国外所在文化财追索和利用相关重要政策等，文化财厅厅长应听取有关专家或机

---

　　① 根据《文化财产保护法》第23条，经文化委员会审议，文化财厅厅长可将有形文化财中重要部分指定为宝物。经文化委员会审议，文化财厅厅长可将从人类文化角度看价值较大、较为罕见的宝物指定为国宝。

　　② 根据《文化财产保护法》第25条，经文化委员会审议，文化财厅厅长可将纪念物中的重要部分指定为史迹、名胜或天然纪念物。

构的意见。

为统筹开展与国外所在文化财相关的各项工作，文化财厅设立了海外所在文化财基金会（Oversea Korea Cultural Heritage Foundation）。基金会主要工作包括关于国外所在文化财的现况及外流原委等事项的调查、研究，与国外所在文化财的收回、活用相关的各种战略、政策研究等。基金会经文化财厅厅长同意，可要求相关行政机构、法人和其他组织提供追索和利用国外所在文化财所需的材料。

四、追索流失文物的中国实践

中国历史上，尤其是近代以来，因为战争、战乱或是西方学者的非法考察，有大量文物流失海外，文物流失的背景和原因十分复杂。对于历史上流失海外的文物，尤其是珍贵文物中国始终没有放弃追索。中华人民共和国成立以来，中国政府一贯重视文物的进出境管理工作，建国伊始便制定了旨在防止文物图书继续散佚的《禁止珍贵文物图书出口暂行办法》，其后又陆续公布了一系列法律法规，规定了文物进出境审核标准，设置了专门的管理机构和人员。但是，尤其是 20 世纪八九十年代以来，盗窃盗掘文物案件增多，相当一部分涉案文物被走私出境，文物流失状况再次严峻。但是中国政府和中国人民始终没有放弃流失文物的追索，努力颇见成效。目前，中国追索流失文物的方式大致可分为以下几种：

（一）美国返还走私文物——外交途径

2015 年 12 月 10 日，中国驻美国大使馆举行移交仪式，接受美国政府返还 22 件中国流失的文物。这次移交的 22 件文物被美国海关截获，经鉴定均为唐代以前文物，价值不菲。2015 年 9 月习近平主席访美期间，两国曾宣布"美方将在不久的将来向中方返还 22 件中国文物"，这是文化遗产领域保护成果首次写入中美元首会晤的外交文件。率团接收文物的国家文物局一位负责人表示："此次文物返还是习主席访美的重要成果，也是中美文化遗产合作的一件大事，彰显了美国政府执行国际公约、信守双边承诺的负责态度。"

这位负责人提到的双边承诺，是 2009 年 1 月 14 日中美两国政府签署的关

于实施文物进口限制的谅解备忘录，根据备忘录，旧石器时代到唐末的归类
考古材料以及至少 250 年以上的古迹雕塑和壁上艺术非法进口美国是被禁止
的。经国务院批准并经中美双方互换照会确认，备忘录新文本于 2014 年 1 月
14 日生效，有效期 5 年。这次文物返还，正是基于新的备忘录文本。备忘录
作为中美政府间法律文件，为我国追索被盗中国文物提供法律保障，对文物
的非法贩运和交易将起到强有力的法律震慑，对于中国与其他国家的文物执
法合作也有示范和参照意义。

（二）敬陵彩绘石椁追索案——谈判途径

图 2　敬陵彩绘石椁

　　敬陵彩绘石椁（详见图 2）属国家一级文物，为研究唐代的陵寝制度提
供了难得的实物资料。石椁的主人就是历史上赫赫有名的唐玄宗李隆基的
宠妃武惠妃（699～737 年）。武惠妃伴随着唐玄宗走过了"开元盛世"，死后
被追谥为"贞顺皇后"，并以皇后之礼葬在敬陵。石椁于 2005 年被盗。陕西
省公安厅迅速组成了专案组，2006 年 2 月案件告破。但是被盗的石椁已经被
一个美国古董商买走，并运到了美国。中国警方随即展开流失文物的国际追
索工作。

　　中国警方首先向国际刑警组织发送文物图片，请求协助开展追索工作，
还与一些热心的民间人士联系，请他们关注各国拍卖会上是否有疑似石椁文

物上拍。经过多方努力，2009 年初，中国警方与美国古董商的翻译取得了联系，通过这位翻译，中国警方与美国古董商的代理人分别于 2009 年 11 月、2010 年 1 月两次见面谈判。最初美方代理人要求中方支付赔偿金，被中方坚决拒绝，表示有确凿的证据证明这件文物属被盗并走私出境的，现在要追索被盗文物，而不是赎买。后来古董商决定无条件返还，并承担了国外部分的运费。2010 年 6 月，这件流失美国 5 年之久的珍贵文物被当地公安机关移送给陕西历史博物馆永久收藏。

敬陵彩绘石椁的追索，主要是通过私人联系沟通的方式，虽然谈判时候中方是来自博物馆和公安局的人，但没有以官方的身份谈判。这种方式在中国的流失文物追索谈判中是比较少用的一种方式，更多的是通过官方途径谈判。总体来说，采用谈判途径往往能够达到相对理想的效果。但这种方式的适用是有前提的，拿本案来说，一方面中方追索的是涉案文物，另一方面中方有证据证明买方明知其购买的是出土文物。

（三）大堡子山被盗文物返还案——所有人捐赠途径

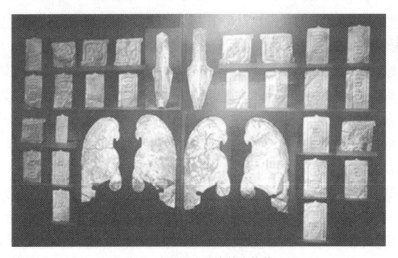

图 3　大堡子山流失的金饰片

图 3 中这些形态各异的金饰片来自中国甘肃礼县大堡子山秦早期遗址。秦人大量使用黄金装饰棺椁等器物的做法，证明早在秦始皇嬴政统一中国之前，秦的国力已经非常强盛。秦人用黄金装饰棺椁，有悖于周王朝的礼制，

在当时是僭越行为。正是这种与生俱来的、敢于反抗传统的强悍性格，使秦人从甘陇一带出发，一步步向东挺进，创造了秦族、秦国、秦朝的辉煌发展史，给中国历史带来了深远的影响。

礼县是秦文化的发祥地，历史悠久，文蕴深厚。但是自20世纪90年代，大堡子遗址开始遭到大规模盗掘，大量珍贵文物流失海外。这些金饰片就是不幸于那场劫难中被非法盗掘，并走私出境的，后由法国收藏家弗朗索瓦·皮诺先生和克里斯蒂安·戴迪安先生购买并捐给法国国立吉美亚洲艺术博物馆。戴迪安说，他第一次见到这些精美的金饰片是在1993年，他的欧洲朋友都认为这是假货，他还专门邀请中国专家去法国研究鉴定。戴迪安表示："文物贩子一般会将金器熔炼卖钱，这批文物能保存下来实属不易。"意识到这批流失的文物对中国有重要意义，两位购买人表示希望大堡子山文物尽快"回家团聚"。

但是，文物回家何其容易！根据法国法律，文物入藏国有博物馆后即属于国家，这类文物不得出境。为促成流失文物返还，国家文物局与法国文化与新闻部进行多次磋商，终于研究出文物返还的创新模式：原捐赠人先与法国政府解除捐赠协议，使文物退出法国国家馆藏，然后再将文物交给中国政府。最终促成这些珍贵的金饰片回归祖国。

事实上，此次法国能够顺利返还这批文物与中国相关部门做了大量扎实的基础工作密切相关。2005年，国家文物局启动"中国流失海外文物调查项目"，针对大堡子山流失文物进行专题调查研究，完成《甘肃礼县大堡子山遗址被盗流失文物调查报告》；会同公安机关收集整理文物盗掘案件的证人、证言、证物，建立文物被盗、流失的司法证据链；结合缴获、发掘的文物开展成分检测、金相分析等科技鉴定工作，为与境外流失文物比对鉴定做好技术准备；开展国际公约和相关国家适用法律及返还案例研究，制定追索方案，编制法律文书，明确中国对被盗文物的主权立场，向法国提出返还要求。

（四）肉身坐佛追索案——诉讼途径

2014年10月，匈牙利自然科学博物馆举办"木乃伊世界"展览，一尊标名为约公元1100年的中国佛僧肉身宝像（详见下页图4）作为最重要的展

图4　肉身坐佛像及其 X 光扫描图

品被单独安放在一间展厅。展览时候这尊肉身宝像号称是由一位荷兰收藏家所有。但事实上，这尊本名为章公六全祖师肉身像的佛像在福建省三明市大田县吴山乡阳春村的林氏宗祠里已经被供奉近千年，早已成为当地村民的信仰，一种精神寄托。每逢年节都会抬请佛像巡游。1995 年 12 月的一天，村民突然发现这尊佛像不见了！20 年后的一天，一位村民在匈牙利博物馆看到了展出的佛像，经反复确认，村里认为这就是丢失多年的章公肉身像。从此，村民们走上了追索佛像的漫漫长路。2015 年荷兰首相访华期间，村民们还曾给首相写信讲述佛像被盗的事情，希望他能够帮助解决；村民们委托在荷兰的亲友与荷兰收藏家沟通；印刷介绍章公祖师的书籍，通过微博、微信、网站等途径，扩大宣传。考虑到《荷兰民法典》中关于取得时效有这样的规定："持续、非暴力、未有争议的占有他人财物满 20 年，可取得该物所有权。"这尊佛像是 1995 年 12 月被盗，到 2015 年 12 月即满 20 年。为了避免触发荷兰民法上的取得时效，2015 年 11 月，村民委员会正式委托荷兰律师在荷兰当地法院起诉佛像持有人及其控制的公司。2016 年 5 月 31 日村民委员会递交起诉书，2016 年 6 月 8 日法院正式受理此案。荷兰律师表示持有者显然没有履行谨慎审查义务，不能适用善意取得，并且佛像中有遗骸，请求法院依据荷兰《埋葬法》判决原告对其享有处分权。但是从 2017 年 1 月被告提交的答辩状来看，被告对原告的请求全部不认可，并且提出原告是村委会，根据荷兰法律不是适格的诉讼当事人。2017 年 7 月 14 日，法庭就本案举行于首场听证。目前本案仍在审理中。

（五）圆明园青铜鼠首兔首返还案——企业购买后捐赠途径

2009 年 2 月，佳士得公司不顾中国政府和社会各界的强烈反对，在法国巴黎公开拍卖 1980 年英法联军火烧圆明园时失踪的青铜鼠首和兔首。青铜兽首最终因中国藏家蔡铭超"拍而不买"而流拍。此后，法国皮诺家族从原持有人手中买下这两件青铜兽首，并向中国表达了捐赠意愿。其后，双方就青铜兽首回归事宜进行积极沟通。2013 年 6 月 28 日，国家文物局在国家博物馆举行捐赠圆明园青铜鼠首兔首仪式（详见图 5）。捐赠仪式后，两尊青铜兽首正式入藏中国国家博物馆。

图 5　圆明园兽首捐赠仪式

由企业家购买流失文物并捐赠中国的文物返还方式，目前来说不是主流方式，购买战争中被掠文物的做法，实际也不应该被提倡。但是，就本次捐赠来说，皮诺家族的行为事实上解决了中法之间围绕这两件文物的一种纠结状态，有助于两国的长期合作。

上面这几个案例表明，中国文物追索中的民间力量正在崛起，中国正在逐渐形成一种关注文物保护、关心流失海外文物、关切文物回流进程的社会氛围，这对中国整体的流失文物追索工作无疑是十分有益的。

综上，加强本国文物进出境审核管理，防止文物非法贩运，并积极促进文物返还原主国，已逐渐成为世界主要国家的共识。中国有大量珍贵文物因为各种原因流失海外，在做好文物进出境管理、守好国门的同时，努力通过外交、司法等多种途径追索流失文物，成为政府与公众共同的目标。在增强文化自信、凝聚文化认同，实现民族复兴的过程中，文物的社会价值更加凸显，这一目标的实现尤为重要。中国有关部门应继续加强国际合作，在充分尊重国际规则的前提下，积极利用一切有利条件，争取促成更多流失文物早日回归祖国。同时加大宣传力度，比如通过举办回流文物展，介绍中国打击文物盗窃盗掘犯罪和追索流失文物的工作成果，营造更加有利的文物保护和流失文物返还氛围。另外要重视民间追索力量，有时候民间追索更具有灵活性，也许会产生意想不到的效果。本书呼吁各界一道努力，促使这些流失海外的文物回归故里，共同守卫这些承载着每一个民族的历史积淀和精神寄托的文化遗产。

中国被盗（丢失）文物信息发布平台建设①

中国被盗（丢失）文物数据信息发布平台（以下简称发布平台）建设分别被国家文物局和陕西省公安厅列为 2017 年重点工作。2017 年 11 月 16 日，发布平台正式上线。创建发布平台是文物部门和公安机关落实中央领导批示、回应社会公众关切，依托互联网、协同配合，深入开展打击防范文物犯罪活动的新举措，同时也践行了《关于保护和归还非法出境的被盗掘文化财产的敦煌宣言》②（2014）中的倡议。

一、发布平台创建背景

中国被盗（丢失）文物数据信息发布平台依托于打击文物犯罪信息中心。2011 年，为应对文物安全的严峻形势，强化打击和防范文物犯罪的信息建设，全国文物安全工作部际联席会议办公室依托陕西省公安厅刑侦局建立了"打击文物犯罪信息中心"，该信息中心建设了文物犯罪信息管理系统，负责收集、汇总、整合、分析、研究全国文物犯罪信息，定期提交文物犯罪案件情况和文物安全形势分析报告，为全国打击和防范文物犯罪提供信息与技术支持。建设之初便设想信息中心未来将成为全国打击文物犯罪的信息平台。

---

① 本篇专论曾以《关于中国被盗文物数据信息发布平台的几点看法》为题在《中国文物科学研究》2017 年第二期上发表，收于本书时题目略作修改，内容进行了适当补充。

② 2014 年 9 月，在敦煌举行的第四届"文化财产归还国际专家会议"上，百余位来自联合国相关机构的代表与 15 个国家相关机构负责人和学者，审议并通过了《关于保护和归还非法出境的被盗掘文化财产的敦煌宣言》，宣言第 6 条建议各国"建立可自由、便捷访问的被盗文化财产国家数据库，并将国家数据库与国际数据库相链接，特别是国际刑警组织的被盗艺术品数据库"。

近些年，在文物、公安等部门的共同努力下，打击文物犯罪取得了明显成效，但是盗窃、盗掘、盗捞文物的现象仍屡禁不止，甚至有相当数量被盗文物流失海外，流失文物追索问题一直受到中央领导和广大人民群众的高度关注。在这种背景下，发布平台的创建，可以说中国在利用信息手段打击文物犯罪方面迈出了坚实的一步。

发布平台涵盖两个子平台，一个是被盗（丢失）文物信息采集管理子平台，面向的是文物部门和公安机关；另一个是被盗（丢失）文物信息发布与公众阅览子平台，这个是面向公众和国际社会的，具备中英文被盗（丢失）文物信息的发布、阅览、查询和中文线索的举报录入等功能。两个子平台互为依托、相互衔接。

发布平台上登记的文物具体包括被盗文物和丢失文物。其中，被盗文物，即刑法中规定的被盗窃、盗掘、盗捞的文物；丢失文物，目前只针对国有文物收藏单位收藏却不知所踪的文物，也可能涉案，但是却因为种种原因无法查明失踪原因。文物被盗或丢失的案发地点目前限于中国大陆，不包括港澳台地区。"被盗文物"的流向，既包括流失海外的文物，也包括仍留在中国境内的文物。

在发布平台主页上，可以看到不断滚动的被盗（丢失）文物信息和案件信息，包括发布编号、文物类型、年代、尺寸、质量、工艺技法、完残状态、被盗详址、被盗日期、发布日期、立案单位，还有最为显著的被盗（丢失）文物原貌影像（正视图）放大图片。因为发布平台要与国际刑警组织被盗艺术品数据库对接，故发布平台在数据采集时参照了国际刑警组织数据项规范标准。

建设发布平台，也是贯彻落实相关国际公约和双边协定的必然要求。各国法律普遍认为盗窃文物的行为是应被禁止的刑事犯罪行为，并应对受害人提供一定程度的救济。1970 年 11 月联合国教科文组织在 16 届大会上通过的《关于禁止和防止非法进出口文化财产和非法转让其所有权的方法的公约》（以下简称《1970 年公约》）也已表明对该行为的态度。《1970 年公约》要求成员国对丢失（disappearance）的任何种类的文化财产，确保进行适当的宣传（appropriate publicity）（第 5 条第 7 款）。这是公约要求成员国承担的宣传义务。一些相关的国际组织开展的工作推动了公约成员国履行此项义务，比如国际刑警组织（INTERPOL）建立了被盗艺术品数据库，每 6 个月更新一次；国际博物馆协会（ICOM）定期发布丢失文化财产信息；联合国教科文组织（UNESCO）也不定期发布被盗、被掠文化财产信息。

《1970 年公约》还要求其成员国在公约对该国生效后，采取与本国立法相一致的必要措施防止本国领土内的博物馆及类似机构获取来源于另一成员国非法出口的文化财产（第 7 条第 1 款）；禁止进口从公约另一成员国的博物馆或类似机构中盗窃的文化财产，如果该项财产业已用文件形式列入该机构的财产清册（第 7 条第 2 款）；通过教育（education）、信息通报（information）和警戒（vigilance）等手段，限制非法从公约成员国运出的文化财产的移动（第 10 条第 1 款）。能否有效履行上述各项义务，显然与是否及时掌握被盗文物信息密切相关，亦与前述提到的宣传义务密切相关。

除了上述应当履行的相关公约义务，中国还与秘鲁、意大利、印度、美国、埃及、瑞士等国家签订了关于防止盗窃、盗掘和非法进出境文化财产的双边协定，协定中均涉及完善被盗文物信息发布工作，以及向对方主管部门和海关、港口、机场等相关部门通报被盗文物信息，号召加强与相关国际组织和其他国家合作等内容。截至 2017 年 4 月，与中国签订该类协议的国家已达 20 个。

因此，建立被盗（丢失）文物信息数据库，并与相关数据库，比如国际刑警组织被盗艺术品数据库链接，以便协定国家、国际组织以及其他国家及时获取文物被盗信息，各国联手打击文物犯罪，追索流失文物。信息社会中已结成一张巨大无形的信息网络，每一个国际主体都是其中的重要结点，概莫能外，中国此次利用信息网络便捷、实时的特点，建立发布平台，以实际行动积极承担国际义务，加强国际合作，也有利于树立一个负责任的大国形象。

二、发布平台的重要作用

1. 避免被盗文物被"善意"取得，有利于文物返还

《1970 年公约》对善意取得制度的规定并不明朗，表述上采用了"不知情"的隐晦用词，如何界定留待各成员国法院自行解释。而对于被盗财产能

否适用善意取得，不同传统不同立场的国家，其理解也是各不相同。英美法系国家普遍不承认被盗财产善意取得。大部分大陆法系国家也原则上否认善意取得制度适用于被盗财产，但是设置了例外条款，比如德国、法国、奥地利、日本等国家的法律均认为通过公开拍卖形式或在公开市场购得的动产，即使是被盗物仍可适用善意取得制度，即所谓的"公开市场"例外原则。而《国际统一私法协会关于被盗或者非法出口文物的公约》（以下简称《1995 年公约》）明确规定被盗文物的占有人应当返还该被盗文物（第 3 条第 1 款），确立了被盗文物均应返还的基本原则，否定了部分国家（主要是一些大陆法系国家）关于被盗财产也可能善意取得的国内法规定。

《1995 年公约》中也没有使用"善意"一词，而是用"不知道也理应不知道该物品是被盗的"，和"在获得该物品时是慎重的"这样的表达代替。公约第 4 条允许占有人在返还被盗文物时获得公正合理的补偿，同时要求占有人承担证明其获得该文物时是否"慎重"的举证责任。根据本条第 4 款的规定，"慎重"的判断标准之一就是"占有人是否向通常可以接触到的被盗文物的登记机关进行咨询"。事实上，这一规定恰与成员国的司法实践呼应。比如《英国时效法》（1980）的第 4 条第 4 款规定，对被盗财产的占有被推定为与盗窃有关，除非现占有人能提出相反证明。也就是说法律对于现占有人的善意取得主张采用严格解释。试举一例：在 De Préval v. Adrian Alan & Ltd.（1997）案中，一位古董商购买的一套烛台后来被认定为被盗财产，他在原所有人提起的返还之诉中辩称自己是善意买受人，但是法官认为作为专业古董商在购买文物时本应向专业机构或数据库询问，以确定其来源是否合法，而他却没有这样做。所以，法官认为这位古董商不能自证其善意。

至于中国法律对善意买受人的态度，根据《物权法》第 107 条："所有权人或者其他权利人有权追回遗失物。该遗失物通过转让被他人占有的，权利人有权向无处分权人请求损害赔偿，或者自知道或者应当知道受让人之日起二年内向受让人请求返还原物"，可见中国法律认为遗失物应予返还，不得适用善意取得。同样的，在中国司法实践中，历来对被盗财产适用善意取得持否定态度，这有利于遏制各种销赃行为，没有买卖就没有盗窃，从源头上减少盗窃案件发生，以期达到维护社会治安、稳定社会秩序的目的。

发布平台的创建，可以有效避免善意取得制度带来的不确定因素，使被盗文物的持有人难以"善意"自称，从而使返还之诉更具正当性。一些文物持有人尤其是海外的文物持有人为了避免卷入麻烦，甚至可能甘愿将手中来源的不明文物返还中国。

2. 为调动各方面力量联合打击文物犯罪提供基础支撑

一方面，发布平台应力图成为文物部门、公安机关、海关以及其他相关部门之间沟通合作、获取信息的平台。其中文物部门可以运用专业知识协助公安部门侦破案件，可以针对被盗文物的特征对海关人员进行培训；海关部门若及时掌握被盗文物信息，可在过关检查时有所侧重和针对，并将发现的疑似文物及时通报给文物部门和公安机关，以便排查。多部门统一行动，联合执法，及时打击文物盗窃倒卖分子，打击文物犯罪，同时也将起到强烈的震慑作用。事实证明，文物盗窃案件处理、侦破的越及时，行为人的犯罪冲动就越小，同时文物安防压力也会相应减轻。同时，在文物艺术品盗窃案智能化、集团化、国际化的大趋势下，国际协查力度不断推进，将发布平台与国际刑警组织被盗艺术品数据库对接，及时向国际刑警组织提供被盗或丢失文物的情报，以便该组织展开国际调查，将会为海外流失文物追索提供很大的便利。

另一方面，发布平台有利于充分发挥群众作用。毛泽东同志在《关心群众生活，注意工作方法》一文中曾明确指出："革命战争是人民的战争，只有动员群众才能进行战争，只有依靠群众才能进行战争"。面对文物案件，我们依然应该秉承依靠群众、走群众路线的优良传统，正视群众力量、相信群众力量，群防群治、群策群力，迫使犯罪分子陷入"人民战争"的汪洋大海，掌握文物案件追查、侦破的主动权。

3. 有利于准确研判当前形势，制定有效对策

对发布平台上的案件及时汇总、统计与分析，有利于掌握文物盗窃案件的多发区域、多发时段和重点人员，供公安机关分析案件分布和变动规律，合理布防；有利于发现文物保护与管理工作中存在的漏洞、不足与潜在危险，

有针对性地提出整改措施，加强防范；还有利于正确认识和把握当前文物安全形势，增强对文物安全局面的掌控力，为文物、公安等相关部门制定科学、精准、实效的对策措施提供合理依据，进而从宏观上指导实践工作，最终减少文物被盗案件的发生。

4. 方便信息查询，规范文物市场运营秩序

《1970 年公约》要求各成员国"视各国情况，责成古董商（antique dealers）保持一份记录，载明每项文化财产的来源……违者需受行政或刑事制裁"（第 10 条第 1 款）。我国现行《文物保护法》第 57 条第 1 款规定："文物商店购买、销售文物，拍卖企业拍卖文物，应当按照国家有关规定作出记录，并于销售、拍卖文物后三十日内报省、自治区、直辖市人民政府文物行政部门备案。"《文物保护法实施条例》第 43 条第 1 款进一步规定了"记录"中的具体内容，其中包括"文物来源"，并规定接受备案的文物行政部门应将该记录保存 75 年。《拍卖法》要求"拍卖人应当对委托人提供的有关文件、资料进行核实"（第 42 条，拍卖人的核实义务）。根据该法第 41 条，"有关文件、资料"包括（委托人的）身份证明、拍卖标的的所有权证明或者依法可以处分拍卖标的的证明及其他资料。该法第 58 条又规定"拍卖人明知委托人对拍卖的物品或者财产权利没有所有权或者依法不得处分的，应当承担连带责任。"

从上述条文中可以看出，无论是相关国际公约还是中国国内法律，都要求文物经营者承担确认其所经营文物的合法来源的义务，并应在一段时期内保持一份相关记录，如有违反就会承担不利的法律后果。这就要求文物经营者要在买卖文物时注意核实、确认其来源是否合法，发布平台恰好支持被盗（丢失）文物的查询功能。而博物馆、美术馆、拍卖公司、文物艺术品商人、收藏家、文物爱好者，也应该在决定购买某件文物之前到发布平台上进行查询、确认。如此，有利于减少被盗文物在市场上的流通，大幅提高文物交易行为的合法性与确定性，保证文物市场的健康发展，并且，将来一旦发生流失文物的追索问题，如果流失文物已经在发布平台上登记，那么将对追索方相当有利。

三、发布平台运行可能遇到的困难及分析

1. 发布平台中登记的文物可能就此被隐藏甚至被毁

如果发布平台中的文物信息被盗窃文物嫌疑人或是文物非法占有人看到，为了躲避法律制裁，有可能将涉案文物就此隐藏，甚至毁掉文物，以消灭罪证。这种情况也是不少人担心的。分析一下这两种情况：第一种，隐藏涉案文物情况。行为人盗得文物后，将文物暂时就近掩埋，等过段时间，认为文物被盗事件淡出人们的视野后再将盗取的文物贩卖牟利是比较常见的情况。担心罪行暴露而将文物隐藏后不再倒卖的情况也可能存在，但是，因为盗窃文物的目的多是为了牟利，行为人一般存有侥幸心理，认为不一定就会被抓到，所以这种可能性应该不大。即使永不再倒卖，暂时查不出被盗文物线索，那文物至少还能留在国内，从案件侦破的角度，比文物流失到国外要好些。

第二种，毁掉涉案文物情况。一般来说，冒着巨大风险盗取的文物或是花大价钱买来的文物不甘心就此毁掉，当然也不排除极端情况下毁掉被盗文物的可能性。但是，这种可能性的存在，不能影响到文物案件信息公开。信息公开、信息共享，利大于弊。即使不公开被盗文物案件，被盗文物也有可能因保管、运输方式不当而受到各种损害。信息公开与文物被毁之间不是必然的因果关系。并且，是否将该信息公开，均不会改变被盗文物已脱离原权利人控制的非法贩运状态。

2. 发生文物被盗案件，相关单位隐匿不报

出现这种情况，可能与个别文物行政部门或文物收藏单位领导错误的政绩观有关，认为一旦将文物被盗情况上报，可能会被追责，影响仕途。如果将文物被盗的事情公布出去，可能给当地文物工作带来负面影响。与此形成鲜明对比的是意大利对文物被盗案件的态度，只要不影响案件侦破，文物宪兵就会通过所属网站及时发布被盗文物公告，或在媒体上公开报道，认为这样做可形成对犯罪分子的震慑，并且，告与海关和潜在购买人周知，能一定程度上避免被盗文物遭到迅速倒卖，甚至被走私出境。

两个国家做法的不同，体现了观念的不同。公布被盗文物案件，如果涉及刑侦技术手段的问题，可不在公布的范围内。同时，那种出了问题只知一

味隐瞒的错误政绩观念也应转变。政府信息公开已成必然。信息时代，自媒体盛行，互联网上信息传播速度之快，企图隐瞒问题几乎不可能，这正印证了中国的那句老话："没有不透风的墙"。舆论可疏不可堵，唯一可行的是整合信息来源，规范信息发布机制，有效合理利用信息。

现行《文物保护法》第 48 条第 2 款明确要求"馆藏文物被盗、被抢或者丢失的，文物收藏单位应当立即向公安机关报案，并同时向主管的文物行政部门报告"。《文物保护法实施条例》第 36 条进一步规定"主管的文物行政主管部门应当在接到文物收藏单位的报告后 24 小时内，将有关情况报告国务院文物行政主管部门"。《文物保护法》及其《实施条例》设定了相应的法律责任：未及时报告的文物收藏单位将由"县级以上人民政府文物主管部门责令改正"（《文物保护法》第 75 条）；文物部门及其工作人员，"违反本条例规定，不履行职责，对负有责任的主管人员和其他直接责任人员依法给予行政处分，构成犯罪的，依法追究刑事责任"（《实施条例》第 54 条）。1997 年《刑法》中也在"渎职罪"章中专设"失职造成珍贵文物损毁、流失罪"，明确规定："国家机关工作人员严重不负责任，造成珍贵文物损毁或者流失，后果严重的，处三年以下有期徒刑或者拘役。"（第 419 条）。可见，如果发生文物被盗而隐匿不报，文物收藏单位就违反了《文物保护法》及其《实施条例》。相关责任人员也可能受到党纪政纪处分，被追究行政责任，甚至还可能构成渎职罪，受到刑事处罚。今后在法条落实上也应注意完善追责机制，着力推动文物被盗案件上报制度的贯彻。

3. 发布平台中的数据可能与实际发生案件数量存在一定差距

发布平台上的数据可能与实际发生案件数量存在相当程度的差距，究其原因，一是因为上文提到的部门瞒报，另一个重要原因是，发布平台数据录入标准是按照国际刑警组织被盗艺术品数据库的数据标准制定的，而根据该数据库要求，如果上报数据中没有图片附件，将无法通过审核进入到国际刑警组织被盗艺术品数据库，也就是说有无文物图片是决定能否将被盗文物信息上传到该数据库的一个关键指标。因此，目前掌握的标准是如果没有照片，便不能录入到发布平台，由此导致相当多没有图片的被盗文物不能录入到发布平台。这部分文物主要集中在盗掘、盗捞文物，这类文物比较特殊，也许在案发之前，文物情况并没有被掌握，更不可能有照片。

如果这部分文物不能录入到发布平台，那么发布平台联合多方力量、打击文物犯罪的作用将会大打折扣。希望待发布平台运行平稳，时机成熟之际，中方努力与国际刑警组织协调，探讨能否采用一些变通的方法使这类没有实物图片的文物也能出现在发布平台并被国际刑警组织被盗艺术品数据库接纳。比如对于盗掘文物，指标数据可以考虑增加一些描述性的说明，诸如考古学分类（青铜器、瓷器、玉石器等）、所处时代、出土地域、出土地点（某地古墓葬、古遗址），并且用画像代替实物照片。期待中国参与国际事务模式从单纯遵守规则向积极创建规则转变，走出中国特色的文物保护道路。

四、发布平台的前景展望

信息公开是政府治理现代化的重要方面，曾经完全封闭的内部数据库转变为部分开放的平台，信息从封闭到公开，这意味着有关部门管理思路的转变，意味着政府管理的现代化水平在不断提升。正如国家文物局局长刘玉珠在发布平台上线发布会上指出的："这是一项加强文物安全工作的创新举措，更是贯彻落实十九大精神和党中央国务院政策部署的硬招实招。"希望发布平台的出现，能带动文物部门其他资料信息化、公开化的进程。发布平台由文物部门和公安机关联合创建，并且打击文物犯罪、追索流失文物的工作涉及公安、文物、海关、工商等多个部门，体现了部门联合执法工作机制正日趋成熟和走向深化。虽然发布平台暂时面临一些困难，存在一些问题，但我们依然要为它的出现点赞，并应给予更多的理解和支持。

现代技术的应用，不但改变了管理理念、管理方式、管理程序，也改变着人们的观念，但是人的思想和理念的转变需要经历一个消化、接纳的过程，需要一定时间。为此，本书建议，发布平台上线之后，有关部门一方面要及时发现平台运行中的问题，优化平台功能，并对发布平台数据进行挖掘、分析；另一方面下功夫做好宣传工作，使公众了解平台，熟悉平台，一旦发现文物案件能够及时在平台举报，发挥群众监督作用。另外，要积极与其他国家和地区的文物、公安等部门对接，加强与国际组织合作，扩大发布平台的国际影响。

中国文博人才队伍的建设体系

人才是指具有一定的专业知识或专门技能，进行创造性劳动并对社会做出贡献的人，是人力资源中能力和素质较高的劳动者。人才是我国经济社会发展的第一资源。① 所谓文博人才，目前没有统一定论，笔者理解的文博人才大致可以分为两类：一类是具有文博专业背景的人，在文博系统之外取得了较大工作成绩；另一个类是在文博系统工作，对文物事业发展具有积极推动作用的骨干人员，其专业背景可能是文博专业，比如考古学、文物与博物馆学和文物保护技术等专业，也有可能是其他专业。本书范围内的文博人才指的是第二类，即从事文物博物馆工作的相关人才。

世界多极化、经济全球化深入发展，知识经济方兴未艾的今天，我国正处在改革发展的关键期，全面推进经济建设、政治建设、文化建设、社会建设以及生态文明建设，加快人才建设是有力抓手。文物工作是文化建设的重要方面，对于坚定文化自信、增强中华民族凝聚力、满足人民群众精神文化需求、促进文明交流互鉴、实现中华民族伟大复兴中国梦具有重要意义。近年来，在党中央、国务院的正确领导下，在国家各部委和地方党委、政府的大力支持下，在广大文物工作者的共同努力下，我国文物事业取得显著成就，全社会已初步形成保护文物的共识，廓清文物资源基本状况，文物保护对象和范围更加拓展，博物馆取得长足发展，文物保护技术不断提高，文物利用更加多元化，文物法律体系基本形成，文物管理水平得到有效提升。文物事业发展迎来了大好的历史机遇。如何把握这难得的发展机遇，促进文物事业更上台阶？文博人才资源

---

① 《国家中长期人才发展规划纲要（2010 - 2020 年）》（中发［2010］6 号），中共中央、国务院 2010 年 6 月印发。

是提升文物保护、利用和管理水平的关键所在，是促进国家文物事业发展、确保文化强国战略目标实现的战略性资源。[①] 因此，教育、培养高素质的文博人才，是抓住机遇、推动文物事业持续繁荣发展的有力保障。

一、我国具有文博人才教育培养的优良传统

国家文物局历来高度重视人才工作，中华人民共和国成立伊始特别是改革开放以来，提出并实施了一系列多渠道、多层次培养文博人才的政策措施，培养造就了大批人才。如今看来，这些灵活多样、因地制宜、实事求是的人才培养方式，往往在短期内就能取得良好效果，其中很多做法在今天看来仍然是行之有效的，对今后的文博人才培养和文博人才队伍建设依然具有较强的借鉴意义。下面就主要的文博人才培养形式做一回顾梳理。

1. 高等院校培养

高等教育向来是文博人才培养的一项重要内容，为新中国的文物事业培养了大批所谓科班出身的文博人才。

高等院校的文博专业设置，从无到有，不断增强。以北京大学考古专业设置变迁为例，北京大学早在20世纪20年代就已成立马衡先生为主任的考古学研究室，外聘罗振玉、伯希和等为考古学通信导师。20世纪50年代北京大学又成立了向达先生为主任的文科研究所古器物整理室，聘梁思永、裴文中先生为导师，开始招收考古研究生。1949年新中国成立后，在文化部和中国科学院的积极支持下，北京大学历史系考古专业于1952年正式设立，苏秉琦先生任考古教研室主任，郑振铎、裴文中、夏鼐、林耀华、郭宝钧诸先生皆受聘兼任教授。1983年考古专业从历史系分出来，扩大为独立的考古系，1988年考古学被国家教委确定为全国高校重点学科，1992年考古系与历史系共同建立北京大学历史学博士后流动站。1998年北京大学与国家文物局联合办学，成立北京大学考古文博院（中国文物博物馆学院），2002年正式成立"北京大学考古文博学院"。

据一位曾于60年代就读北大考古专业的学生回忆，当年著名考古学家苏

---

① 《全国文博人才发展中长期规划纲要（2014–2020年）》，国家文物局2014年4月23日公布。

秉琦先生，曾在哲学楼前的草坪上意味深长地对同学们说："北大考古专业，独此一家，别无分店。你们 18 位学生已列入国家考古专业编制，毕业后的工作不用发愁。"① 20 世纪五六十年代，北大考古专业的学生毕业后都会由国家分配到考古文博单位，因此不用为毕业后的去向操心，所以当时考古班的专业思想特别稳固。并且当年北大考古专业的老师大都是考古界前辈，如苏秉琦、向文儒、宿白等，教学实力相当雄厚，高水平的老师加上静心求学的学生，教学效果十分理想。这部分毕业生中相当一部分被充实到文博系统，成为文博队伍中的重要成员。

其他高校，西北大学、吉林大学、武汉大学、四川大学、南京大学、山西大学等高校纷纷设立考古专业或考古学系，培养了大批考古专业学生，充实到考古队伍中，为中国考古事业的发展做出贡献。比如，西北大学于 1956 年设立考古学本科专业，1986 年获考古学及博物馆学硕士学位授予权，2003 年成立考古学系，同年获考古学及博物馆学博士学位授予权。吉林大学的考古专业创建于 1972 年，1987 年考古专业与博物馆专业合并成立了考古学系，目前系内有考古学及博物馆学硕士点和博士点。

高校培养的文博人才学历学位多样且层次不断丰富。20 世纪 50 年代，文博专业主要是大学本科学历教育。同时还有少数学校有硕士研究生教育，当时叫副博士，这个称谓具有明显时代特色，现在国内已经没有了，当时是比照苏联的高等教育学历制度设置的。著名的考古专家邹衡和张忠培先生就获得北京大学考古专业副博士。当年国家还选派一些人到苏联等东欧国家接受高等教育，比如吕济民先生 1961 年毕业于苏联莫斯科文化学院，胡继高先生 1962 年毕业于波兰哥白尼大学美术系文物保护专业，都是获得了副博士学位②。改革

---

① 原平阳欧氏的博客：http：//blog. sina. com. cn/s/blog_ 5e728b280100bst6. html，2017年 5 月 20 日最后访问。

② 苏联的副博士与国内的副博士不一样，根据 1990 年《国家教委、人事部关于获得苏联、东欧国家副博士学位人员回国后待遇的通知》，"获得苏联及东欧国家副博士学位人员回国工作后，评聘专业技术职务的任职条件，与国内获得博士学位人员相同。"所以说，苏联的副博士学位相当于国内大学授予的博士学位，现在俄罗斯等原苏联地区的国家仍然授予这一学位。

开放后，高校培养的学历层次逐渐丰富，从专科、本科学历教育，到后来的硕士、博士的研究生学历教育。

20 世纪 80 年代，各级文物行政部门开始与高等院校合作开办文博干部专修班，一般学制两年。各地推荐的在职文博干部要通过考试才能进入到专修班，系统学习文物、博物馆、考古等专业知识，成绩合格后，能取得大学专科学历。通过专修班，提高了一大批文博干部的基本专业素质，同时也解决了文博干部的学历问题，这些人后来都成了本单位的中坚力量、业务骨干。另外，除了普通高等院校教育，通过成人高等学校、广播电视大学也培养了一批文博干部和人才，并且也授予了相应学历，文博人才队伍整体得到进一步加强。

从文博人才的专业构成来看，专业背景逐渐多元化，从几乎是清一色考古、博物馆学、古建、历史、古文献等专业，发展到化学、规划、管理学、政治学、社会学、哲学、法学等各种专业。比如，敦煌研究院的员工就有不少兰州大学化学专业毕业的学生。随着这些不同专业的学生进入到文博系统，文博人才构成更加丰富，文物事业发展更有后劲。

2. 职业学校培养

职业学校是承担学历性职业教育任务的机构，我国承认的有中等职业学校和高等职业学校。前者是在完成初中教育的基础上实行职业教育的学校，一般称"中专""技校"，后者是完成高中教育的基础上实行职业教育的高校，一般称"高职"，职业学校的目的是培养各类技能型人才。20 世纪 70 年代末 80 年代初，当时的国家文物事业管理局与北京市东城区鼓楼中学、205 中学联合创办文博职业高中班，专业课程有青铜器、古建筑、书画、陶瓷、传拓等，学制 3 年，6 个班共培训 240 人。天津市文化局举办博物馆中专班，招收高中毕业生和有关单位职工，学制 2 年。

国家文物局坚持依托现有社会教育资源，继续秉承按需施训、合作办学的文博职业教育培训优良传统，进一步坚持面向社会，拓宽人才培养范围，开阔国际视野。国家文物局还与教育部强化文物保护职业教育部门合作，成立了"文物保护职业教育教学指导委员会"，印发了《文物保护行业职业教育教学指导委员会章程》《文物保护行业职业教育教学指导委员会秘书处工作细则》。2015 年，国家文物局承担的《高等职业学校专业目录》文博相关专业修订工作完成，涉及考古探掘技术、文物保护与修复、文物博物馆服务与管理三个文博专业，构成文博职业教育的专业基础。

3. 师承制

师承制又叫师徒制，是文物保护修复技艺传承的一种传统方式，拜师，不仅是传统的人才培养方式，其本身也已成为非物质文化遗产的一项内容。这种培养方式的主要特点就是教学相长、言传身教、因材施教，重在实践，提倡师父"手把手"的带徒弟，个中奥妙只能在动手动脑动心中体会。

虽然有人认为师承制不符合契约精神，不适合现代社会相处模式，师徒之间存在较强的人身依附关系，有时候甚至还会涉嫌师父对徒弟的剥削，但对于实践性极强的技艺来说，比如文物修复技艺，传统的师承制仍然具有天然的优势。师徒同吃同住，培养了深厚的感情，情同父子，有的本身就是父子。在这种情感的维系下，师父悉心传授技艺，徒弟潜心学艺，传统技艺得以不折不扣地代际相传。很多传统技艺就是靠师承制传承下来的。比如20世纪三四十年代，上海有一家专门做铜版的开文制版所，系著名制版专家鹿文波所办，他精心培育子女制版技术，子女的制版水平也是相当高超，一家人都在开文制版所工作。1953年，应文化部文物局邀请，开文制版所和鹿文波全家都搬去北京，继续从事制版印刷工作。

改革开放以来，高校教育、在职培训等方式逐渐成为人才培养的主流方式，师承制随即萎缩。但是鉴于文物专业技术人才匮乏的现状，一些地方开始探索一种新时代的师承制。

杨晓邬，著名青铜器修复专家，供职于四川省文物考古研究院，为使青铜器修复技艺不至失传，2003年，他毅然收下三名同事做弟子，并签下三年协议。杨晓邬表示，他做师父不一样，"这是全新的师承制，弟子不是随便使唤的学徒，师父也不会只讲其然不讲其所以然。"四川省文物考古研究院在文物修复人才培养上创新出的"师承制"模式，还荣获国家文物局"2005年度文物保护科学和技术创新二等奖"。[①]

---

① 《文物修复缺人才　专家推广"师制制"》，中国成都网：http://sqw.chengdu.gov.cn/news/detail.jsp? id＝43517，2017年8月15日最后访问。

中国国家博物馆在分析了师承制利弊后，2013 年初，尝试在文物科技保护部实行师承制，以培养专业技术人才。该馆还专门制定了《中国国家博物馆文物修复技术人员"师承制"工作管理办法》，围绕培养目标、师徒人员遴选、培养周期、考核办法、奖励制度等方面作了明确规定，以保证培养计划的有效实施。①

事实上，师承制还广泛应用于非遗领域，如中国艺术研究院于 2013 年聘请了 25 位国家级非遗项目代表性传承人和工艺美术大师担任实践导师，并且探索将师承制纳入到艺术硕士研究生教育序列。

4. 培训班

举办各类专题培训班，如专业人员培训班、管理人员培训班、执法人员培训班等，是文博系统培养文博人才重要且常见的方式。比如中华人民共和国成立初期，为了配合在全国范围内开始的大规模基本建设，开展以考古发掘为中心的文物保护管理工作，1952 年至 1955 年，文化部社会文化事业管理局、中国科学院考古研究所和北京大学联合举办了四期考古工作人员训练班，共培训学员 341 人，被称为考古领域的"黄埔四期"。后来这批学员中的许多人成为新中国文物考古工作的骨干。

1952 年 10 月，文化部社会文化事业管理局委托北京文物整理委员会举办第一期古建筑训练班，学员来自 5 个省市，共 11 人，随后又分别于 1952 年 2 月，1964 年 4 月和 1980 年 3 月，陆续举办三期，四期古建筑训练班学员共 127 人，这些学员后来都成了古建筑保护的业务骨干。这四期古建筑训练班也可以说是古建筑领域的"黄埔四期"。

20 世纪八九十年代，经历了"文化大革命"停滞的十年，为了满足文物业务工作恢复和进一步发展的需要，培训重点被放在培养专业技术人才上。在国家文物局的统一部署下，各地文物部门和文博单位相继组织举办考古领队、青铜器修复、书画装裱、古籍整理、古建筑维修、古建筑测绘、文物鉴定等各类培训班。2000 以来，国家文物局把加强文博干部培训作为文物工作

---

① 《文物修复导师考核，现在开始》，新华网：http：//news. xinhuanet. com/politics/ 2016 – 01/22/c_ 128655414. htm，2017 年 8 月 15 日最后访问。

的重点基础工作之一，面向文物局局长、博物馆馆长、考古研究所所长、古建所所长的专业管理干部培训班纷纷开班，提升了文博干部的整体管理水平和专业素质。

从以上回顾中可以看出，不同时期的文博人才培养呈现不同的特点，这些特点与人才培养的目的、文物事业的要求和学员的来源息息相关。中华人民共和国成立之初，大规模的社会主义基本建设浪潮中，急需考古工作的配合，当时考古人员短缺，于是举办了四期考古人员训练班，解了燃眉之急。20 世纪 70 年代末开始，随着国家恢复高考，职称改革深化，对学历的需求变得迫切。当时文博系统中有很多没有学历的人员，国家文物局尝试与北京大学、复旦大学、河北大学等高校联合举办文博专科班，解决系统内人员的学历问题。也有人通过攻读电大、夜大获得学历。20 世纪八九十年代，为了提高专业技能，系统内开办各种文物专业知识培训班。2002 年《文物保护法》中提出"加强管理"的文物工作方针，管理人员培训班陆续筹办，一方面扩展了文博干部的专业知识，同时提高了其依法管理水平。

二、新时期文博人才队伍建设取得的成就

进入新世纪新阶段，人才强国战略已成为我国经济社会发展的一项基本战略，文博人才队伍建设也因常抓不懈取得了令人欣喜的成绩。

经过不断探索，国家文物局积极与高等院校、职业院校、文博单位以及相关部委合作，走出了一条多元化的文博教育培养之路，全面推进各类文博人才培养。"十二五"期间累计完成 120 个培训班次，培训系统内人员超过 15000 人次。其中综合管理类人才培训方面，比如"全国县级文物行政部门负责人培训班"，培训学员 2716 人，覆盖全国 31 个省（自治区、直辖市）和新疆生产建设兵团的县级文物行政部门。专业技术人才培养方面，以故宫博物院、中国文化遗产研究院、西北大学等文博单位和高等教育院校为依托，发挥专业优势培养行业技能型人才，推进文博高等教育、职业教育与文物事业需求相结合。

2015 年，国家文物局与西北大学、北京建筑大学达成"高层次文博行业人才提升计划"协议，面向文博行业在职工作人员，培养考古学、文物与博物馆、建筑遗产保护三个专业的硕士研究生。该计划旨在依托培养院校完备

的教学体系，聘请行业专家为客座导师，增加专业课程和实践教学，为文博行业培养一批具有较高专业素养的实践型、创新型人才。至 2017 年，已经是该计划招生工作的第三个年头。

2015 年新修订的《中华人民共和国职业分类大典》颁布，经国家文物局与人力资源与社会保障部多次沟通，共有考古专业人员、文物藏品专业人员、可移动文物保护专业人员、不可移动文物保护专业人员、讲解员、考古探掘工、文物修复师、古建琉璃工、古建筑工等 9 个文博行业职业成功列入《大典》。这为今后文博相关高等教育、职业教育和在职培训的开展提供了重要参考，同时，对进一步完善文博职业资格制度提供了重要依据。

国家文物局与教育部加强部门合作发展职业教育，2015 年，完成《高等职业学校专业目录》文博相关专业修订工作，考古探掘技术、文物保护与修复、文物博物馆服务与管理三个专业纳入目录，为大力发展文博职业教育打下良好的专业基础。

2014 年，国家文物局下发《全国文博人才发展中长期规划纲要（2014～2020 年)》，明确了提出"到 2020 年，培养和造就一支数量充足、门类齐全、结构优化、素质优良、充满活力的文博人才队伍"的目标。并启动文博人才培养"金鼎工程"，提出"高层次领军人才、科技型专业技术人才、技能型职业技术人才、复合型管理人才"四种类型人才的培养措施，构建起多层次、多类型的文博人才培养体系。为下一个五年的文博人才教育培养明确了目标，指明了方向。

三、文博人才队伍建设面临的困境

党和政府历来十分重视文物工作，并且随着我国经济实力的增强，中央和各级政府对文物事业的投入更是逐年大幅增加。以 2016 年为例，当年的文物事业费是 354.54 亿元，占国家财政总支出的 0.19%，而 10 年前，这两个数字分别是 48.18 亿元和 0.10%。根据第三次全国文物普查和第一次全国可移动文物普查，全国不可移动文物 766722 处，全国可移动文物 108154907 件/套。与国家对文物事业的财政投入显著增加、文物数量巨大的状况形成鲜明对比的是，文物业从业人员的数量明显不足，仍以 2016 为例，文物业从业人员 15 万余人，专业技术人才 7.5 万余人，其中具有高级职称的不足万人，具有中级职称的不足 2 万人，一般专业技术人才 4 万余人。[①] 我国文博人才队伍总体状况与建设文化遗产强国的要求尚不相适应，文博人才尤其是高层次领军人才、复合型管理人才匮乏的现状，成为制约文物事业发展的瓶颈。

造成这种人才发展困境的主要原因之一就是人才发展体制机制障碍依然存在，人才资源开发投入不足。文物博物馆单位基本都是事业单位，而事业单位每年能提供的编制数量非常有限，与人才需求相比，杯水车薪，为了满足工作需要，很多文博单位聘用了不少编制外人员，然而无论是否在编，事业单位的工资是与职称和工作年限直接关联的，文博单位每年招聘的那些专业对口、学历较高的应届毕业生，刚入职时只能拿到较低的工资。尤其是具有研究生学历的人，已过适婚年龄，准备成家或是已经成家，有的承受不住沉重的经济压力，被迫放弃本专业工作跳槽到收入更高的行业，造成文博人才流失。对于学历不高却有技术的人才，由于目前文博系统内岗位等级评定标准不健全，岗位等级评定管理不到位，缺乏合理的晋升空间和渠道。即使是诸如文物修复师这类文物行业紧缺的技术人才，也很难突破现有体制享受优厚待遇。这一现状最终导致技能型人才的流失。这种人才流失、人才短缺现象在基层文博单位更为突出，这些单位编制数量很少、工资水平较低、并且地处基层，有时候根本招不到人。

四、加强文博人才队伍建设的思路

鉴于上文提到的文博人才队伍建设的特点和面临的困难，本书提出几点对策和建议，以期有关方面发挥主观能动性，积极培养人才，加强队伍建设，从而推动文物事业更好更快发展。

1. 树立正确人才观，公平对待各种人才

"按照国际标准，文物保护需要有四个方面的人员参加，包括建筑师、考古学家、规划师和法律工作者。但是中国的情况是，人才偏科比较严重。"[②]

---

① 以上数据分别来源于国家文物编《2017 中国文物统计提要》（内部资料），第三次全国文物普查发布数据，第一次全国可移动文物普查数据公报。

② 宋新潮：《巨资重修古城是工程但未必是文物保护》，2017（上海）国际建筑遗产保护与修复博览会的开幕式上的发言。新浪网：http://collection.sina.com.cn/yjjj/2017 - 08 - 11/doc - ifyixtym0573417. shtml，2017 年 8 月 15 日最后访问。

目前我国文博人才的现状是，考古学家比较多。相比之下，文物行业的建筑师、规划师和法律工作者就少很多。另外具有专业技能的文博人才，就是通常说的工匠，其数量更是远远不能满足实际需要。中国的传统观点认为：劳心者治人，劳力者治于人。一旦这种观念大行其道，政府又没有适时进行引导，那么甘愿"劳力"的人就会少，就无法培养出真正了解文物保护技能的"工匠"，或者也留不住这样的人才。培养人才首先要转变观念，将文博管理人才和文博技术人才同等对待，提高工匠待遇，正确公正地评价技能型人才。

2. 探索持续性多元化学习模式，培养人才

文博人才队伍建设不是一劳永逸的，《国家文物事业发展"十三五"规划》中明确提出完善文博人才培养体系。若要文博人才队伍始终保持较高水平发展，必须坚持岗位培训常态化，不断更新文博人才的知识结构。培训的内容上，不但要进行专业培训，还要增加政治学、社会学、历史学、艺术学等其他方面的知识培训，夯实人才的理论功底，使其具备处理新情况新问题的应变能力。

在培养形式方面，除了传统的课堂培训，还要着力发展以修代培、职业教育、网络学院、师承制等进行多元化能力培训。将理论与实践有机结合，学用结合，培养动手又动脑的高素质文博人才。具体做法是，比如采用"以修代培"方式，将文博人才培养与不可移动文物保护工程、可移动文物修复项目、传统村落保护项目相结合，以项目带培训。再比如师承制，虽然如上文所述这种方式存在争议，但这毕竟也是一种经受住时间考验的人才培养方式。师承制是以师父与徒弟之间有感情为前提的，可以适度提倡鼓励那些掌握文物传统工艺的老专家培养自己子女，待子女学成后也进入文博系统工作。古语云："学艺不如祖传、门内自会三分"。如此，一方面了却这些专家的后顾之忧，另一方面也充实了文博人才队伍，一举两得。

3. 配套科学合理的激励机制，吸引人才

人才首先是人，是人就有最基本的生存需要，固然可以倡导人才要有奉献精神，但是对待人才更应该给予与其能力相匹配的收入，使其可以体面的生活。另外，马斯洛理论告诉我们，当人的基本生理需要和安全需要得到满足后，期望得到尊重和自我实现的渴望便呼之欲出。人才的能力和自我意识往往较强，寻求被充分尊重、实现自我价值，以及谋求更大发展空间的欲望更为强烈，所谓"鸟择良木而栖，士择良主而仕"。没有合理待遇和科学的激励机制，就无法吸引人才，留住人才，终将造成事业损失。

激励的前提是制定合理的人才评价机制，并及时作出评价，一旦认定其符合标准，尽快兑现相应待遇。1990 年，国家重新启动职称评审工作。1992 年初，国家文物局相继成立职称改革工作领导小组和高级职称评审委员会，各地文化和文物行政部门也成立了相应职称评审机构。之后的几年里，一大批专业人员获得了文博系列中、高级专业技术职务任职资格，解决了相应的工资待遇问题。职称评审工作落实了党的知识分子政策，文博专业技术人员的工作条件和生活待遇得到改善，激发了他们献身文物事业的积极性。

当前，文物部门应继续深化职称改革，实事求是，制定出能够满足事业发展需要的职称评定办法，让具备一定工作能力、达到职称评定要求的人才，及时得到评定和聘任，享受到相应待遇。同时采取评聘分离的办法，对于那些职称较高但是业务能力达不到相应要求的人，降级聘用或不予聘用。

另外，文博单位可以探索采用绩效工资、项目工资、协议工资等灵活方式，对为单位作出贡献、争得荣誉的人才给予物质奖励和精神褒奖。同时制定科学合理的用人办法，对表现突出的人才大胆任用。

《国家文物事业发展"十三五"规划》中明确提出"研究制定文博行业相关职业标准，完善专业技术人才、技能型人才职业能力评价和人才考核评价体系"。相信有五年规划的加持，未来的文博人才激励政策和制度必会更加规范和有力。

4. 提供可大展拳脚的广阔舞台，人尽其才

管仲在《形势解》中提出："明主之官物色，任其所长，不任其所短，故事无不成，成功无不立。"此说道出了选人用人的关键，即要把人才放到合适的位置，"任其所长"，人尽其才。对待人才不能苛求十全十美，而是用他的长处，还要不拘一格降人才。

人才是在适合的岗位中慢慢成长起来的，在工作过程中，人的作用和价值被逐渐发掘，最终成长为人才。人之成才，除了自身的刻苦努力，拥有一个能够施展拳脚、展示自我的舞台也是至关重要的，文博单位要在开展工程项目、推出科研成果、举办学术讲座等各项工作中注意培养人才，给员工压担子、交任务、教方法，鼓励其快速成长。同时也要允许犯错误，所谓"善战者不败，善败者终胜"。

总之，培养造就高素质的文博人才队伍绝非一朝一夕之功，必须要切实增强紧迫感、责任感和使命感，牢固树立人力资源是第一资源的观念，注重引导，强化管理，开拓创新，把加强文博人才队伍建设作为推动文物事业发展的根本举措，将文博人才作为文物事业又好又快发展的原动力，拥有了一支高素质的文博人才队伍，才能保障文物事业在新时代里再创辉煌，再攀高峰，为实现文化强国之梦贡献力量！

参考文献

一、中文文献

（一）论文

［1］何传启：《知识经济与第二次现代化》，《科技导报》1998 年第 6 期。

［2］王信东：《关于现代化概念的思考—兼论衡量现代化水平的指标体系及模型》，《数量经济技术经济研究》2001 年第 3 期。

［3］王信东：《知识经济与现代化》，《经济师论坛》2001 年第 3 期。

［4］马崇明：《中国现代化标准的设定、测度与政策建议》，《经济研究》2001 年第 3 期。

［5］马崇明：《我国现代化进程测度指标体系的构建》，《统计与决策》2002 年第 4 期。

［6］叶俊东：《中国现代化的"坐标"》，《瞭望新闻周刊》2002 年第 13 期。

［7］何光一：《对现代化测评指标体系中核心指标人均 GDP 标准值的看法》，《山东统计》2001 年第 2 期。

［8］陈杰：《广东省基本实现现代化指标体系及其预测》，《中国软科学》2000 年第 1 期。

［9］傅定法、徐燕椿：《关于现代化理念及指标的探讨》，《宁波大学学报》2001 年第 4 期。

［10］黄焕山：《信息化程度比较分析》，《统计与决策》2001 年第 8 期。

［11］刘路沙：《中国信息化有了刻度尺》，《光明日报》2001 年 8 月 8 日第 1 版。

［12］朱浩良、王新华：《中国区域信息力比较》，《统计与决策》2001 年

第 5 期。

　　[13] 陈锦福:《我国高新技术产业的统计界定及指标体系完善》,《统计与决策》2001 年第 5 期。

　　[14] 林向阳:《试论基本实现现代化》,《首都经济》2001 年第 4 期。

　　[15] 朱庆芳:《改革开放以来我国社会经济协调度的综合评价》,《学习参考资料》1998 年第 11 期。

　　[16] 朱庆芳:《我国社会发展水平到底居世界多少位》,《人民日报》1990 年 7 月 9 日第 5 版。

　　[17] 谭功荣:《关于行政管理现代化评价系统的若干理论问题》,《理论与改革》2000 年第 6 期。

　　[18] 马敬仁、谭功荣:《行政管理现代化评价与促进系统初探》,《中国行政管理》2000 年第 11 期。

　　[19] 谭功荣:《行政管理现代化评价系统初探》,《深圳大学学报(人文社会科学版)》2001 年第 1 期。

　　[20] 谭功荣:《行政管理现代化及其评价系统分析》,《天津行政学院学报》2000 年第 4 期。

　　[21] 姜玉山、朱孔来:《现代化评价指标体系及综合评价方法》,《统计研究》2002 年第 1 期。

　　[22] 徐兴起、郭志芹:《现代化理论及现代化指标评价体系之管见》,《苏州丝绸工学院学报》1997 年 5 期。

　　[23] 牛树海、李少斌:《现代化指标体系及综合评价方法综述》,《商丘职业技术学院学报》2003 年第 6 期。

　　[24] 刘雅静:《构建基于科学发展观的政府绩效评估指标体系》,《南方论丛》2006 年第 3 期。

　　[25] 申来津、李晓琴:《法治政府的本体追问与价值取向》,《学术交流》2007 年第 3 期。

　　[26] 袁曙宏:《关于构建我国法治政府指标体系的设想》,《国家行政学院学报》2006 年第 4 期。

　　[27] 曹康泰:《中国法治政府建设的理论与实践》,《国家行政学院学

报》2006 年第 4 期。

［28］田应斌、贵义华：《法治政府的价值取向及指标体系探析》，《湖北教育学院学报》2006 年第 3 期。

［29］周玉琴、宋鑫华：《浅析西方法治政府思想的源流及其镜鉴》，《西南科技大学学报（哲学社会科学版）》2007 年第 4 期。

［30］蒙启红：《法治政府的结构要素分析及构建思考》，《黑龙江省政法管理干部学院学报》2006 年第 5 期。

［31］卓越：《政府绩效评估指标设计的类型和方法》，《中国行政管理》2007 年第 2 期。

［32］姜明安：《关于建设法治政府的几点思考》，《法学论坛》2004 年第 4 期。

［33］石佑启：《社会主义行政法治理念的内容探析》，《湖北警官学院学报》2007 年第 2 期。

［34］莫于川：《树立现代行政法治观念是建设法治政府的要义》，《青岛行政学院学报》2006 年第 6 期。

［35］罗豪才、宋功德：《现代行政法学与制约、激励机制》，《中国法学》2000 年第 3 期。

［36］王振民：《迷失的"法治"》，《中国党政干部论坛》2003 年第 10 期。

［37］温家宝：《全面推进依法行政，努力建设法治政府》，《光明日报》2004 年 7 月 6 日。

［38］林毅夫：《中国经济转型对现代经济学的挑战》，"中国经济特区研究"会议论文，2008 年 12 月。

［39］田国强：《现代经济学的基本分析框架与研究方法》，《经济研究》2005 年第 2 期。

［40］钱颖一：《理解现代经济学》，《经济社会体制比较》2002 年第 2 期。

［41］杨素青：《晚清中国早期经济现代化的启示》，《沧桑》2010 年第 4 期。

［42］陈群民：《构建服务型城市政府》，《上海综合经济》2002 年第 7 期。

［43］关邨：《"第三方评估"有政治改革破题意蕴》，《中关村》2013 年第 11 期。

［44］程萍：《我国政府管理现代化主体——公务员科学素质问题与对策研究》，《地区现代化理论与实践——第二期中国现代化研究论坛论文集》，2004 年 8 月。

［45］陈禹：《电子政府：提升政府服务品质的新方式》，《辽宁经济》2007 年第 8 期。

［46］李俊生、乔宝云、刘乐峥：《明晰政府间事权划分构建现代化政府治理体系》，《中央财经大学学报》2014 年第 3 期。

［47］张涵：《推进国家治理体系和治理能力现代化——访北京大学政府管理学院副院长徐湘林》，《中国国情国力》2014 年第 4 期。

［48］范英明、徐涛：《政府与市场改革的"加减效应"及其能率释放——兼论政府治理体系与能力现代化》，《长白学刊》2014 年第 3 期。

［49］莫纪宏：《论"国家治理体系和治理能力现代化"的"法治精神"》，《新疆师范大学学报（哲学社会科学版）》2014 年第 3 期。

［50］曹妍：《网络问政：现代化政府治理的新范式》，《中北大学学报（社会科学版）》2012 年第 5 期。

［51］李韬：《浅谈现代化政府管理模式的构建途径》，《甘肃农业》2004 年第 6 期。

［52］高峰、严凌：《现代化：政府改革的背景与目标取向》，《佳木斯大学社会科学学报》2004 年第 3 期。

［53］黄毅峰、廖晓明：《浅析构建我国现代政府文化的现实意义及途径》，《恩施职业技术学院学报（综合版）》2004 年第 4 期。

［54］米恩广、权迎：《政府治理能力现代化：政府"共谋行为"的运行机理及其治理》，《理论与改革》2014 年第 3 期。

［55］胡伟、王世雄：《构建面向现代化的政府权力——中国行政体制改革理论研究》，《政治学研究》1999 年第 3 期。

［56］姚国章、林萍：《英国电子政务发展案例》，《电子政务》2005 年 Z6 期。

［57］刘作奎：《西方国家的网络治理及对中国的启示——关于网络治理和民主关系的制度解析》，《电子政务》2009 年第 7 期。

［58］黄毅峰、廖晓明：《建构我国现代政府文化的现实意义及途径》，《行政论坛》2005 年第 2 期。

［59］熊文钊、张伟：《向现代化政府迈进》，《瞭望》2009 年 Z1 期。

［60］刘素梅：《论我国政府的公共服务能力》，《江苏教育学院学报（社会科学版）》2009 年第 6 期。

［61］唐晓阳：《建设和谐社会必须提高政府的回应能力》，中国行政管理学会 2005 年年会暨"政府行政能力建设与构建和谐社会"研讨会论文，兰州，2005 年 8 月。

［62］吕雅范、于新恒：《对我国服务型政府建设现状的评析及其对策建议》，《行政与法（吉林省行政学院学报)》2007 年第 12 期。

［63］林兴初：《构建面向现代化的政府形象》，《行政与法（吉林省行政学院学报)》2005 年第 8 期。

［64］刘振国：《推动国土资源改革发展的新动力——国土资源部绩效管理试点探索综述》，《中国国土资源报》2012 年 9 月 17 日。

［65］赵勇，张捷，卢松，刘泽华：《历史文化村镇评价指标体系的再研究—以第二批中国历史文化名镇（名村）为例》，《建筑学报》2008 年第 3 期。

［66］国家文物局：《国家一级博物馆运行评估规则（试行)》《国家一级博物馆运行评估指标体系（试行）》。

［67］老外：《北京琉璃厂史话杂缀》，《文物》1961 年第 1 期。

［68］韩新民：《贯彻落实〈文物保护法〉依法加强对文物市场临管》，《工商行政管理》2003 年第 5 期。

［69］寇博：《美国政府绩效评估的实践和启示》，《公共管理评论》（第 6 卷），2007 年。

［70］何文盛、蔡明君、王焱等：《美国联邦政府绩效立法演变分析：从 GPRA 到 GPRMA》，《兰州大学学报（社会科学版）》第 40 卷第 2 期，2012 年 3 月。

［71］陈瑜：《"两型社会"背景下区域生态现代化评价与路径研究》，中

南大学 2010 年博士学位论文。

［72］朱晓明：《中国农业现代化评价指标体系的建立与实证研究》，华中农业大学 2013 年硕士学位论文。

［73］刘续承：《中国行政管理现代化研究》，首都经济贸易大学 2013 年硕士学位论文。

［74］卢丹：《现代化评价指标体系及评价方法研究》，首都经济贸易大学 2002 年硕士学位论文。

［75］谢永：《基于科学发展观的地级市政府绩效评估指标体系构建研究》，湘潭大学 2007 年硕士学位论文。

［76］姚贱苟：《公共服务中的责任机制—西方公共服务的考察与本土化探究》，中央民族大学 2014 年博士学位论文。

［77］丁宇：《走向善治的中国政府管理创新研究》，武汉大学 2011 年博士学位论文。

［78］罗旭月：《我国服务型政府构建中的公民参与研究》，中南大学 2013 年硕士学位论文。

（二）著作

［1］《习近平谈治国理政》，外文出版社，2014 年。

［2］《习近平谈治国理政》第二卷，外文出版社，2017 年。

［3］《党的十九大报告辅导读本》，人民出版社，2017 年。

［4］《学习习近平同志关于党建重要论述》，党建读物出版社，2016 年。

［5］乔耀章：《政府理论》，苏州大学出版社，2000 年。

［6］张国庆：《行政管理学概论》，北京大学出版社，2008 年。

［7］张成福、党秀云：《公共管理学》，中国人民大学出版社，2001 年。

［8］谭跃进：《定量分析方法》，中国人民大学出版社，2012 年。

［9］李惠等：《中国政企治理问题报告》，中国发展出版社，2003 年。

［10］李晓东：《民国文物法规史评》，文物出版社，2013 年。

［11］李晓东：《文物学》，学苑出版社，2005 年。

［12］谢辰生口述，李晓东、彭蕾整理：《新中国文物保护史记忆》，文物出版社，2016 年。

［13］史勇：《中国近代文物事业简史》，甘肃人民出版社，2009 年。

［14］中国文化遗产研究院：《爱我中华　护我长城——长城保护 2006 - 2016》，文物出版社，2017 年。

［15］刘曙光、柴晓明：《文物工作研究——2015》，文物出版社，2017 年。

［16］国家文物局：《中华人民共和国文物博物馆事业纪事（1949 - 1999）》（上、下册），文物出版社，2002 年。

［17］国家文物事业管理局：《新中国文物法规选编》，文物出版社，1987 年。

［18］国家文物局：《中国文化遗产事业法规文汇编（1949 - 1999）》（上、下册），文物出版社，1999 年。

［19］中国博物馆协会：《国家一级博物馆运行评估报告（2011 年度）》，译林出版社，2013 年。

［20］王铁明等：《管理与评估工作指南》，中国人口出版社，2006 年5 月。

［21］赵白鸽：《管理与评估工作手册》，中国人口出版社，2008 年。

［22］罗荣渠：《现代化新论》，北京大学出版社，1993 年。

［23］丁文株：《经济现代化模式研究》，经济科学出版社，2000 年。

［24］刁生富：《信息时代的中国现代化》，华南理工大学出版社。2001 年。

［25］方雷：《现代化战略与模式选择》，山东人民出版社，1996 年。

［26］武斌：《我们离现代化还有多远》，中国经济出版社，1999 年。

［27］李成勋：《1996～2050 年中国经济社会发展战略—走向现代化的构想》，北京出版社，1997 年。

［28］朱庆芳、莫家未、麦法新：《世界大城市社会指标比较》，中国城市出版社，1997 年。

［29］全国高等教育自学考试指导委员会组：《国民经济统计概论》，中国人民大学出版社，1995 年。

［30］黄书田：《当代中国廉政建设研究—廉政考核指标体系和综合评价方法》，北京出版社，1998 年。

［31］王德发：《国际经济比较统计分析》，上海财经大学出版社，

1997 年。

［32］何晓群：《现代统计分析方法与应用》，中国人民大学出版社，1998 年。

［33］邱东：《多指标综合评价方法的系统分析》，中国统计出版社，1991 年。

［34］俞可平：《论国家治理现代化》，社会科学文献出版社，2014 年。

［35］俞可平：《治理与善治》，社会科学文献出版社，2000 年。

［36］《推进国家治理体系和治理能力现代化》，国家行政学院出版社，2014 年。

［37］中国科学院中国现代化研究中心：《中国现代化报告——文化现代化研究》，北京大学出版社，2009 年。

［38］许海清：《国家治理体系和治理能力现代化》，中共中央党校出版社，2013 年。

［39］张小劲、于晓虹：《推进国家治理体系和治理能力现代化六讲》，人民出版社，2014 年。

［40］刘靖华、姜宪利：《中国法治政府》，中国社会科学出版社，2006 年。

［41］何士青：《以人为本与法治政府建设》，中国社会科学出版社，2006 年。

［42］应松年：《走向法治政府》，法律出版社，2003 年。

［43］王称心：《依法治理评价理论与实践研究》，中国法制出版社，2006 年。

［44］石佑启：《论公共行政与行政法学范式转换》，北京大学出版社，2005 年。

［45］叶必丰：《行政法的人文精神》，北京大学出版社，2005 年。

［46］苏力：《制度是如何形成的（增订版)》，北京大学出版社，2007 年。

［47］［美］汉密尔顿、杰伊、麦迪逊：《联邦党人文集》，程逢如、在汉、舒逊译，商务印书馆，2004 年。

［48］何勤华：《西方法学名著述评》，武汉大学出版社，2007 年。

［49］吴敬琏：《呼唤法治的市场经济》，三联书店出版社，2007 年。

［50］北京市哲学社会科学规划办公室：《法治政府研究报告》，同心出

版社，2006 年。

［51］刘靖华、姜宪利：《中国法治政府》，中国社会科学出版社，2006 年。

（三）法律、法规、规章及文件

1. 法律

《中华人民共和国宪法》。

《中华人民共和国文物保护法》。

《中华人民共和国刑法》及相关司法解释。

《中华人民共和国民法通则》。

《中华人民共和国物权法》。

《中华人民共和国海关法》。

《中华人民共和国拍卖法》。

《中华人民共和国治安管理处罚法》。

2. 行政法规

《禁止珍贵文物图书出口暂行办法》。

《古文化遗址及古墓葬之调查发掘暂行办法》。

《文物保护管理暂行条例》。

《中华人民共和国水下文物保护管理条例》。

《中华人民共和国文物保护法实施细则》。

《中华人民共和国考古涉外工作管理办法》。

《中华人民共和国文物保护法实施条例》。

《城市规划编制办法》。

《风景名胜区条例》。

《长城保护条例》。

《历史文化名城名镇名村保护条例》。

《古生物化石保护条例》。

《博物馆条例》。

3. 部门规章

《文物行政处罚程序暂行规定》。

《文物进出境审核管理办法》。

《文物认定管理暂行办法》。

4. 政策性文件

中央人民政府政务院《关于在基本建设工程中保护历史及革命文物的指示》。

国务院《关于在农业生产建设中保护文物的通知》。

国务院《关于进一步加强文物保护和管理工作的指示》。

中共中央、国务院、中央军委《关于保护国家财产，节约闹革命的通知》。

中共中央《关于在无产阶级"文化大革命"中保护文物图书的几点意见》。

国务院《关于加强文物保护工作的通知》。

国务院《关于加强文化遗产保护的通知》。

国务院《关于进一步做好旅游等开发建设活动中文物保护工作的意见》。

国务院《关于进一步加强文物工作的指导意见》。

国务院办公厅转发文化部、国家发展改革委、财政部、国家文物局《关于推动文化文物单位文化创意产品开发若干意见的通知》。

国家文物局、财政部、公安部《关于加强安全措施防止文物失窃的意见》。

城乡建设环境保护部《关于加强历史文化名城规划工作的通知》。

文化部、国家文物局、公安部、国土资源部、建设部、国家环境保护总局、国家旅游局《关于进一步加强长城保护管理工作的通知》。

国家文物局、中央编办、国家发展改革委、财政部、建设部、文化部、国家税务总局《关于进一步做好文物保护"五纳入"的通知》。

国家文物局《关于进一步发挥文化遗产保护志愿者作用的意见》。

国家文物局、公安部、海关总署、国家工商总局《关于进一步加强文物经营活动管理工作的通知》。

国家文物局等16部委《关于加强和改进文物安全工作的指导意见》。

国家文物局《关于规范文物出入境展览审批工作的通知》。

国家文物局发布《2020年文物事业发展目标》。

国家文物局《关于加强革命文物工作的通知》。

国家文物局《关于促进文物合理利用的若干意见》。

5. 规划

《国家中长期人才发展规划纲要（2010－2020 年）》。

《全国文博人才发展中长期规划纲要（2014－2020 年)》。

《关于文物博物馆事业发展十年规划和"八五"计划纲要》。

《中国文物、博物馆事业"九五"计划及 2010 年远景目标发展纲要》。

《文物事业"十五"发展规划和 2015 年远景目标纲要》。

《国家文物事业"十一五"发展规划》。

《国家文物博物馆事业"十二五"规划》。

《国家文物事业发展"十三五"规划》。

二、外文文献

（一）论文

［1］Friedman, Milton, "The Methodology of Positive Economics", *Positive Economics*, Chicago：University of Chicago Press, 1953.

［2］Adrian Leftwich, "Governance, democracy and development in the Third World", *Third World Quarterly*, Vol. 14, No. 3, 1993.

［3］Peri K. Blind, "Building Trust in Government in the Twenty－first Century：Review of Literature and Emerging Issues", *7th Global Forum on Reinventing Government Building Trust in Government*, 26－29 June 2007, Vienna, Austria.

［4］Deil S. Wright, "Understanding Intergovernmental Relation", in Jay M. Shafritz, Albert C. Hyder, *Classic of Public Administration*, Harcourt Brue Collage Publishers, 1996.

［5］Deil S. Wright, "The States and Intergovernmental Relations", *Oxford Journals*, Vol. 1, No. 2, 1972.

［6］J. Kooiman, "Governance and Govern ability：Using Complexity, Dynamical and Diversity", *Modern Governance*, London：sage, 1993.

［7］R. A. W. Rhodes, "The New Governance：Governing without Govern-

243

ment", *Political Studies*, Volume 44, Issue 4, 1996

[8] Gulick, Luther, "Science, Values, and Public Administration", New York: Institute of Steering. *Public Administration Review*, 2000.

(二) 著作

[1] A. E. Kahn, *The Economics of Regulation: Principles and Institutions*. New York: Wiley, 1970.

[2] David Walker, *the Oxford Companion to Law*. Oxford: Clarendon Press, 1980.

[3] Diane Longley, Rhoda James, *Administrative Justice*. Cavendish Publishing Limited, 1999.

[4] Gadsden, Amy Epstein, *Building the Rule of Law in Early Twentieth – century China* (1905 – 1926). Ann Arbor, Mich.: UMI, 2005.

[5] Hans – Otto Sano, Gudmundur Alfredsson, *Human Rights and Good Governance: Building Bridges*. The Hague; New York: Kluwer, 2002.

[6] Karl Wohlmuth, *Good Governance and Economic Development*. Belknap Press of Harvard University, 1999.

[7] Konrad Ginther, Erik Denters, Paul J. I. M. de Waart, *Sustainable Development and Good Governance*. Boston: Kluwer Academic Publishers, 1995.

[8] Neumayer, Eric, *The Pattern of Aid giving: the Impact of Good Governance on Development Assistance*. New York: Routledge, 2003.

[9] Singh, Naunihal, *Corruption & Good Governance*. Delhi: Authors Press, 2001.

[10] Fester, Jams W. and F. Kettle, *the Politics of Administrative Process*, Chatham House Publishers, Inc, 1996.

[11] Compiled with the support of the Swiss Disaster Relief Corps (SDRC) of the Federal Department of Foreign Affairs of the Swiss Confederation, *Disaster Management Guide*, International Civil Defence Organisation, 1995.

[12] Frederickson, H, *The Spirit of Public Administration*, San Francisco Jossey Bass Publishers, 1997.

[13] Nuttley Sandra, Osborne, Stephen, *the Public Sector Management Handbook*, London: Longman, 1994.

［14］ Jay M. Shafritz, E. W. Russell, *Introduction to Public Administration*, Longman, 1997.

［15］ Luther H. Gulick, Lydall Urwick, *Papers on the Science of Administration*, New York: Institute of Public Administration, 1937.

［16］ Neumayer, Eric. *The Pattern of Aid Giving: the Impact of Good Governance on Development Assistance.* New York: Routledge, 2003.

［17］ Siddiqui, Tasneem Ahmad, *Towards Good Governance?* Karachi: Oxford University Press, 2001.

［18］ Tang, Sherman, *The Administrative System of the People's Republic of China*, Ann Arbor, Mich. : UMI, 1979.

附　录

附录 A　文物管理现代化评价专家调查问卷

调查表创建日期 2016/10/30

姓名：＿＿＿＿＿＿＿＿＿＿＿＿　单位：＿＿＿＿＿＿＿＿＿＿＿＿

一、问题描述

此调查问卷以文物管理现代化评价为调查目标，对其多种影响因素使用层次分析法进行分析。层次模型如下图：

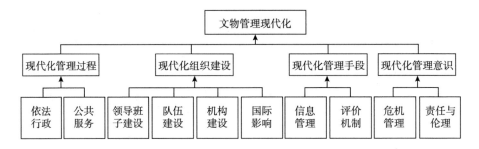

二、问卷说明

此次调查问卷的目的是确定文物管理现代化评价指标之间的相对权重。调查问卷根据层次分析法（AHP）的形式设计，这种方法是在同一个层次对各项指标重要性进行两两比较。衡量尺度划分为 9 个等级，其中 9、7、5、3、1 的数值分别表示的是绝对重要、强烈重要、明显重要、稍微重要，同等重要；8、6、4、2 表示的重要程度在相邻的两个数值之间。根据您的看法，在相应数字下打钩。

三、文物管理现代化评价

- 第二层要素
- 评价"文物管理现代化"的相对重要性

管理过程	
组织建设	
管理手段	
管理意识	

下列各组两两比较要素，对于"现代化评价"的相对重要性如何？

A	重要性比较																		B
组织建设	◀9	◀8	◀7	◀6	◀5	◀4	◀3	◀2	1	2▶	3▶	4▶	5▶	6▶	7▶	8▶	9▶		管理手段
组织建设	◀9	◀8	◀7	◀6	◀5	◀4	◀3	◀2	1	2▶	3▶	4▶	5▶	6▶	7▶	8▶	9▶		管理过程
组织建设	◀9	◀8	◀7	◀6	◀5	◀4	◀3				2▶	3▶	4▶	5▶	6▶	7▶	8▶	9▶	管理意识
管理手段	◀9	◀8	◀7	◀6	◀5	◀4					2▶	3▶	4▶	5▶	6▶	7▶	8▶	9▶	管理过程
管理手段	◀9	◀8	◀7	◀6	◀5	◀4	◀3	◀2	1	2▶	3▶	4▶	5▶	6▶	7▶	8▶	9▶		管理意识
管理过程	◀9	◀8	◀7	◀6	◀5	◀4	◀3		1	2▶	3▶	4▶	5▶	6▶	7▶	8▶	9▶		管理意识

- 第三层要素
- 评价"管理过程"的相对重要性

依法行政	
公众参与	

下列各组两两比较要素，对于"管理过程"的相对重要性如何？

A	重要性比较																		B
依法行政	◀9	◀8	◀7	◀6	◀5	◀4	◀3	◀2	1	2▶	3▶	4▶	5▶	6▶	7▶	8▶	9▶		公众参与

■ 评价"组织建设"的相对重要性

领导班子建设	
队伍建设	
机构建设	
国际影响	

下列各组两两比较要素，对于"组织建设"的相对重要性如何？

A	重要性比较																		B
队伍建设	◄9	◄8	◄7	◄6	◄5	◄4	◄3	◄2	1	2►	3►	4►	5►	6►	7►	8►	9►		领导班子建设
队伍建设	◄9	◄8	◄7	◄6	◄5	◄4	◄3	◄2	1	2►	3►	4►	5►	6►	7►	8►	9►		机构建设
队伍建设	◄9	◄8	◄7	◄6	◄5	◄4	◄3	◄2	1	2►	3►	4►	5►	6►	7►	8►	9►		国际影响
领导班子建设	◄9	◄8	◄7	◄6	◄5	◄4	◄3	◄2	1	2►	3►	4►	5►	6►	7►	8►	9►		机构建设
领导班子建设	◄9	◄8	◄7	◄6	◄5	◄4	◄3	◄2	1	2►	3►	4►	5►	6►	7►	8►	9►		国际影响
机构建设	◄9	◄8	◄7	◄6	◄5	◄4	◄3	◄2	1	2►	3►	4►	5►	6►	7►	8►	9►		国际影响

■ 评价"管理手段"的相对重要性

信息管理	
评价机制	

下列各组两两比较要素，对于"管理手段"的相对重要性如何？

A	重要性比较																		B
信息管理	◄9	◄8	◄7	◄6	◄5	◄4	◄3	◄2	1	2►	3►	4►	5►	6►	7►	8►	9►		评价机制

■ 评价"管理意识"的相对重要性

危机管理	
责任与伦理	

下列各组两两比较要素，对于"管理意识"的相对重要性如何？

A	重要性比较																	B
危机管理	◄9	◄8	◄7	◄6	◄5	◄4	◄3	◄2	1	2►	3►	4►	5►	6►	7►	8►	9►	责任与伦理

问卷结束，谢谢合作！

附录 B　国家文物局机构沿革

　　1949 年 10 月 1 日，中华人民共和国中央人民政府成立。11 月 1 日，设立文化部文物局。此后，在新中国历史进程中，文物局名称多次变更，直到 1988 年国务院决定将"国家文物事业管理局"改为"国家文物局"。这一名称才稳定下来。现根据《中华人民共和国文物博物馆事业纪事（1949 − 1999)》① 资料，将文物局名称沿革辑录如下：

序号	机构名称	机构沿革
1	文化部文物局	1949 年 11 月 1 日，中央人民政府文化部成立，设一厅六局，文物局是其中之一。
		1949 年 11 月 16 日，中央人民政府政务院任命郑振铎为文化部文物局局长，王冶秋为副局长。
2	文化部社会文化事业管理局	1951 年 10 月 1 日，文化部文物局撤销，成立文化部社会文化事业管理局。
		1951 年 12 月 14 日，政务院任命郑振铎为文化部社会文化事业管理局局长。
3	文化部文物管理局	1955 年 1 月 15 日，文化部部务会议决定，成立文化部文物管理局，主管文物、博物馆事业。
		1955 年 8 月 7 日，中共中央宣传部任命王冶秋为文化部文物管理局局长。
		1959 年 1 月 22 日，国务院任命王冶秋为文化部文物管理局局长。
4	文化部图博文物事业管理局	1965 年 8 月 23 日，文化部决定将图书馆事业再次划归文物管理局领导，改为文化部图博文物事业管理局。

---

　　① 国家文物局编，文物出版社，2002 年。

序号	机构名称	机构沿革
5	国务院图博口	1970 年 5 月，图博口领导小组成立，由国务院办公室直接领导。组长为军宣队干部郎捷，副组长王冶秋（原文化部图博文物事业管理局局长）。
6	国家文物事业管理局	1973 年 2 月 14 日，国务院发出《关于成立国家文物事业管理局的通知》，仍由国务院办公室代管。同日，国务院任命王冶秋为国家文物事业管理局局长。
7	文化部文物事业管理局	1982 年 4 月，国务院决定进行机构改革，5 月 4 日，文化部、对外文化联络委员会、国家出版事业管理局、国家文物事业管理局和外文出版发行事业局五单位合并，设立文化部。国家文物事业管理局改为文化部文物事业管理局。 1982 年 4 月 24 日，中共中央任命孙轶青任文化部事业管理局局长
8	国家文物事业管理局	1987 年 6 月 20 日，国务院决定将文化部文物事业管理局改为国家文物事业管理局，仍由文化部领导。 1988 年 4 月 13 日，文化部任命张德勤为国家文物事业管理局局长。
9	国家文物局	1988 年 6 月 16 日，国家文物事业管理局改名为国家文物局。"国家文物局"的名称延续至今。

附录 C　中国签署的防止盗窃盗掘和非法进出境文化财产的政府间双边文件（截至 2017 年）

序号	文件名称	签署时间
1	《中华人民共和国政府和秘鲁共和国政府保护和收复文化财产协定》	2000.03.30
2	《中华人民共和国政府和意大利共和国政府关于防止盗窃、盗掘和非法出境文物的协定》	2006.01.20
3	《中华人民共和国政府和印度共和国政府关于防止盗窃、盗掘和非法出境文物的协定》	2006.11.21
4	《中华人民共和国政府和菲律宾共和国政府关于防止盗窃、盗掘和非法出境文物的协定》	2007.01.15
5	《中华人民共和国国家文物局和希腊共和国文化部关于防止盗窃、盗掘和非法出境文物的谅解备忘录》	2008.02.26
6	《中华人民共和国政府和智利共和国政府关于防止盗窃、盗掘和非法出境文物的协定》	2008.04.14
7	《中华人民共和国政府和塞浦路斯政府关于防止盗窃、盗掘和非法出境文物的备忘录》	2008.05.08
8	《中华人民共和国政府和委内瑞拉共和国政府关于防止盗窃、盗掘和非法出境文物的协定》	2008.09.24
9	《中华人民共和国政府和美利坚合众国政府对旧石器时代到唐末的归类考古材料以及至少 250 年以上的古迹雕塑和壁上艺术实施进口限制的谅解备忘录》	2009.01.15
10	《中华人民共和国政府和土耳其共和国政府关于防止盗窃、盗掘和非法出境文物的协定》	2009.06.25
11	《中华人民共和国政府和埃塞俄比亚联邦民主共和国政府关于防止盗窃、盗掘和非法出境文物的协定》	2009.09.16
12	《中华人民共和国国家文物局与澳大利亚环境、水、遗产和艺术部关于文物保护的谅解备忘录》	2009.01.30

续表

序号	文件名称	签署时间
13	《中华人民共和国政府与阿拉伯埃及共和国政府关于保护和返还从原属国非法贩运被盗文化财产的协定》	2010.10.12
14	《中华人民共和国政府和蒙古国政府关于防止盗窃、盗掘和非法出境文化财产的协定》	2011.06.16
15	《中华人民共和国政府和墨西哥合众政府关于保护、保存、返还和追索文化财产及防治盗窃、盗掘和非法进出境文化财产的协定》	2012.04.06
16	《中华人民共和国政府和哥伦比亚共和国政府关于防止盗窃、盗掘和非法出境文化财产的协定》	2012.05.09
17	《中华人民共和国政府和尼日利亚联邦共和国政府关于防止盗窃、盗掘和非法出境文化财产的协定》	2013.07.10
18	《中华人民共和国政府与瑞士联邦委员会关于非法进出境文化财产及其返还的协定》	2013.08.16
19	《中华人民共和国政府和柬埔寨王国政府关于防止盗窃、盗掘和非法进出境文化财产的协定》	2015.09.10
20	《中华人民共和国政府和缅甸联邦共和国政府关于防止盗窃、盗掘和非法出境文化财产的协定》	2017.04.10

附录 D　中国现行文物领域规范性文件（国家层面）

　　规范性文件在文物管理中一直发挥着重要作用，但是随着文物事业的发展，治理理念的转变，一些规范性文件不能适应文物管理实践的变化。为此，自 2010 年到 2017 年，国家文物局先后三次对其历年公布的规范性文件进行清理并公布，对规范性文件的及时清理，是文物管理现代化的体现，也为依法进行文物管理提供了有力的保障。

　　2010 年 12 月 2 日，国家文物局发布《关于公布继续有效失效和废止规范性文件的通知》（文物政函〔2010〕1280 号），通过对国家文物局历年公布的规范性文件进行清理，公布了 51 件继续有效的规范性文件目录。

　　2016 年 6 月 2 日，国家文物局发布《关于宣布废止一批规范性文件的决定》（文物政发〔2016〕12 号），《决定》指出"按照《国务院办公厅关于做好行政法规部门规章和文件清理工作有关事项的通知》（国办函〔2016〕12 号）要求，经征得有关部门同意并经国家文物局第 17 次党组会议审议通过，决定对国家文物局会同有关部门或者单独发布的与法律法规不一致、已被新的规定涵盖或代替、制定依据已失效、调整对象已消失、时效已过的 12 件规范性文件宣布废止。"

　　2017 年 12 月 27 日，国家文物局发布《关于废止 12 件规范性文件的决定》（文物政发〔2017〕28 号），《决定》指出按照《国务院办公厅关于进一步做好"放管服"改革涉及的规章、规范性文件清理工作的通知》（国办发〔2017〕40 号）要求，经研究决定对国家文物局发布的 12 件规范性文件予以废止。

　　本书特对国家文物局单独发布以及会同有关部门联合发布的现行有效的规范性文件进行整理，列表奉上，以飨读者。

国家文物局发布的现行有效的规范性文件一览表（截至 2017 年）

序号	文件名称	文号	发布 & 施行日期	备注
1	拓印古代石刻的暂行规定		1979 年 9 月 4 日	发布单位是国家文物事业管理局
2	全国重点文物保护单位保护范围、标志说明、纪录档案和保管机构工作规范（试行）	（91）文物字第 185 号	1991 年 3 月 25 日	
3	考古发掘管理办法	国家文物局令第 2 号	1998 年 7 月 15 日	
4	近现代文物征集参考范围近现代一级文物藏品定级标准（试行）	文物博发〔2003〕38 号	2003 年 5 月 30 日	
5	国家文物局突发事件应急工作管理办法	文物办发〔2003〕87 号	2003 年 11 月 21 日	
6	全国重点文物保护单位记录档案工作规范（试行）	文物保发〔2003〕93 号	2003 年 12 月 3 日	
7	国家文物局行政许可管理办法	文物办发〔2004〕23 号	2004 年 5 月 18 日	
8	全国重点文物保护单位保护规划编制审批办法 全国重点文物保护单位保护规划编制要求	文物办发〔2004〕87 号	2004 年 8 月 2 日	
9	国家文物局重点科研基地管理办法（试行）	文物博函〔2004〕1081 号	2004 年 8 月 13 日	
10	文物保护行业标准管理办法（试行）	文物博发〔2004〕48 号	2004 年 9 月 3 日	
11	文物出境展览管理规定	文物办发〔2005〕13 号	2005 年 5 月 27 日	
12	文物保护科学和技术评审与咨询专家管理办法（试行）	文物博发〔2005〕20 号	2005 年 8 月 23 日	
13	文物保护特批项目经费安排暂行规定	国家文物局办发〔2005〕3 号	2005 年 8 月 25 日	

序号	文件名称	文号	发布 & 施行日期	备注
14	国家文物鉴定委员会管理规定	文物博发〔2006〕2 号	2006 年 1 月 12 日	《国家文物鉴定委员会条例》（草案）（1985 年 9 月 1 日文化部党组〈扩大〉会议原则通过）同时废止
15	中国文化遗产标志管理办法	文物政发〔2006〕5 号	2006 年 2 月 9 日	
16	国家文物局高级专业技术资格评定管理办法	文物人函〔2006〕101 号	2006 年 8 月 9 日	本办法由国家文物局人事教育司负责解释
17	国家文物局二级域名管理办法	文物博发〔2006〕31 号	2006 年 12 月 5 日	
18	中国世界文化遗产监测巡视管理办法	文物保发〔2006〕92 号	2006 年 12 月 8 日	
19	中国世界文化遗产专家咨询管理办法	文物保发〔2006〕92 号	2006 年 12 月 8 日	
20	文化遗产保护领域国家科技支撑计划课题第三方机构评估咨询管理暂行办法	文物博发〔2007〕16 号	2007 年 4 月 18 日	
21	文化遗产保护领域国家科技支撑计划课题管理暂行办法	文物博发〔2007〕17 号	2007 年 4 月 18 日	
22	国家文物局重点科研基地运行评估规则	文物博发〔2007〕23 号	2007 年 5 月 11 日	
23	可移动文物技术保护设计资质管理办法（试行）	文物博发〔2007〕24 号	2007 年 5 月 11 日	
24	可移动文物修复资质管理办法（试行）	文物博发〔2007〕25 号	2007 年 5 月 11 日	
25	文物出境审核标准	文物博发〔2007〕30 号	2007 年 6 月 5 日	1960 年开始施行的《文物出口鉴定参考标准》同时废止
26	国家文物局社会组织管理暂行办法	文物人发〔2008〕49 号	2008 年 7 月 21 日	

序号	文件名称	文号	发布 & 施行日期	备注
27	国家考古遗址公园管理办法（试行）	文物保发〔2009〕44 号	2009 年12 月 17 日	
28	秦俑出国（境）展览管理暂行规定	文物政发〔2010〕20 号	2010 年4 月 7 日	
29	《文物入境展览管理暂行规定》	文物博发〔2010〕23 号	2010 年6 月 8 日	
30	世界文化遗产申报项目审核管理规定	文物保发〔2010〕27 号	2010 年7 月 6 日	
31	文物进出境责任鉴定员管理办法	文物博发〔2010〕42 号	2010 年12 月 16 日	
32	文物复制拓印管理办法	文物政发〔2011〕1 号	2011 年1 月 27 日	国家文物局 1979 年 9 月 4 日发布的《拓印古代石刻的暂行规定》，1998 年 8 月 20 日发布的《文物复制暂行管理办法》同时废止
33	文物消防安全检查规程（试行）	文物督发〔2011〕17 号	2011 年9 月 20 日	
34	国家文物局文物安全案件督察督办管理规定（试行）	文物督发〔2011〕18 号	2011 年9 月 22 日	
35	文物保护单位执法巡查办法	文物督发〔2011〕21 号	2011 年12 月 1 日	
36	文物安全与行政执法信息上报及公告办法	文物督发〔2012〕1 号	2012 年2 月 15 日	
37	国家考古遗址公园规划编制要求（试行）	文物保函〔2012〕2285 号	2012 年12 月 24 日	本要求为国家文物局在《关于进一步规范考古遗址公园建设暨启动第二批国家考古遗址公园评定工作的通知》中公布
38	世界文化遗产申报工作规程（试行）	文物保函〔2013〕1595 号	2013 年8 月 28 日	
39	文物保护工程勘察设计资质管理办法（试行）	文物保发〔2014〕13 号	2014 年4 月 8 日	

序号	文件名称	文号	发布 & 施行日期	备注
40	文物保护工程施工资质管理办法（试行）	文物保发〔2014〕13 号	2014 年4 月 8 日	
41	文物保护工程监理资质管理办法（试行）	文物保发〔2014〕13 号	2014 年4 月 8 日	
42	可移动文物修复管理办法	文物博发〔2014〕25 号	2014 年7 月 29 日	本办法自 2014 年 8 月 1 日起施行。2007 年国家文物局颁布的《可移动文物修复资质管理办法（试行）》和《可移动文物技术保护设计资质管理办法（试行）》同时废止
43	文物建筑防火设计导则（试行）	文物督函〔2015〕371 号	2015 年2 月 26 日	
44	文物违法行为举报管理办法（试行）	文物督发〔2015〕13 号	2015 年5 月 8 日	
45	长城执法巡查办法	文物督发〔2016〕1 号	2016 年1 月 28 日	
46	长城保护员管理办法	文物督发〔2016〕2 号	2016 年1 月 28 日	
47	文物拍卖标的审核办法	文物博发〔2016〕4 号	2016 年3 月 9 日	
48	国家文物局立法工作规定	办政发〔2016〕2 号	2016 年8 月 1 日	国家文物局 2011 年 4 月 6 日印发的《国家文物局立法工作规定》（办政发〔2011〕2 号）同时废止
49	文物拍卖管理办法	文物博发〔2016〕20 号	2016 年10 月 20 日	《文物拍卖管理暂行规定》同时废止
50	全国重点文物保护单位保护工程检查管理办法（试行）	文物保发〔2016〕26 号	2016 年12 月 27 日	
51	国家文物局新闻发布管理办法	文物政发〔2017〕8 号	2017 年3 月 21 日	

续表

序号	文件名称	文号	发布 &施行日期	备注
52	国家文物局行政许可事项服务规范	办人函〔2017〕729 号	2017 年6 月 8 日	
53	国家文物局任命的国家工作人员宪法宣誓实施办法	文物人发〔2017〕17 号	2017 年7 月 21 日	
54	国家文物局行政复议和应诉工作规定	办政发〔2017〕7 号	2017 年9 月 13 日	2011 年 12 月 27 日印发的《国家文物局行政复议和诉讼工作规定》（文物政函〔2011〕1940 号）同时废止
55	文物建筑开放导则（试行）	文物保发〔2017〕23 号	2017 年11 月 6 日	试行期两年
56	国家文物局培训项目管理办法	文物人发〔2017〕22 号	2017 年11 月 13 日	

注：一般情况下，规范性文件的发布日期即是施行日期，例外情况在备注中说明。

国家文物局会同有关部门联合发布的现行有效的规范性文件、政策性文件一览表（截至 2017 年）

序号	文件名称	发布单位	文号	发布日期
1	考古调查、勘探、发掘经费预算定额管理办法	国家文物局、国家计委、财政部	（90）文物字第 248 号	1990 年4 月 20 日
2	依法没收、追缴文物的移交办法	国家文物局、财政部、公安部、海关总署、国家工商总局	文物保函〔1999〕060 号	1999 年4 月 5 日
3	关于禁止擅自改变文物保护单位管理体制的通知	文化部、国家文物局	文物发〔2001〕24 号	2001 年7 月 10 日
4	关于加强和改善世界遗产保护管理工作的意见	文化部、国家文物局、国家计委、财政部、教育部、建设部、国土资源部、环保总局、国家林业局	文物发〔2002〕16 号	2002 年4 月 25 日
5	关于进一步做好文物保护"五纳入"的通知	国家文物局、中央编办、国家发展改革委、财政部、建设部、文化部、国家税务总局	文物办发〔2003〕26 号	2003 年6 月 2 日
6	大遗址保护专项经费管理办法	财政部、国家文物局	财教〔2005〕135 号	2005 年8 月 25 日
7	南水北调东、中线一期工程文物保护管理办法	国家文物局、国务院南水北调办公室	文物保发〔2008〕8 号	2008 年2 月 4 日

续表

序号	文件名称	发布单位	文号	发布日期
8	关于加强革命文物工作的若干意见	国家文物局、中宣部、国家发展改革委、教育部、民政部、财政部、住房和城乡建设部、文化部、国家旅游局、共青团中央	文物博发〔2008〕22号	2008年3月20日
9	关于促进民办博物馆发展的意见	国家文物局、民政部、财政部、国土资源部、住房和城乡建设部、文化部、国家税务总局	文物博发〔2010〕11号	2010年1月19日
10	中央地方共建国家级博物馆管理暂行办法	国家文物局、财政部	文物博发〔2010〕32号	2010年9月9日
11	关于进一步加强博物馆安全工作的通知	公安部、国家文物局	公通字〔2011〕33号	2011年8月30日
12	关于加强高校博物馆建设与发展的通知	国家文物局、教育部	文物博发〔2011〕10号	2011年5月22日
13	关于进一步加强文物经营活动管理工作的通知	国家文物局、公安部、海关总署、国家工商总局	文物博发〔2012〕8号	2012年7月31日
14	关于加强对文物鉴定类广播电视节目管理的通知	国家广播电影电视总局、国家文物局	广发〔2012〕54号	2012年7月4日
15	文物事业单位财务制度	财政部、国家文物局	财教〔2012〕506号	2012年11月25日
16	国家重点文物保护专项补助资金管理办法	财政部、国家文物局	财教〔2013〕116号	2013年6月9日
17	关于加强历史文化名城名镇名村及文物建筑消防安全工作的指导意见	公安部、住房和城乡建设部、国家文物局	公消〔2014〕99号	2014年4月3日
18	关于切实加强中国传统村落保护的指导意见	住房和城乡建设部、文化部、国家文物局、财政部	建村〔2014〕61号	2014年4月25日
19	文物建筑消防安全管理十项规定	国家文物局、公安部	文物督发〔2015〕11号	2015年6月9日
20	关于公共文化设施开展学雷锋志愿服务的实施意见	中共中央宣传部、中央精神文明建设指导委员会办公室、教育部、民政部、文化部、国家文物局、中国科学技术协会	文明办〔2016〕22号	2016年10月18日

序号	文件名称	发布单位	文号	发布日期
21	关于促进老字号改革创新发展的指导意见	商务部、国家发展改革委、教育部、人力资源和社会保障部、住房和城乡建设部、文化部、国资委、国家税务总局、国家工商总局、国家质检总局、国家知识产权局、国家旅游局、银监会、证监会、国家文物局、国家中医药管理局	商流通发〔2017〕13 号	2017 年1 月 13 日
22	文物建筑电气防火导则（试行）	国家文物局办公室、公安部消防局	文物督发〔2017〕3 号	2017 年2 月 6 日
23	全国投资项目在线审批监管平台运行管理暂行办法	国家发展和改革委员会、工业和信息化部、国土资源部、环境保护部、住房和城乡建设部、交通运输部、水利部、国家卫生和计划生育委员会、国家安全生产监督管理总局、国家统计局、中国地震局、中国气象局、国家国防科技工业局、国家烟草专卖局、国家海洋局、中国民用航空局、国家文物局、国家能源	国家发展和改革委员会令第3 号	2017 年5 月 25 日
24	关于进一步治理佛教道教商业化问题的若干意见	国家宗教事务局、中共中央宣传部、中共中央统一战线工作部、中共中央网络安全和信息化领导小组办公室、国家发展和改革委员会、公安部、财政部、住房和城乡建设部、国家税务总局、国家旅游局、证监会、国家文物局	国宗发〔2017〕88 号	2017 年11 月 3 日

后 记

自确定了本书题目并决心写成一部专著的一年半时间里，我不断思考：什么是国家现代化，什么是文物管理现代化，两者之间有什么关系，如何表现这个关系，文物管理现代化在现阶段的水平是怎样的，如何提高文物管理现代化水平等一系列有关现代化的问题。初步形成书稿之后，我广泛征求文物工作者和文物、管理、法律、经济等领域专家的意见，对书稿进行反复的修改，又不断地将新的管理理念、研究成果和管理实践融入。食不厌精，脍不厌细，反复耙梳，数易其稿，终于成书。

本书撰写得到了很多师友的帮助。我的博士后导师北京交通大学经济管理学院的冯华教授，在他的指导下我选择了这个题目，将现代化理论引入到文物管理；著名文物专家李晓东，在他的帮助下，最终确定了本书的主体框架，李老师还为我提供了很多文物管理的历史资料；我的挚友湖北省文物交流信息中心、湖北省古建筑保护中心的陈飞，他对本书提出很多中肯意见，使本书增色不少；中国人民大学管理学院的古亚军同学，本书第四章和第五章的不少内容，比如专家调查问卷的设计，他做了很多有益工作。还有国家文物局、中国文化遗产研究院、文物出版社、中国文物报社的领导和同仁们都对本书提出过很多宝贵的意见，为本书最终出版做出了努力，在此一并感谢！

还应特别感谢的是我的家人，在我撰写书稿期间他们承担了大部分家务和各种琐事，付出了很多。此间，我的儿子从幼儿园中班到一名准小学生，每天晚上总希望我能多陪他玩一会儿，但是儿子知道我在写书，所以总是先趴在我身边小心翼翼地问："你工作完了吗？妈妈，能不能陪我玩一会儿？"每想到这些我都情不自禁鼻子一酸。孩子的懂事让我更觉亏欠。

　　偶然的机会，让我一个法学专业的外行人来到了文物行业；文物工作的魅力，激发了我对文物事业的热情，吸引了我留在这个行业，转眼已过九年。久久为功，九年来我努力用专业知识结合文物实践从另一个角度思考文物管理中的种种基础性问题，尝试着分析并表达，最终形成本书，希望能为文物管理带来一个新的思路，为新时代文物事业的科学发展起到积极作用。